Poesia É Criação

Edição apoiada pela Direção-Geral do Livro, dos Arquivos
e das Bibliotecas/Portugal

JOSÉ DE ALMADA NEGREIROS

POESIA É CRIAÇÃO
UMA ANTOLOGIA

•

Organizada por
Fernando Cabral Martins
Sílvia Laureano Costa

Copyright © Almada Negreiros / SPA, 2015

Direitos reservados e protegidos pela Lei 9.610 de 19 de fevereiro de 1998.
É proibida a reprodução total ou parcial sem autorização, por escrito, da editora.

Dados Internacionais de Catalogação na Publicação (CIP)
(Câmara Brasileira do Livro, SP, Brasil)

Negreiros, José de Almada, 1893-1970.
Poesia É Criação: Uma Antologia / José de Almada
Negreiros; organizada por Fernando Cabral Martins,
Sílvia Laureano Costa. – Cotia, SP: Ateliê Editorial,
2015.

ISBN 978-85-7480-716-4

1. Antologia   2. Poesia portuguesa I. Martins,
Fernando Cabral. II. Costa, Sílvia Laureano. III. Título.

15-07796   CDD-869.1

Índices para catálogo sistemático:
1. Poesia: Literatura portuguesa   869.1

Direitos reservados à
ATELIÊ EDITORIAL
Estrada da Aldeia de Carapicuíba, 897
06709-300 – Granja Viana – Cotia – SP
Telefax: (11) 4612-9666
www.atelie.com.br / contato@atelie.com.br
2015
Printed in Brazil
Foi feito o depósito legal

SUMÁRIO

Apresentação – *Fernando Cabral Martins* 9

I. O GESTO DA VANGUARDA

Frisos 17
A Cena do Ódio 26
Manifesto Anti-Dantas 48
Chez Moi 59
Saltimbancos 64
A Engomadeira 75
1ª Conferência Futurista 110
Pa-ta-poom 120

II. O TEMPO DO MODERNISMO

A Invenção do Dia Claro 127
   I Parte – Andaimes e Vésperas 133
   II Parte – A Viagem ou o que Não se Pode Prever 144
   III Parte – O Regresso ou o Homem Sentado 151
O Homem que Não Sabe Escrever 155
O Kágado 160
Modernismo 165
O Desenho 179
Deseja-se Mulher 186
O Público em Cena 224
O Meu Teatro 234

III. O DESENHO DA INOCÊNCIA

Civilização e Cultura 241
Ode a Fernando Pessoa 242

Aconteceu-me. 244
Elogio da Ingenuidade ou as Desventuras
   da Esperteza Saloia 245
Prefácio ao Livro de Qualquer Poeta. 257
Momento de Poesia 262
Ver 263
Poesia É Criação 282

Cronologia 287

Notas. 291

APRESENTAÇÃO

Raptado o ato poético, fica a letra redonda.
Prefácio ao Livro de Qualquer Poeta

Almada Negreiros, que começa por dar corpo à Vanguarda em Portugal, é uma das figuras de artista mais importantes do século xx português, que atravessa em grande medida, com uma passagem de menos de um ano em Paris e outra de cinco anos em Madrid. Da sua arte de poeta, ficcionista, dramaturgo, desenhista, pintor ou conferencista há vinte e quatro exemplos alinhados nesta antologia, seguindo, com uma exceção, o critério cronológico. Mais que um princípio de simetria ou de arrumação por gêneros, aparecem assim de modo mais evidente as relações entre os textos, o nexo profundo que torna as diferentes artes o mesmo gesto essencial.

Em Almada Negreiros, a poesia é, mesmo, anterior à arte: primeiro existe a poesia como um fazer, depois ficam as letras e o resto. Isto significa que a poesia é um ato que o sistema da arte tem depois a tendência para transformar em monumento, ou, pelo menos, para catalogar como um objeto. Mas é um ato vivo.

Ora, sendo um ato vivo, a poesia poderia ser definida como da ordem do teatro. É o que acontece para Mário de Sá-Carneiro, contemporâneo modernista de Almada Negreiros, para quem só o corpo impõe critério de arte, só a emoção sentida em corpo e alma serve para aferir a grandeza da obra, que existe como uma presença criada, energia semovente que invade o mundo como o nevoeiro de John Carpenter.

No entanto, não é bem de teatro que é questão para Almada Negreiros, afinal. "Até hoje pelo menos nunca foi novidade para ninguém que a mãe de todas as artes se chama desenho", diz na conferência de 1938, *Desenhos Animados, Realidade Imaginada.* Ou, como o explica em *O Desenho*, uma outra conferência aqui incluída, a arte do desenho toma um sentido inteiramente performativo.

Isto é, o substantivo "desenho" refere uma ação, a de desenhar, que é aquela ação que consiste em traçar linhas que representam ou criam formas de modo espontâneo, e que não podem ser alteradas uma vez postas sobre o papel. O desenho consiste em criar desde a raiz e de uma só vez, tem a ver com um desígnio essencial que nunca se interrompe. Na passagem intitulada "A Flor", da conferência *A Invenção do Dia Claro,* isso é ainda melhor esclarecido: a flor é flor enquanto é desenhada, é uma flor-passagem, uma flor-fluxo, uma transição, um movimento do corpo, são linhas que passam por dentro do corpo. Assim, há em Almada Negreiros um desenho que é anterior ao teatro, um *traçado* que está mais fundo e que define os modos e os modelos por que se joga a representação.

Já em Fernando Pessoa, o seu outro grande contemporâneo modernista, a arte por excelência, o universal das artes, é a literatura. Não a poesia, mas a literatura. Quer dizer, não a criação entendida como performance consciente de si mesma, mas como invenção por palavras do sentido que as coisas fazem. A literatura é a mão que toca o mundo e ilumina todas as ações, todos os aspectos. Se o que fazem Almada Negreiros ou Mário de Sá-Carneiro se pode definir como um regresso à origem da arte, para Fernando Pessoa não há regresso. As convenções apenas se deixam quebrar para revelarem sempre outras convenções, e o abismo e o mistério são apenas os desencadeadores da poesia que os pensa ou se espanta.

Mas, neste trio de modernistas maiores, Almada Negreiros é o mais inesperado. E também o mais radical, em termos históricos, pelo menos nos seus começos. É aquele que mais diretamente assume a Vanguarda. O único que é mais que um artista no sentido do século XIX, decadente ou avançado: é um homem do espetáculo, ator e bailarino, escritor e muralista, caricaturista e pintor, jornalista e conferencista, herdeiro daquela concepção máxima do artista do Renascimento que é filósofo, pintor, cientista, arquiteto e poeta. Há nele uma exigência desmesurada. Às palavras e às imagens que profere e inscreve junta-se a ciência do essencial matemático e geométrico que persegue, esse número de ouro que contém a chave de todas as formas do *ver*, e em que assenta a sua investigação sobretudo a partir de 1940.

A este respeito muito escreveu, em múltiplos textos ainda não publicados na sua integralidade, numa busca e numa aventura que acabará por se cumprir no painel *Começar*, que é a sua última obra, desenho inciso e colorido, de grandes dimensões, na parede do átrio da Fundação Calouste Gulbenkian em Lisboa. Aí, a longa reflexão sobre a geometria que subtende a espontaneidade do gesto – as formas simples, as proporções, os símbolos – está cifrada no seu exemplo mais perfeito.

De certo modo, é da ingenuidade ainda e sempre que Almada Negreiros fala, no sentido que lhe dá na conferência incluída nesta antologia, *Elogio da Ingenuidade ou As Desventuras da Esperteza Saloia*. Mas de uma ingenuidade que não se confunde com ignorância ou distração. Como se lê num dos vários textos dos anos 1940 intitulados "Ver", aqui incluído, "Não é a natureza que pode ser natural. O natural é liberdade pura da Arte e da Ciência". Isto é, ser natural não depende de abrir a porta e andar na Natureza a sentir e a olhar. Tal como a ingenuidade, ser natural é adquirido, ou melhor, apenas pela Arte e pela Ciência pode ser procurado. É por isso mesmo que aquilo que é a mais forte afirmação da Vanguarda – a *originalidade* – se descobre ser, ao mesmo tempo, a valorização do que se encontra *na origem*. Como diz Almada Negreiros que diz Delacroix, "a novidade é o que há de mais antigo".

Este mesmo cruzamento paradoxal do novo e do arcaico se encontra na sua vida artística, se quisermos considerar as igualmente paradoxais ligações que mantém com a ditadura salazarista – e que ocorrem pela via, sobretudo, das encomendas de António Ferro, dignitário especial do regime e um modernista no poder. Na verdade, aquele mesmo Almada Negreiros que desenhou cartazes de propaganda e selos oficiais para o regime é o mesmo artista que a todos impressiona pela sua afirmação de liberdade e alarde de independência, o que o leva a ser sucessivamente considerado mestre pelas várias gerações de artistas entre os anos 1930 e 1960. E é o mesmo que viu posta em causa pela censura uma das suas obras-primas, os afrescos da Gare Marítima da Rocha do Conde de Óbidos, uma encomenda do mesmo regime, a que Almada Negreiros correspondeu com a criação de uma experiência visual e arquitetônica que faz explodir os arcanos estreitos da ideologia do Estado Novo.

Almada Negreiros vivia mal mas vivia, com independência, da sua arte. E, de resto, os artistas plásticos naquele tempo dependiam do Estado – como os renascentistas dependiam dos senhores da cidade – como os artistas portugueses em geral dependiam da cortesia, ou falta dela, da censura política. Sobretudo para o tipo de trabalhos em que Almada Negreiros se tornou indispensável, e que eram as decorações de grandes espaços públicos, com murais, afrescos, tapeçarias, vitrais, correspondendo a uma vontade de habitação plástica e cênica da cidade e a uma ambição de mistura da arte na vida quotidiana que é própria de um modernista – e quase serve como sua definição.

Curiosa essa relação tão direta, pelo menos em alguns casos, com as forças cívicas e políticas, isto por parte de quem tinha, como ele na primeira fase da sua vida, feito o convicto papel do vanguardista.

A sua primeira face pública é essa, a do provocador que lança manifestos e *ultimatuns*, bem como a do escritor em guerra com as convenções e as formas – numa altura truculenta, entre *Orpheu* (1915) e o *Portugal Futurista* (1917), em que preferiu deixar ao seu amigo Amadeo de Sousa-Cardoso, que haveria de morrer em 1918, o lugar de grande pintor de Vanguarda portuguesa, celebrando-o num manifesto e com ele preparando um folheto que constitui um caso singular da edição artística do Modernismo, *K4 O Quadrado Azul*, em 1917. Na verdade, a sua transformação em pintor que (por entre a sua produção febril ao longo de sessenta anos) recebe encomendas do poder político apenas ilustra a importância que o Modernismo toma na construção do Portugal futuro, quer do ponto de vista urbanístico quer do ponto de vista da estetização do quotidiano de que fala Walter Benjamin. Para não falar da mais crua noção da propaganda, em que António Ferro, que estivera ligado ao *Orpheu*, é um mestre.

Mas é essa mesma face de vanguardista, no seu gosto cênico da intervenção pública, e com a nuance fundamental da sua capacidade de realização em duas artes principais, a literária e a plástica, com atividades acessórias – mas não menores – no teatro, no bailado, até no cinema, que se gera uma personalidade ímpar. Para a demonstrar, num simples exemplo, pode contar-se a invenção da conferência como gênero.

Não é caso único no quadro daqueles anos do século XX, mas Almada Negreiros pratica durante toda a vida um tipo de intervenção pública que, tomando o nome de conferência, se aproxima de um ato teatral para um ator. Não é nunca exatamente uma exposição de um saber aquilo que se passa em público. Também faz conferências parecidas com essas, expondo ideias, ilustrando personalidades de artistas suas contemporâneas ou apresentando uma panorâmica, racionalmente inscrita na História, da geração a que ele próprio pertence: refiro-me, neste caso, à conferência *Modernismo*, que, em 1926, contribui, tanto ou mais que a revista *Presença* a partir de 1927, para definir o sentido que a palavra "Modernismo" passa a ter na cultura portuguesa. É uma peça que aqui também se inclui.

Mas a invenção do gênero ocorre desde logo na primeira conferência, a futurista, que em 1917 consiste na exposição pública de uma proclamação cultural, política e artística que assenta na performance teatral do conferencista, no figurino com que sobe ao palco, e que é um signo (uma roupa de aviador!) tanto ou mais carregado de sentido que qualquer das frases que profere. E que atinge o seu momento culminante da segunda vez que faz uma conferência, em 1921, *A Invenção do Dia Claro*.

Esta é uma sequência de poemas em prosa, de reflexões com alcance de teoria estética, que abre um novo capítulo na história do Modernismo português, aquele em que aos escândalos da Vanguarda sucede a fase de difusão e instalação da arte moderna. À destruição segue-se a reconstrução. Oferece, ainda, um exemplo inesperado do conseguimento maior da última proposta (só esboçada) de Mallarmé, *Le Livre*, que consiste numa espécie de metamorfose da literatura em ritual, segundo regras muito minuciosas de encenação. Do mesmo modo, o vetor performativo da Vanguarda – que é um momento e um movimento europeu e global que necessita desse traço distintivo para se demarcar da simples proposta de uma antiarte – é o revelador da qualidade especial desta arte. *A Invenção do Dia Claro* é poesia em prosa, é propaganda estética da arte moderna, é apresentação das escolhas e dos princípios de um pintor, mas é também um ato teatral em que tem de se imaginar a voz de um autor que é ator, encenador e personagem de si mesmo. Aquilo que hoje lemos no papel é uma forma redonda que traz consigo a sugestão simbólica forte de um ato público, a presença de um ato vivo, e que nessa sugestão joga o essencial do seu sentido.

Visão global premonitória, igualmente, da importância do movimento nas imagens, dos rituais coletivos, da comunicação direta, interativa.

Ato poético recuperado, letra que rola de novo, ação e energia desatada. No fundo, afirmação de uma arte democrática por excelência: a que se desenvolve em público, na soberania do gesto que diz e que ouve. A afirmação do 1+1=1, *slogan* mil vezes repetido na sua obra, e que fala da multiplicidade como outra forma de unidade.

Fernando Cabral Martins

I. O GESTO DA VANGUARDA

FRISOS

Ciúmes

Pierrot dorme sobre a relva junto ao lago. Os cisnes junto dele passam sede, não no acordem ao beber.

Uma andorinha travessa, linda como todas, avoa brincando rente à relva e beija ao passar o nariz de Pierrot. Ele acorda e a andorinha, fugindo a muito, olha de medo atrás, não venha o Pierrot de zangado persegui-la pelos campos. E a andorinha perdia-se nos montes, mas, porque ele se queda, de novo volta em zig-zags travessos e chilreios de troça. E chilreia de troça, muito alto, por cima dele. Pierrot já se adormecia, e a andorinha em descida que faz calafrios pousou-lhe no peito duas ginjas bicadas, e fugiu de novo.

De contente, ergueu-se sorrindo e de joelhos, braços erguidos, seus olhos foram tão longe, tão longe como a andorinha fugida nos montes.

De repente viu-se cego – os dedos finíssimos da Colombina brincavam com ele. Desceu-lhe os dedos aos lábios e trocou com beijos o aroma das palmas perfumadas. Depois dependurou-lhe de cada orelha uma ginja, à laia de brincos com joias de carmim. Rolaram-se na relva e uniram as bocas, e já se esqueciam de que as tinham juntas...

– Sabes? Uma andorinha...

E foram de enfiada as graças da ave toda paixão. Pierrot contava entusiasmado, olhando os montes ainda em busca da andorinha, e Colombina torceu o corpo numa dor calada e tomou-lhe as mãos.

Havia na relva uma máscara branca de dor, e a lua tinha nos olhos claros um olhar triste que dizia: Morreu Colombina!

O Eco

Tão tarde. Adão não vem? Aonde iria Adão?!

Talvez que fosse à caça; quer fazer surpresas com alguma corça branca lá da floresta.

Era p'lo entardecer, e Eva já sentia cuidados por tantas demoras.

17

Foi chamar ao cimo dos rochedos, e uma voz de mulher também, também chamou Adão.

Teve medo; mas julgando fantasia chamou de novo: Adão? E uma voz de mulher também, também chamou Adão.

Foi-se triste para a tenda.

Adão já tinha vindo e trouxera as setas todas, e a caça era nenhuma!

E ele a saudá-la ameaçou-lhe um beijo e ela fugiu-lhe.

– Outra que não Ela chamara também por Ele.

Sèvres Partido

A Amazona negra era bela como o sol e triste como o luar, e ninguém acredita mas era pastora de galgas. Figura negra muito esguia, cipreste procurando vaga na margem do caminho.

Nas manhãs de Outono, frias como os degraus do tanque, era Ela quem largava às galgas a lebre cinzenta, e a que a filasse já sabia com quem dormia a sesta. E as galgas já nem dormiam bem noutra almofada.

Sobre a relva, na sombra arrendilhada das folhas amarelecidas dos plátanos onde os repuxos do tanque cuspiam lágrimas de vidro, a Amazona negra sonhava o seu Príncipe encantado e a galga do dia dormia quieta, estendido o focinho no ventre d'Ela.

Uma manhã mais turva as galgas todas voltaram tristes, de focinhos pendidos – e nenhuma para dormir a sesta!

Uma flauta triste vinha de viagem pelo caminho; chorava de seguida imensas canções de choros e tinha acompanhamentos funéreos de guizalhadas surdas.

Calou-se a flauta, um cipreste distante gemia baixinho as dores da tatuagem que lhe iam abrindo no peito. O pastor lembrava ali o nome do seu Bem. Pendia-lhe da cinta uma lebre cinzenta e a funda torcida.

As galgas como setas deixaram nu o caminho. E as guizalhadas...

Mima Fataxa

Ela marcara-lhe na véspera aquele *rendez-vous* no muro do cemitério. De feito Ele tornara escrava de uma cigana a sua alma apaixonada de uma rainha loira senhora de todas as ciganas. Fora d'Ela desde o dia em que, seguindo o ritmo acanhalado das ancas desconjuntadas, ficou enfeitiçado por aqueles dentes brancos ferindo lume no colar de pederneiras. Sentiu desejos de morder aqueles lábios ardendo vermelhos incêndios de beijos e as faces fumadas do lume daquela boca. E estranhava o seu coração vencido pela monotonia dos berros das cantorias com acompanhamentos de urros de pandeiro. Enfeitiçara-o aquela vagabunda de olhos ardidos compondo as tranças nos fundos dos caldeirões de cobre onde durante o sol um tisnado cigano consumia as horas em maçadoras marteladas. Encantara-o aquela feiticeira afiando as tranças nos lábios molhados da saliva. E nas danças o tic-tac metálico das sandálias, matracas tagarelas a cantar nas lajens, tinha um tilintar jovial; e os pulsos cingidos de guizos eram um concerto de amarelos canários contentes da gaiola.

E mais bela do que nunca no chafariz real, de saias arregaçadas, a lavar as pernas da poeira das estradas e belamente descomposta a enfiar as meias muito grossas, vermelhas da cor das papoulas, e a dar um nó--cego num retorcido nastro branco muito negro à laia de liga muito acima do joelho... E tem graça que a sua morenez não era por via do sol, pois toda ela era queimada. Quem a visse trepar nas amoreiras e despi-las das amoras que lhe ensanguentavam os lábios e as faces e os dedos sem cuidar no vento que lhe levanta as saias, teria tido como Ele um sorriso de desejos, iria como Ele fingir a sesta por debaixo da linda amoreira.

E na descida, co'a saia erguida à laia de cabaz, meio tonta, meio embriagada p'las amoras em demasia, vê-la-ia tão bela como em sonhos se desenha uma mulher para nós. E escarranchada no tronco deixava-se escorregar lentamente, mas teve subida forçada por via da haste que ficava em riba. Depois dependurou-se de um galho rijo, abriu as mãos e foi de vez chapar-se na relva. E de bruços, como uma cabra a espojar-se, começou a juntar os frutos espalhados. E os seus olhos de gata, de gata que brinca nos telhados vermelhos com a lua branca, mais do que amoras colhiam.

A Sombra
(Tradução de um Poema de uma Língua Desconhecida)

Foi ali que um dia sentiu desejos de partir também. Que ficava fazendo sozinha? Quem leva uma lança, leva a mulher também.

O seu xale negro tem um segredo, e o seu mal de morte vem do mesmo dia.

Os anos correram sem novas algumas, e as moças finaram-se velhas, velhas de tanto esperar.

E todas as noites, na margem sombria, uma silhueta franzina de trágica sonâmbula vai seguindo, como um braço murcho de cipreste a boiar ao de cima da corrente que o vai levando – mansamente.

A Sesta

Pierrot escondido por entre o amarelo dos girassóis espreita em cautela o sono dela dormindo na sombra da tangerineira. E Ela não dorme, espreita também de olhos descidos, mentindo o sono, as vestes brancas do Pierrot gatinhando silêncios por entre o amarelo dos girassóis. E porque Ele se vem chegando perto, Ela mente ainda mais o sono a mal-ressonar.

Junto d'Ela, não teve mão em si e foi descer-lhe um beijo mudo na negra meia aberta arejando o pé pequenino. Depois os joelhos redondos e lisos, e já se debruçava por sobre os joelhos, a beijar-lhe o ventre descomposto, quando Ela acordou cansada de tanto sono fingir.

E Ele ameaça fugida, e Ela furta-lhe a fuga nos braços nus estendidos.

E Ela, magoada dos remorsos de Pierrot, acaricia-lhe a fronte num grande perdão. E, feitas as pazes, ficou combinado que Ela dormisse outra vez.

Canção da Saudade

Se eu fosse cego amava toda a gente.

Não é por ti que dormes em meus braços que sinto amor. Eu amo a minha irmã gêmea que nasceu sem vida, e amo-a a fantasiá-la viva na minha idade.

Tu, meu amor, que nome é o teu? Dize onde vives, dize onde moras, dize se vives ou se já nasceste.

Eu amo aquela mão branca dependurada da amurada da galé que partia em busca de outras galés perdidas em mares longíssimos.

Eu amo um sorriso que julgo ter visto em luz do fim do dia por entre as gentes apressadas.

Eu amo aquelas mulheres formosas que indiferentes passaram a meu lado e nunca mais os meus olhos pararam nelas.

Eu amo os cemitérios – as lajens são espessas vidraças transparentes, e eu vejo deitadas em leitos floridos virgens nuas, mulheres belas rindo-se para mim.

Eu amo a noite, porque na luz fugida as silhuetas indecisas das mulheres são como as silhuetas indecisas das mulheres que vivem em meus sonhos. Eu amo a lua do lado que eu nunca vi.

Se eu fosse cego amava toda a gente.

Ruínas

Pandeiros rotos e coxas taças de cristal aos pés da muralha.

Heras como Romeus, Julietas as ameias. E o vento toca, em bandolins distantes, surdinas finas de princesas mortas.

Poeiras adormecidas, netas fidalgas de minuetes de mãos esguias e de cabeleiras embranquecidas.

Aquelas ameias cingiram uma noite pecados sem fim; e ainda guardam os segredos dos mudos beijos de muitas noites. E a lua velhinha todas as noites reza a chorar: Era uma vez em tempo antigo um castelo de nobres naquele lugar... E a lua, a contar, para um instante – tem medo do frio dos subterrâneos.

Ouvem-se, na sala que já nem existe, compassos de danças e risinhos de sedas.

Aquelas ruínas são o túmulo sagrado de um beijo adormecido – cartas lacradas com ligas azuis de fechos de oiro e armas reais e lises.

Pobres velhinhas da cor do luar, sem terço nem nada, e sempre a rezar... Noites de insônia com as galés no mar e a alma nas galés.

Arqueiros amordaçados na noite em que o coche era de volta a palácio pela tapada d'El-rei. Grande caçada na floresta – galgos brancos e Amazonas negras. Cavaleiros vermelhos e trombetas de oiro no cimo dos outeiros em busca de dois que faltam.

Uma gôndola, ao largo, e um pajem nas areias de lanterna erguida dizendo pela brisa o aviso da noite.

O sapato d'Ela desatou-se nas areias, e foram calçá-lo nas furnas onde ninguém vê. Nas areias ficaram as pegadas de um par que se beija.

Notícias da guerra – choros lá dentro, e crepes no brasão. Ardem círios, serpentinas. Há mãos postas entre as flores.

E a torre morena canta, molenga, doze vezes a mesma dor.

Primavera

O sol vai esmolando os campos com bodos de oiro.

A pastorinha aquecida vai de corrida a mendigar a sombra do chorão corcunda, poeta romântico que tem paixão p'la fonte.

Espreita os campos, e os campos despovoados dão-lhe licença para ficar nua. Que leves arrepios ao refrescar-se nas águas! Depois foi de vez, meteu-se no tanque e foi espojar-se na relva, a secar-se ao sol. Mas o vento, que vinha de lá das Azenhas-do-Mar, trazia pecados consigo. Sentiu desejos de dar um beijo no filho do Senhor Morgado. E lembrou-se logo do beijo da horta no dia da feira. Fechou os olhos a cegar-se do mau pensamento, mas foi lembrar-se do próprio Senhor Morgado à meia-noite ao entrar na adega. Abanou a fronte para lhe fugir o pecado, mas foi dar consigo na sacristia a deixar o Senhor Prior beijar-lhe a mão, e depois a testa... porque Deus é bom e perdoa tudo... e depois as faces e depois a boca e depois... fugiu... Não devia ter fugido... E agora o moleiro, lá no arraial, bailando com ela e sem querer, coitado, foi ter ao moinho ainda a bailar com ela. E lembra-se ainda – sentada na grande arca, e mãos alheias a desapertarem-lhe as ligas e o corpete, enquanto ouve a história triste do moinho com cinquenta malfeitores... Quer lembrar-se mais, que seja pecado! Quer mais recordações do moinho, mas não encontra mais.

Ah! e o boieiro quando, a guiar a junta, topou com ela e lhe perguntou se vira por acaso uma borboleta branca, a voar a muito, uma borboleta muito bonita! Que não, que não tinha visto; mas o boieiro desconfiado foi procurando sempre, e até mesmo por debaixo dos vestidos.

Como desejava poder ir com todos!

Não sabe o que sente dentro de si que a importuna de bem-estar. Teria a borboleta branca fugido para dentro dela?

Trevas

De dia não se via nada, mas pela tardinha já se apercebia gente que vinha de punhais na mão, devagar, silenciosamente, nascendo dos pinheiros e morrendo neles. E os punhais não brilhavam: eram luzes distantes, eram guias de lençóis de linho escorridos de ombros franzinos. E a brisa que vinha dava gestos de asas vencidas aos lençóis de linho, asas brancas de garças caídas por faunos caçadores. E o vento segredava por entre os pinheiros os medos que nasciam.

E vinha vindo a Noite por entre os pinheiros, e vinha descalça com pés de surdina por mor do barulho, de braços estendidos pra não topar com os troncos; e vinha vindo a noite ceguinha como a lanterna que lhe pendia da cinta. E vinha a sonhar. As sombras ao vê-la esconderam os punhais nos peitos vazios.

A lua é uma laranja d'oiro num prato azul do Egito com pérolas desirmanadas. E as silhuetas negras dos pinheiros embalançados na brisa eram um bailado de estátuas de sonho em vitrais azuis. Mãos ladras de sombra levaram a laranja, e o prato enlutou-se.

Por entre os pinheiros esgalgados, por entre os pinheiros entristecidos, havia gemidos da brisa dos túmulos, havia surdinas de gritos distantes – e distantes os ouviam os pinheiros esgalgados, os pinheiros gigantes.

A brisa fez-se gritos de pavões perseguidos. E as sombras em danças macabras fugiam fumo dos pinheirais p'lo meu respirar.

Escondidas todas por detrás de todos os pinheiros, chocam-se nos ares os punhais acesos. Faz-se a fogueira e as bruxas em roda rezam a gritar ladainhas da Morte. Vêm mais bruxas, trazem alfanges e um caixão. Doem-me os cabelos, fecham-se-me os olhos e quatro anjos levam-me a alma... Mas a cigarra em algazarra de além do monte vem dizer-me que tudo dorme em silêncio na escuridão.

Veio a manhã e foi como de dia: não se via nada.

CANÇÃO

A pastorinha morreu, todos estão a chorar. Ninguém a conhecia e todos estão a chorar.

A pastorinha morreu, morreu de seus amores. À beira do rio nasceu uma árvore e os braços da árvore abriram-se em cruz.

As suas mãos compridas já não acenam de além. Morreu a pastorinha e levou as mãos compridas.

Os seus olhos a rirem já não troçam de ninguém. Morreu a pastorinha e os seus olhos a rirem.

Morreu a pastorinha, está sem guia o rebanho. E o rebanho sem guia é o enterro da pastorinha.

Onde estão os seus amores? Há prendas para lhe dar. Ninguém sabe se é Ele e há prendas para lhe dar.

Na outra margem do rio deu à praia uma santa que vinha das bandas do mar. Vestida de pastora pra se não fazer notar. De dia era uma santa, à noite era o luar.

A pastorinha em vida era uma linda pastorinha; a pastorinha morta é a Senhora dos Milagres.

A TAÇA DE CHÁ

O luar desmaiava mais ainda uma máscara caída nas esteiras bordadas. E os bambus ao vento e os crisântemos nos jardins e as garças no tanque, gemiam com ele a adivinharem-lhe o fim. Em roda tombavam-se adormecidos os ídolos coloridos e os dragões alados. E a gueixa, porcelana transparente como a casca de um ovo da Íbis, enrodilhou-se num labirinto que nem os dragões dos deuses em dias de lágrimas. E os seus olhos rasgados, pérolas de Nankim a desmaiar-se em água, confundiam-se cintilantes no luzidio das porcelanas.

Ele, num gesto último, fechou-lhe os lábios co'as pontas dos dedos, e disse a finar-se: – Chorar não é remédio; só te peço que não me atraiçoes enquanto o meu corpo for quente. Deitou a cabeça nas esteiras e ficou. E Ela, num grito de garça, ergueu alto os braços a pedir o Céu para Ele, e a saltitar foi pelos jardins a sacudir as mãos, que todos os que passavam olharam para Ela.

Pela manhã vinham os vizinhos em bicos dos pés espreitar por entre os bambus, e todos viram acocorada a gueixa abanando o morto com um leque de marfim.

A estampa do pires é igual.

A CENA DO ÓDIO

De José de Almada-Negreiros
Poeta Sensacionista e Narciso do Egito

*A Álvaro de Campos
a dedicação intensa
de todos os meus avatares.*

Ergo-me Pederasta apupado d'imbecis,
divinizo-me Meretriz, ex-líbris do Pecado,
e odeio tudo o que não me é por me rirem o eu!
Satanizo-me tara na vara de Moisés!
O castigo das serpentes é-me riso nos dentes,
Inferno a arder o meu cantar!
Sou Vermelho-Niágara dos sexos escancarados nos chicotes dos cossacos!
Sou Pan-Demônio-Trifauce enfermiço de Gula!
Sou Gênio de Zaratustra em Taças de Maré-Alta!
Sou Raiva de Medusa e Danação do Sol!

Ladram-me a Vida por vivê-la
e só me deram uma!
Hão de lati-la por sina!
Agora quero vivê-la!
Hei de poeta cantá-la em Gala sonora e dina!
Hei de Glória desanuviá-la!
Hei de Guindaste içá-la Esfinge
da Vala pedestre onde me querem rir!
Hei de trovão-clarim levá-la Luz
às Almas-Noites do Jardim das Lágrimas!
Hei de bombo rufá-La pompa de Pompeia
nos Funerais de Mim!
Hei de Alfange-Mahoma
cantar Sodoma na Voz de Nero!
Hei de ser Fuas sem Virgem do Milagre,
hei de ser galope opiado e doido, opiado e doido...,

hei de Átila, hei de Nero, hei de Eu,
cantar Átila, cantar Nero, cantar Eu!

Sou Narciso do Meu Ódio!
– O Meu Ódio é Lanterna de Diógenes,
é cegueira de Diógenes,
é cegueira da Lanterna!
(O Meu Ódio tem tronos de Herodes,
histerismos de Cleópatra, perversões de Catarina!)
O Meu Ódio é Dilúvio Universal sem Arcas de Noé: só Dilúvio Universal,
e mais Universal ainda:
Sempre a crescer, sempre a subir...,
até apagar o Sol!

Sou trono de Abandono, malfadado,
nas iras dos bárbaros, meus Avós.
Oiço ainda da Berlinda d'Eu ser sina
gemidos vencidos de fracos,
ruídos famintos de saque,
ais distantes de Maldição eterna em Voz antiga!
Sou ruínas rasas, inocentes
como as asas de rapinas afogadas.
Sou relíquias de mártires impotentes
sequestradas em antros do Vício.
Sou clausura de Santa professa,
Mãe exilada do Mal,
Hóstia d'Angústia no Claustro,
freira demente e donzela,
virtude sozinha da cela
em penitência do sexo!
Sou rasto espezinhado d'Invasores
que cruzaram o meu sangue, desvirgando-o.
Sou a Raiva atávica dos Távoras,
o sangue bastardo de Nero,
o ódio do último instante

O GESTO DA VANGUARDA ~ 27

do condenado inocente!
A podenga do Limbo mordeu raivosa
as pernas nuas da minh'Alma sem batismo...
Ah! que eu sinto, claramente, que nasci
de uma praga de ciúmes!
Eu sou as sete pragas sobre o Nilo
e a Alma dos Bórgias a penar!

Tu, que te dizes Homem!
Tu, que te alfaiatas em modas
e fazes cartazes dos fatos* que vestes
pra que se não vejam as nódoas de baixo!
Tu, qu'inventaste as Ciências e as Filosofias,
as Políticas, as Artes e as Leis,
e outros quebra-cabeças de sala
e outros dramas de grande espetáculo...
Tu, que aperfeiçoas a arte de matar...
Tu que descobriste o cabo da Boa-Esperança
e o Caminho-Marítimo da Índia
e as duas Grandes Américas,
e que levaste a chatice a estas terras
e que trouxeste de lá mais Chatos pr'aqui
e qu'inda por cima cantaste estes Feitos...
Tu, qu'inventaste a chatice e o balão,
e que farto de te chateares no chão
te foste chatear no ar,
e qu'inda foste inventar submarinos
pra te chateares também por debaixo d'água...
Tu, que tens a mania das Invenções e das Descobertas
e que nunca descobriste que eras bruto,
e que nunca inventaste a maneira de o não seres...
Tu consegues ser cada vez mais besta
e a este progresso chamas Civilização!

* Das roupas que vestes (N. da R.).

Vai vivendo a bestialidade na Noite dos meus olhos,
vai inchando a tua ambição-toiro
'té que a barriga te rebente rã.
Serei Vitória um dia
– Hegemonia de Mim!
e tu nem derrota, nem morto, nem nada.
O Século-dos-Séculos virá um dia
e a burguesia será escravatura
se for capaz de sair de cavalgadura!

Hei de, entretanto, gastar a garganta
a insultar-te, ó besta!
Hei de morder-te a ponta do rabo
e pôr-te as mãos no chão, no seu lugar!
Aí! Saltimbanco-bando de bandoleiros nefastos!
Quadrilheiros contrabandistas da Imbecilidade!
Aí! Espelho-aleijão do Sentimento,
macaco-intruja do Alma-realejo!
Aí! maquerelle da Ignorância!
Silenceur do Gênio-Tempestade!
Spleen da Indigestão!
Aí! meia-tigela, travão das Ascensões!
Aí! povo judeu dos Cristos mais que Cristo!
Ó burguesia! Ó ideal com o pequeno!
Ó ideal ricocó dos Mendes e Possidônios!
Ó cofre d'indigentes
cuja personalidade é a moral de todos!
Ó geral da mediocridade!
Ó claque ignóbil do vulgar, protagonista do normal!
Ó catitismo das lindezas d'estalo!
Aí! lucro do fácil,
cartilha-cabotina dos limitados, dos restringidos!
Aí! dique-empecilho do Canal da Luz!
Ó coito d'impotentes
a corar ao sol no riacho da Estupidez!

Aí! Zero-barômetro da Convicção!
bitola dos chega, dos basta, dos não quero mais!
Aí! plebeísmo aristocratizado no preço do panamá!
erudição de calça de xadrez!
competência de relógio d'oiro
e corrente com suores do Brasil,
e berloques de cornos de búfalo!

E eu vivo aqui desterrado e Job
da Vida-gêmea d'Eu ser feliz!
E eu vivo aqui sepultado vivo
na Verdade de nunca ser eu!
Sou apenas o mendigo de mim-próprio,
órfão da Virgem do meu sentir.
E como queres que eu faça fortuna
se Deus, por escárnio, me deu inteligência,
e não tenho, sequer, irmãs bonitas
nem uma mãe que se venda para mim?
(Pesam quilos no Meu querer
as salas de espera de Mim.
Tu chegas sempre primeiro...
Eu volto sempre amanhã...
Agora vou esperar que morras.
Mas tu és tantos que não morres...
Vou deixar d'esp'rar que morras
—Vou deixar d'esp'rar por mim!)
Ah! que eu sinto, claramente, que nasci
de uma praga de ciúmes!
Eu sou as sete pragas sobre o Nilo
e a alma dos Bórgias a penar!
E tu, também, vieille-roche, castelo medieval
fechado por dentro das tuas ruínas!
Fiel epitáfio das crônicas aduladoras!
E tu também, ó sangue azul antigo
que já nasceste co'a biografia feita!

Ó pajem loiro das cortesias-avozinhas!
Ó pergaminho amarelo-múmia
das grandes galas brancas das paradas
e das vitórias dos torneios-loterias
com donzelas-glórias!
Ó resto de cetros, fumo de cinzas!
Ó lavas frias do vulcão pirotécnico
com chuvas d'oiros e cabeleiras prateadas!
Ó estilhaços heráldicos de vitrais
despegados lentamente sobre o tanque do silêncio!
Ó cedro secular
debruçado no muro da Quinta sobre a estrada
a estorvar o caminho da Mala-posta!

E vós também, ó gentes de Pensamento,
ó Personalidades, ó Homens!
Artistas de todas as partes, cristãos sem pátria,
Cristos vencidos por serem só um!
E vós, ó Gênios da Expressão,
e vós também, ó Gênios sem Voz!
Ó além-infinito sem regressos, sem nostalgias,
espectadores gratuitos do Drama-Imenso de Vós-Mesmos!
Profetas clandestinos
do Naufrágio de Vossos Destinos!

E vós também, teóricos-irmãos-gêmeos
do meu sentir internacional!
Ó escravos da Independência!
Vós que não tendes prêmios
por se ter passado a vez de os ganhardes,
e famintos e covardes
entreteis a fome em revoltas do Mau-Gênio
na boêmia da bomba e da pólvora!

E tu também, ó Beleza Canalha
co'a sensibilidade manchada de vinho!

Ó lírio bravo da Floresta-Ardida
à meia-porta da tua Miséria!
Ó Fado da Má-Sina
com ilustrações a giz
e letra da Maldição!
Ó fera vadia das vielas açaimada na Lei!
Ó xale e lenço a resguardar a tísica!
Ó franzinas do fanico
co'a sífilis ao colo por essas esquinas!
Ó nu d'aluguer
na meia-luz dos cortinados corridos!
Ó oratório da meretriz a mendigar gorjetas
pra sua Senhora da Boa-Sorte!
Ó gentes tatuadas do calão!
Ó carro vendado da Penitenciária!

E tu também, ó Humilde, ó Simples!
enjaulados na vossa ignorância!
Ó pé descalço a calejar o cérebro!
Ó músculos da saúde de ter fechada a casa de pensar!
Ó alguidar de açorda fria
na ceia-fadiga da dor-candeia!
Ó esteiras duras pra dormir e fazer filhos!
Ó carretas da Voz do Operário
com gente de preto a pé e filarmônica atrás!
Ó campas rasas engrinaldadas,
com chapões de ferro e balões de vidro!
Ó bota rota de mendigo abandonada no pó do caminho!
Ó metamorfose-selvagem das feras da cidade!
Ó geração de bons ladrões crucificados na Estupidez!

Ó sanfona-saloia do fandango dos campinos!
Ó pampilho das Lezírias inundadas de Cidade!

Ó trouxa d'aba larga da minha lavadeira,
ó rodopio azul da saia azul de Loures!

E vós varinas que sabeis a sal
e que trazeis o Mar no vosso avental,
as Naus da Fenícia ainda não voltaram?!
E vós também, ó moças da Província
que trazeis o verde dos campos
no vermelho das faces pintadas!

E tu também, ó mau gosto
co'a saia de baixo a ver-se
e a falta d'educação!
Ó oiro de pechisbeque (esperteza dos ciganos)
a luzir no vermelho verdadeiro da blusa de chita!
Ó tédio do domingo com botas novas
e música n'Avenida!
Ó santa Virgindade
a garantir a falta de lindeza!
Ó bilhete postal ilustrado
com aparições de beijos ao lado!

E vós ó gentes que tendes patrões,
autômatos do dono a funcionar barato!
Ó criadas novas chegadas de fora pra todo o serviço!
Ó costureiras mirradas,
emaranhadas na vossa dor!
Ó reles caixeiros, pederastas do balcão,
a quem o patrão exige modos lisonjeiros
e maneiras agradáveis pros fregueses!
Ó Arsenal–fadista de ganga azul e coco socialista!
Ó saídas pôr do sol das Fábricas d'Agonia!
E vós também, ó toda a gente,
que todos tendes patrões!

E vós também, nojentos da Política
que explorais eleitos o Patriotismo!

Maquereaux da Pátria que vos pariu ingênuos
e vos amortalha infames!
E vós também, pindéricos jornalistas
que fazeis cócegas e outras coisas
à opinião pública!

E tu também roberto fardado:
Futrica-te espantalho engalonado,
apeia-te das patas de barro,
larga a espada de matar
e põe o penacho no rabo!
Ralha-te mercenário, asceta da Crueldade!
Espuma-te no chumbo da tua Valentia!
Agoniza-te Rilhafoles armado!
Desuniversidadiza-te da doutorança da chacina,
da ciência da matança!
Groom fardado da Negra,
pária da Velha!
Encaveira-te nas esporas luzidias de seres fera!
Despe-te da farda,
desenfia-te da Impostura, e põe-te nu, ao léu
que ficas desempregado!
Acouraça-te de senso,
vomita de vez o morticínio,
enche o pote de raciocínio,
aprende a ler corações,
que há muito mais que fazer
do que fazer revoluções!
Ruína com tuas próprias peças-colossos
as tuas próprias peças colossais,
que de 42 a 1 é meio-caminho andado!
Rebusca no seres selvagem,
no teu cofre do extermínio
o teu calibre máximo!
Põe de parte a guilhotina,

34 ∾ POESIA É CRIAÇÃO

dá férias ao garrote!
Não dês língua aos teus canhões,
nem ecos às pistolas,
nem vozes às espingardas!
– São coisas fora de moda!
Põe-te a fazer uma bomba
que seja uma bomba tamanha
que tenha dez raios da Terra.
Põe-lhe dentro a Europa inteira,
os dois polos e as Américas,
a Palestina, a Grécia, o mapa
e, por favor, Portugal!
Acaba de vez com este planeta,
faze-te Deus do Mundo em dar-lhe fim!
(Há tanta coisa que fazer, Meu Deus!
e esta gente distraída em guerras!)

Eu creio na transmigração das almas
por isto de Eu viver aqui em Portugal.
Mas eu não me lembro o mal que fiz
durante o meu avatar de burguês.
Oh! Se eu soubesse que o Inferno
não era como os padres mo diziam –
uma fornalha de nunca se morrer –,
mas sim um Jardim da Europa
à beira-mar plantado...
Eu teria tido certamente mais juízo,
teria sido até o mártir São Sebastião!
E ainda há quem faça propaganda disto:
a pátria onde Camões morreu de fome
e onde todos enchem a barriga de Camões!
Se ao menos isto tudo se passasse
numa Terra de mulheres bonitas!
Mas as mulheres portuguesas
são a minha impotência!

E tu, meu rotundo e pançudo-sanguessugo,
meu desacreditado burguês apinocado
da rua dos bacalhoeiros do meu ódio
co'a Felicidade em casa a servir aos dias!
Tu tens em teu favor a glória fácil
igual à de outros tantos teus pedaços
que andam desajuntados neste Mundo,
desde a invenção do mau cheiro,
a estorvar o asseio geral.
Quanto mais penso em ti, mais tenho Fé e creio
que Deus perdeu de vista o Adão de Barro
e com pena fez outro de bosta de boi
por lhe faltar o barro e a inspiração!
E enquanto este Adão dormia
os ratos roeram-lhe os miolos,
e das caganitas nasceu a Eva burguesa!

Tu arreganhas os dentes quando te falam d'*Orpheu*
e pões-te a rir, como os pretos, sem saber porquê.
E chamas-me doido a Mim
que sei e sinto o que eu escrevi!
Tu que dizes que não percebes;
rir-te-ás de não perceberes?

Olha Hugo! Olha Zola! Cervantes e Camões,
e outros que não são nada por te cantarem a ti!
Olha Nietzsche! Wilde! Olha Rimbaud e Dowson!
Cesário, Antero e outros tantos mundos!
Beethoven, Wagner e outros tantos gênios
que não fizeram nada,
que deixaram este mundo tal qual!
Olha os grandes o que são estragados por ti!
O teu máximo é ser besta e ter bigodes.
A questão é estar instalado.
Se te livras de burguês e sobes a talento, a gênio,

a seres alguém,
o Bem que tu fizeres é um décimo de seres fera!
E de que serve o livro e a ciência
se a experiência da vida
é que faz compreender a ciência e o livro?
Antes não ter ciências!
Antes não ter livros!
Antes não ter Vida!

Eu queria cuspir-te a cara e os bigodes,
quando te vejo apalermado p'las esquinas
a dizeres piadas às meninas,
e a gostares das mulheres que não prestam
e a fazer-lhes a corte
e a apalpar-lhes o rabo,
esse tão cantado belo cu
que creio ser melhor o teu ideal
que a própria mulher do cu grande!
E casaste-te com Ela,
porque o teu ideal veio pegado a Ela,
e agora à brocha limpas a calva em pinga
à coca de cunhas pro Cunha examinador
do teu décimo nono filho
dezanove vezes parvo!
(É o caso mais exemplar de constância e fidelidade
a tua história sexual co'a Felisberta,
desde o teu primogênito tanso
'té ao décimo nono idiota.)
'Té no matrimônio te maldigo, infame cobridor!
Espécie de verme das lamas dos pântanos
que, de tanto se encharcar em gozos,
o seu corpo se atrofiou
e o sexo elefantizado foi todo o seu corpo!

Em toda a parte tu és o admirador
e em toda a parte a tua ignorância

tem a cumplicidade da incompetência
dos que te falam 'té dos lugares sagrados.
Sim! Eu sei que tu és juiz
e qu'inda ontem prometeste à tua amante,
despedindo-a num beijo de impotente,
a condenação dos réus que tivesses
se Ela faltasse à matinée da Boa-Hora!
Pulha! E és tu que do púlpito
dessa barriga d'Água da Curia
dás a ensinança de trote
aos teus dezenove filhos?!
Cocheiros, contai: dezenove!!!

Zut! bruto-parvo-nada
que Me roubaste tudo:
'té Me roubaste a Vida
e não Me deixaste nada!
nem Me deixaste a Morte!
Zut! poeira-pingo-micróbio
que gemes pequeníssimos gemidos gigantes,
grávido de uma dor profeta colossal!
Zut! elefante-berloque parasita do não presta!
Zut! bugiganga-celuloide-bagatela!
Zut! besta!
Zut! bácoro!!
Zut! merda!!!

Em toda a parte o teu papel é admirar,
mas (caso inf'liz)
nunca acertas numa admiração feliz.
Lês os jornais e admiras tudo do princípio ao fim
e se por desgraça vem um dia sem jornais,
tens de ficar em casa nos chinelos
porque nesse dia, felizmente,
não tens opinião pra levares à rua.

Mas nos outros dias lá estás a discutir.
É que a Natureza é compensadora:
quem não tem dinheiro pra ir ao Coliseu
deve ter cá fora razões pra se rir.
Só te oiço dizeres dos outros
a inveja de seres como eles.
Nem ao menos, pobre fadista,
a veleidade de seres mais bruto?
Até os teus desejos são avaros
como as tuas unhas sujas e ratadas.
Ó meu gordo pelintrão,
água-morna suja, broa do outro v'rão!
Os homens são na proporção dos seus desejos
e é por isso que eu tenho a concepção do Infinito...
Não te cora ser grande o teu avô
e tu apenas o seu neto, e tu apenas o seu esperma?
Não te dói Adão mais que tu?
Não te envergonha o teres antes de ti
outros muito maiores que tu?
Jamais eu quereria vir a ser um dia
o que o maior de todos já o tivesse sido.
Eu quero sempre muito mais
e mais ainda muito pr'além-demais-Infinito...
Tu não sabes, meu bruto, que nós vivemos tão pouco
que ficamos sempre a meio-caminho do Desejo?

Em toda a parte o bicho se propaga,
em toda a parte o nada tem estalagem.
O meu suplício não é somente de seres meu patrício
ou o de ver-te meu semelhante:
tu, mesmo estrangeiro, és besta bastante.
Foi assim que te encontrei na Rússia
como vegetas aqui e por toda a parte,
e em todos os ofícios
e em todas as idades.

Lá suportei-te muito! Lá falavas russo
e eu só sabia o francês.
Mas na França, em Paris – a Grande capital,
apesar de fortificada,
foi assolada por esta espécie animal.
E andam p'los cafés como as pessoas
e vestem-se na moda como elas,
e de tal maneira domésticos
que até vão às mulheres
e até vão aos domésticos.
Felizmente que na minha pátria,
a minha verdadeira mãe, a minha santa Irlanda,
apenas vivi uns anos d'Infância,
apenas me acodem longinquamente
as festas ensuoradas do priest da minha aldeia,
apenas ressuscitam sumidamente
as asfixias da tísica-mater,
apenas soam como revoltas
as pistolas do suicídio de meu pai,
apenas sinto infantilmente
no leito de uma morta
o gelo de umas unhas verdes,
um frio que não é do Norte,
um beijo grande como a vida de um tísico a morrer.
Ó Deus! Tu que mos levaste é que sabias
o Ódio que eu lhes teria
se não tivessem ficado por ali!
Mas antes, mil vezes antes,
aturar os burgueses da My Ireland
que estes desta Terra
que parece a pátria deles!
Ó Horror! os burgueses de Portugal
têm de pior que os outros
o serem portugueses!

A Terra vive desde que um dia
deixou de ser bola do ar
pra ser solar de burgueses.
Houve homens de talento, gênios e imperadores.
Precisaram-se de ditadores,
que foram sempre os maiores.
Cansou-se o mundo a estudar
e os sábios morreram velhos
fartos de procurar remédios,
e nunca acharam o remédio de parar.
E 'inda hoje eu vivo no século XX
a ver desfilar burgueses
trezentas e sessenta e cinco vezes ao ano,
e a saber que um dia
são vinte e quatro horas de chatice
e cada hora sessenta minutos de tédio
e cada minuto sessenta segundos de spleen!
Ora bolas para os sábios e pensadores!
Ora bolas pra todas as épocas e todas as idades!
Bolas pros homens de todos os tempos,
e pra intrujice da Civilização e da Cultura!

Eu invejo-te a ti, ó coisa que não tens olhos de ver!
Eu queria como tu sentir a beleza de um almoço pontual
e a f'licidade de um jantar cedinho
co'as bestas da família.
Eu queria gostar das revistas e das coisas que não prestam
porque são muitas mais que as boas
e enche-se o tempo mais!
Eu queria, como tu, sentir o bem-estar
que te dá a bestialidade!
Eu queria, como tu, viver enganado da vida e da mulher,
e sem o prazer de seres inteligente pessoalmente!
Eu queria, como tu, não saber que os outros não valem nada
pra os poder admirar como tu!

Eu queria que a Vida fosse tão divinal
como tu a supões, como tu a vives!
Eu invejo-te, ó pedaço de cortiça
a boiar à tona d'água, à mercê dos ventos,
sem nunca saber que fundo que é o Mar!

Olha para ti!
Se te não vês, concentra-te, procura-te!
Encontrarás primeiro o alfinete
que espetaste na dobra do casaco,
e depois não percas o sítio,
porque estás decerto ao pé do alfinete.
Espeta-te nele pra não te perderes de novo,
e agora observa-te!
Não te escarneças! Acomoda-te em sentido!
Não te odeies ainda qu'inda agora começaste!
Enjoa-te no teu nojo, mastodonte!
Indigesta-te na palha dessa tua civilização!
Desbesunta-te dessa vermência!
Destapa a tua decência, o teu imoral pudor!
Albarda-te em senso! estriba-te em Ser!
Limpa-te do cancro amarelo e podre
do lazareto de seres burro!
Desatrela-te do cérebro-carroça!
Desata o nó-cego da vista!
Desilustra-te, descultiva-te, despole-te,
que mais vale ser animal que besta!
Deixa antes crescer os cornos que outros adornos da civilização!
Queria-te antes antropófago porque comias os teus
– talvez o mundo fosse Mundo
e não a retrete que é!
Aí! excremento do Mal, avergonha-te
no infinitamente pequeno de ti com o teu papagaio:
Ele fala como tu e diz coisas que tu dizes
e se não sabe mais é por tua culpa, meu mandrião!

E tu, se não fossem os teus pais,
davas guinchos, meu saguim!
– Tu és o papagaio de teus pais!
Mas há mais, muito mais
que a tua ignorância-miopia te cega.
Empresto-te a minha Inteligência.
Toma!
Vê agora e não desmaies ainda!
Então eu não tinha razão?
Pra que me chamavas doido
quando eu m'enjoava de ti?
Ah! Já tens medo?
Por que te rias da vida
e ias ensuorar as virilhas nos fauteuils das revistas
co'as pernas fogo de vistas
das coristas de petróleo?
Por que davas palmas aos compères e atorecos
pelintras e fantoches
antes do palco, no palco e depois do palco?
Ora dize-Me com franqueza:
Era por eles terem piada?
Então era por a não terem?
Ah! Era pra tu teres piada, meu bruto?!
Por que mandaste de castigo os teus filhos pras Belas-Artes
quando ficaram mal na instrução primária?
Por que é que dizes a toda a gente que o teu filho idiota
estuda pra poeta?
Por que te casaste com a tua mulher
se dormes mais vezes co'a tua criada?
Por que bateste no teu filho quando a mestra
te contou as indecências na aula?
Não te lembras das que tu fizeste
com a própria mestra de moral?
Ou queres tu ser decente –
tu, que tens dezenove filhos?

Por que choraste tanto quando te desonraram a filha?
Por que lhe quiseste matar o amante?
Não achas isto natural? não achas isto interessante?
Por que não choraste também pelo amante?...
Deixa! deixa! eu não te quero morto com medo de ti próprio!
Eu quero-te vivo, muito vivo, a sofrer!
Não te despetes do alfinete!
Eu abro a janela pra não cheirar mal!

Galopa a tua bestialidade
na memória que eu faço dos teus coices,
cavalga o teu inseticismo na tua sela de D. Duarte!
Arreia-te de Bom-Senso um segundo! peço-te de joelhos.
Encabresta-te de Humanidade
e eu passo-te uma zoologia para as mãos
pra te inscreveres na divisão dos Mamíferos.
Mas anda primeiro ao Jardim Zoológico!
Vem ver os chimpanzés!
Acorpanzila-te neles se te ousas!
Sagra-te de cu-azul a ver se eles te querem!
Lá porque aprendeste a andar de mãos no ar
não quer dizer que sejas mais chimpanzé que eles!

Larga a cidade masturbadora, febril,
rabo decepado de lagartixa,
labirinto cego de toupeiras,
raça de ignóbeis míopes, tísicos, tarados,
anêmicos, cancerosos e arseniados!
Larga a cidade!
Larga a infâmia das ruas e dos boulevards,
esse vaivém cínico de bandidos mudos,
esse mexer esponjoso de carne viva,
esse ser-lesma nojento e macabro,
esse S zig-zag de chicote autofustigante,
esse ar expirado e espiritista,

esse Inferno de Dante por cantar,
esse ruído de sol prostituído, impotente e velho,
esse silêncio pneumônico
de lua enxovalhada sem vir a lavadeira!
Larga a cidade e foge!
Larga a cidade!
Vence as lutas da família na vitória de a deixar.
Larga a casa, foge dela, larga tudo!
Nem te prendas com lágrimas que lágrimas são cadeias!
Larga a casa e verás – vai-se-te o Pesadelo!
A família é lastro: deita-a fora e vais ao céu!
Mas larga tudo primeiro, ouviste?
Larga tudo!
– Os outros, os sentimentos, os instintos,
e larga-te a ti também, a ti principalmente!
Larga tudo e vai para o campo
e larga o campo também, larga tudo!
– Põe-te a nascer outra vez!
Não queiras ter pai nem mãe,
não queiras ter outros nem Inteligência!
A Inteligência é o meu cancro:
eu sinto-a na cabeça com falta d'ar!
A Inteligência é a febre da Humanidade
e ninguém a sabe regular!
E já há inteligência a mais: pode parar por aqui!
Depois põe-te a viver sem cabeça,
vê só o que os olhos virem,
cheira os cheiros da Terra,
come o que a Terra der,
bebe dos rios e dos mares,
– Põe-te na natureza!
Ouve a Terra, escuta-A.
A natureza à vontade só sabe rir e cantar!
Depois põe-te à coca dos que nascem

e não os deixes nascer.
Vai depois p'la noite nas sombras
e rouba a toda a gente a Inteligência
e raspa-lhes bem a cabeça por dentro
co'as tuas unhas e cacos de garrafas,
bem raspado, sem deixar nada,
e vai depois depressa, muito depressa,
sem que o sol te veja,
deitar tudo no mar onde haja tubarões!
Larga tudo e a ti também!

Mas tu nem vives nem deixas viver os mais,
Crápula do Egoísmo, cartola d'espanta-pardais!
Mas hás de pagar-Me a febre-rodopio
novelo emaranhado da minha dor!
Mas hás de pagar-Me a febre-calafrio
abismo-descida de eu não querer descer!
Hás de pagar-Me o Absinto e a Morfina!
Hei de ser cigana da tua sina!
Hei de ser a bruxa do teu remorso!
Hei de desforra-dor cantar-te a buena-dicha
em águas-fortes de Goya
e no cavalo de Troia
e nos poemas de Poe!
Hei de feiticeira a galope na vassoira
largar-te os meus lagartos e a Peçonha!
Hei de vara mágica encantar-te arte de ganir!
Hei de reconstruir em ti a escravatura negra!
Hei de despir-te a pele a pouco e pouco
e depois na carne viva deitar fel,
e depois na carne viva semear vidros,
semear gumes,
lumes,
e tiros.
Hei de gozar em ti as poses diabólicas

dos teatrais venenos trágicos do persa Zoroastro!
Hei de rasgar-te as virilhas com forquilhas e croques,
e desfraldar-te nas canelas mirradas
o negro pendão dos piratas!
Hei de corvo marinho beber-te os olhos vesgos!
Hei de boia do Destino ser em brasa
e tu náufrago das galés sem horizontes verdes!
E mais do que isto ainda, muito mais:
Hei de ser a mulher que tu gostes,
hei de ser Ela sem te dar atenção!
Ah! que eu sinto claramente que nasci de uma praga de ciúmes.
Eu sou as sete pragas sobre o Nilo
e a Alma dos Bórgias a penar!

Com a data de 14 de maio de 1915.

MANIFESTO ANTI-DANTAS

BASTA PUM BASTA

UMA GERAÇÃO QUE CONSENTE DEIXAR-SE REPRESENTAR POR UM DANTAS É UMA GERAÇÃO QUE NUNCA O FOI! É UM COIO D'INDIGENTES, D'INDIGNOS E DE CEGOS! É UMA RESMA DE CHARLATÃES E DE VENDIDOS, E SÓ PODE PARIR ABAIXO DE ZERO!

ABAIXO A GERAÇÃO!

MORRA O DANTAS, MORRA! ☞ PIM!

UMA GERAÇÃO COM UM DANTAS A CAVALO É UM BURRO IMPOTENTE!

UMA GERAÇÃO COM UM DANTAS À PROA É UMA CANOA EM SECO!

O DANTAS É UM CIGANO!

O DANTAS É MEIO CIGANO!

O DANTAS SABERÁ GRAMÁTICA, SABERÁ SINTAXE, SABERÁ MEDICINA, SABERÁ FAZER CEIAS PRA CARDEAIS, SABERÁ TUDO MENOS ESCREVER QUE É A ÚNICA COISA QUE ELE FAZ!

O DANTAS PESCA TANTO DE POESIA QUE ATÉ FAZ SONETOS COM LIGAS DE DUQUESAS!

O DANTAS É UM HABILIDOSO!

O DANTAS VESTE-SE MAL!

O DANTAS USA CEROULAS DE MALHA!

O DANTAS ESPECULA E INOCULA OS CONCUBINOS!

O DANTAS É DANTAS!

O DANTAS É JÚLIO!

MORRA O DANTAS, MORRA! 👈 PIM!

O DANTAS FEZ UMA SÓROR MARIANA QUE TANTO O PODIA SER COMO A SÓROR INÊS, OU A INÊS DE CASTRO, OU A LEONOR TELES, OU O MESTRE D'AVIZ, OU A DONA CONSTANÇA, OU A NAU CATRINETA, OU A MARIA RAPAZ!

E O DANTAS TEVE CLAQUE! E O DANTAS TEVE PALMAS! E O DANTAS AGRADECEU!

O DANTAS É UM CIGANÃO!

NÃO É PRECISO IR PRO ROSSIO PRA SE SER PANTOMINEIRO, BASTA SER-SE PANTOMINEIRO!

NÃO É PRECISO DISFARÇAR-SE PRA SE SER SALTEADOR, BASTA ESCREVER COMO O DANTAS! BASTA NÃO TER ESCRÚPULOS NEM MORAIS, NEM ARTÍSTICOS, NEM HUMANOS! BASTA ANDAR CO'AS MODAS, CO'AS POLÍTICAS E CO'AS OPINIÕES! BASTA USAR O TAL SORRISINHO, BASTA SER MUITO DELICADO, E USAR COCO E OLHOS MEIGOS! BASTA SER JUDAS! BASTA SER DANTAS!

MORRA O DANTAS, MORRA! 👈 PIM!

O DANTAS NASCEU PARA PROVAR QUE NEM TODOS OS QUE ESCREVEM SABEM ESCREVER!

O DANTAS É UM AUTÔMATO QUE DEITA PRA FORA O QUE A GENTE JÁ SABE QUE VAI SAIR... MAS É PRECISO DEITAR DINHEIRO!

O DANTAS É UM SONETO DELE PRÓPRIO!

O DANTAS EM GÊNIO NEM CHEGA A PÓLVORA SECA E EM TALENTO É PIM-PAM-PUM!

O DANTAS NU É HORROROSO!

O DANTAS CHEIRA MAL DA BOCA!

MORRA O DANTAS, MORRA! 👉 PIM!

O DANTAS É O ESCÁRNIO DA CONSCIÊNCIA! SE O DANTAS É PORTUGUÊS EU QUERO SER ESPA-NHOL!

O DANTAS É A VERGONHA DA INTELECTUA-LIDADE PORTUGUESA! O DANTAS É A META DA DECADÊNCIA MENTAL!

E AINDA HÁ QUEM NÃO CORE QUANDO DIZ ADMIRAR O DANTAS!

E AINDA HÁ QUEM LHE ESTENDA A MÃO!

E QUEM LHE LAVE A ROUPA!

E QUEM TENHA DÓ DO DANTAS!

E AINDA HÁ QUEM DUVIDE DE QUE O DANTAS NÃO VALE NADA, E QUE NÃO SABE NADA, E QUE NEM É INTELIGENTE, NEM DECENTE, NEM ZERO!

VOCÊS NÃO SABEM QUEM É A SÓROR MARIANA DO DANTAS? EU VOU-LHES CONTAR:

A PRINCÍPIO, POR CARTAZES, ENTREVISTAS E OUTRAS PREPARAÇÕES COM AS QUAIS NADA TEMOS QUE VER, PENSEI TRATAR-SE DE SÓROR MARIANA ALCOFORADO, A PSEUDOAUTORA DAQUELAS CARTAS FRANCESAS QUE DOIS ILUSTRES SENHORES DESTA TERRA NÃO DESCANSARAM ENQUANTO NÃO ESTRAGARAM PRA PORTUGUÊS. QUANDO SUBIU O PANO TAMBÉM NÃO FUI CAPAZ DE DISTINGUIR PORQUE ERA NOITE MUITO ESCURA E SÓ DEPOIS DE MEIO ATO É QUE DESCOBRI QUE ERA DE MADRUGADA PORQUE O BISPO DE BEJA DISSE QUE TINHA ESTADO À ESPERA DO NASCER DO SOL!

A MARIANA VEM DESCENDO UMA ESCADA ESTREITÍSSIMA MAS NÃO VEM SÓ, TRAZ TAMBÉM O CHAMILLY QUE EU NÃO CHEGUEI A VER, OUVINDO APENAS UMA VOZ MUITO CONHECIDA AQUI NA BRASILEIRA DO CHIADO. POUCO DEPOIS O BISPO DE BEJA É QUE ME DISSE QUE ELE TRAZIA CALÇÕES VERMELHOS.

A MARIANA E O CHAMILLY ESTÃO SOZINHOS EM CENA, E ÀS ESCURAS, DANDO A ENTENDER PERFEITAMENTE QUE FIZERAM INDECÊNCIAS NO QUARTO. DEPOIS O CHAMILLY, COMPLETAMENTE SATISFEITO DESPEDE-SE E SALTA P'LA JANELA COM GRANDE MÁGOA DA FREIRA LACRIMOSA. E AINDA HOJE OS TURISTAS TÊM OCASIÃO DE OBSERVAR

AS GRADES ARROMBADAS DA JANELA DO QUINTO ANDAR DO CONVENTO DA CONCEIÇÃO DE BEJA NA RUA DO TOURO, POR ONDE SE DIZ QUE FUGIU O CÉLEBRE CAPITÃO DE CAVALOS EM PARIS E DENTISTA EM LISBOA.

A MARIANA QUE É HISTÉRICA COMEÇA DE CHORAR DESATINADAMENTE NOS BRAÇOS DA SUA CONFIDENTE E EXCELENTE PAU DE CABELEI-RA SÓROR INÊS.

... VÊM DESCENDO P'LA DITA ESTREITÍSSIMA ESCADA, VÁRIAS MARIANAS TODAS IGUAIS E DE CANDEIAS ACESAS MENOS UMA QUE USA ÓCULOS E BENGALA E ANDA TODA CURVADA PRA FRENTE O QUE QUER DIZER QUE É ABADESSA. E SERIA ATÉ UMA EXCELENTE PERSONIFICAÇÃO DAS BRUXAS DE GOYA SE QUANDO FALASSE NÃO TIVESSE AQUELA VOZ TÃO FRESCA E MAVIOSA DA TIA FELICIDADE DA VIZINHA DO LADO. E REPARANDO NOS DOIS VUL-TOS INTERROGA ESPAÇADAMENTE COM CADÊNCIA, AUSTERIDADE E IMENSA FALTA DE CORDA: ... QUEM ESTÁ AÍ?... E DE CANDEIAS APAGADAS?

— FOI O VENTO, DIZEM AS POBRES INOCEN-TES VARADAS DE TERROR... E A ABADESSA QUE SÓ É VELHA NOS ÓCULOS, NA BENGALA E EM ANDAR CURVADA PRA FRENTE MANDA TOCAR A SINETA QUE É UM DÓ D'ALMA O OUVI-LA ASSIM TÃO DEBILITADA. VÃO TODAS PRO CORO, MAS

EIS QUE, DE REPENTE, BATEM NO PORTÃO E SEM SE ANUNCIAR NEM LIMPAR-SE DA POEIRA, SOBE A ESCADA E ENTRA P'LO SALÃO UM BISPO DE BEJA QUE QUANDO ERA NOVO FEZ BREJEIRICES CO'A MENINA DO CHOCOLATE.

AGORA COMPLETAMENTE EMENDADO REVELA À ABADESSA QUE SABE POR CARTAS QUE HÁ HOMENS QUE VÃO ÀS MULHERES DO CONVENTO E QUE AINDA HÁ POUCO VIRA UM DE CAVALOS A SALTAR P'LA JANELA. A ABADESSA DIZ QUE EFETIVAMENTE JÁ HÁ TEMPOS QUE VINHA DANDO P'LA FALTA DE GALINHAS E TÃO INOCENTINHA, COITADA, QUE NAQUELES OITENTA ANOS AINDA NÃO TEVE TEMPO PRA DESCOBRIR A RAZÃO DA HUMANIDADE ESTAR DIVIDIDA EM HOMENS E MULHERES. DEPOIS DE SÉRIOS EMBARAÇOS DO BISPO É QUE ELA DEU COM O ATREVIMENTO E MANDOU CHAMAR AS DUAS FREIRAS DE HÁ POUCO CO'AS CANDEIAS APAGADAS. NESTA ALTURA ESTA PEÇA POLICIAL TOMA UM PEDAÇO D'INTERESSE PORQUE O BISPO ORA PARECE UM POLÍCIA DA INVESTIGAÇÃO DISFARÇADO EM BISPO, ORA UM BISPO COM A FALTA DE DELICADEZA DE UM POLÍCIA D'INVESTIGAÇÃO, E TÃO PERSPICAZ QUE DESCOBRE EM MENOS DE MEIO MINUTO O QUE O PÚBLICO JÁ ESTÁ FARTO DE SABER — QUE A MARIANA DORMIU CO'O NOEL. O PIOR É QUE

A MARIANA FOI À SERRA CO'AS INDISCRIÇÕES DO BISPO E DESATA A BERRAR, A BERRAR COMO QUEM SE ESTAVA MARIMBANDO PRA TUDO AQUILO. ESTEVE MESMO MUITO PERTO DE SE ESTREAR COM UM PAR DE MURROS NA COROA DO BISPO NO QUE SE MOSTROU DE UM ATREVIMENTO, DE UMA INSOLÊNCIA E DE UMA DECISÃO REFILONA QUE EXCEDEU TODAS AS EXPECTATIVAS.

OUVE-SE UMA CORNETA TOCAR UMA MARCHA DE CLARINS E MARIANA SENTINDO NAS PATAS DOS CAVALOS TODA A ALMA DO SEU PREFERIDO FOI QUAL PARDALITO ENGAIOLADO A CORRER ATÉ ÀS GRADES DA JANELA A GRITAR DESALMADA-MENTE P'LO SEU NOEL. GRITA, ASSOBIA E RODOPIA E PIA E RASGA-SE E MAGOA-SE E CAI DE COSTAS COM UM ACIDENTE, DO QUE JÁ PREVIAMENTE TINHA AVISADO O PÚBLICO E O PANO TAMBÉM CAI E O ESPECTADOR TAMBÉM CAI DA PACIÊNCIA ABAIXO E DESATA NUMA DESTAS PATEADAS TÃO ENORMES E TÃO MONUMENTAIS QUE TODOS OS JORNAIS DE LISBOA NO DIA SEGUINTE FORAM UNÂNIMES NAQUELE ÊXITO TEATRAL DO DANTAS.

A ÚNICA CONSOLAÇÃO QUE OS ESPECTADORES DECENTES TIVERAM FOI A CERTEZA DE QUE AQUI-LO NÃO ERA A SÓROR MARIANA ALCOFORADO MAS SIM UMA MERDARIANA-ALDANTASCUFURADO QUE TINHA CHELIQUES E EXAGEROS SEXUAIS.

CONTINUE O SENHOR DANTAS A ESCREVER ASSIM QUE HÁ DE GANHAR MUITO CO'O ALCU-FURADO E HÁ DE VER, QUE AINDA APANHA UMA ESTÁTUA DE PRATA POR UM OURIVES DO PORTO, E UMA EXPOSIÇÃO DAS MAQUETES PRO SEU MONUMENTO ERECTO POR SUBSCRIÇÃO NACIO-NAL DO *SÉCULO* A FAVOR DOS FERIDOS DA GUER-RA, E A PRAÇA DE CAMÕES MUDADA EM PRAÇA DO DR. JÚLIO DANTAS, E COM FESTAS DA CIDADE P'LOS ANIVERSÁRIOS, E SABONETES EM CONTA «JÚLIO DANTAS», E PASTA DANTAS PROS DENTES, E GRAXA DANTAS PRAS BOTAS, E NIVEÍNA DANTAS, E COMPRIMIDOS DANTAS, E AUTOCLISMOS DANTAS E DANTAS, DANTAS, DANTAS, DANTAS... E LIMO-NADAS DANTAS-MAGNÉSIA.

E FIQUE SABENDO O DANTAS QUE SE UM DIA HOUVER JUSTIÇA EM PORTUGAL TODO O MUNDO SABERÁ QUE O AUTOR DOS *LUSÍADAS* É O DAN-TAS QUE NUM RASGO MEMORÁVEL DE MODÉSTIA SÓ CONSENTIU A GLÓRIA DO SEU PSEUDÔNIMO CAMÕES.

E FIQUE SABENDO O DANTAS QUE SE TODOS FOSSEM COMO EU, HAVERIA TAIS MUNIÇÕES DE MANGUITOS QUE LEVARIAM DOIS SÉCULOS A GASTAR.

MAS JULGAIS QUE NISTO SE RESUME A LITERA-TURA PORTUGUESA? NÃO! MIL VEZES NÃO!

TEMOS ALÉM DISTO O CHIANCA QUE JÁ FEZ RIMAS PRA ALJUBARROTA QUE DEIXOU DE SER A DERROTA DOS CASTELHANOS PRA SER A DERROTA DO CHIANCA!

E AS PINOQUICES DE VASCO MENDONÇA ALVES PASSADAS NO TEMPO DA AVOZINHA! E AS INFELICIDADES DE RAMADA CURTO! E O TALENTO INSÓLITO DE URBANO RODRIGUES! E AS GAITADAS DO BRUN! E AS TRADUÇÕES SÓ PRA HOMEM DO ILUSTRÍSSIMO EXCELENTÍSSIMO SENHOR MELLO BARRETO! E O FREI MATTA NUNES MOCHO! E A INÊS SIFILÍTICA DO FAUSTINO! E AS IMBECILIDADES DE SOUSA COSTA! E MAIS PEDANTICES DO DANTAS! E ALBERTO SOUSA, O DANTAS DO DESENHO! E OS JORNALISTAS DO *SÉCULO* E DA *CAPITAL* E DO *NOTÍCIAS* E DO *PAÍS* E DO *DIA* E DA *NAÇÃO* E DA *REPÚBLICA* E DA *LUTA* E DE TODOS, TODOS OS JORNAIS! E OS ATORES DE TODOS OS TEATROS! E TODOS OS PINTORES DAS BELAS-ARTES E TODOS OS ARTISTAS DE PORTUGAL QUE EU NÃO GOSTO! E OS DA ÁGUIA DO PORTO E OS PALERMAS DE COIMBRA! E A ESTUPIDEZ DO OLDEMIRO CÉSAR E O DOUTOR JOSÉ DE FIGUEIREDO AMANTE DO MUSEU E AH OH OS SOUSA PINTO UH IH E OS BURROS DE CACILHAS E OS MENUS DO ALFREDO GUISADO! E O RAQUÍTICO ALBINO FORJAZ DE SAMPAIO, CRÍTICO DA *LUTA* A QUEM O FIALHO COM IMENSA PIADA

INTRUJOU DE QUE TINHA TALENTO! E TODOS OS QUE SÃO POLÍTICOS E ARTISTAS! E AS EXPOSIÇÕES ANUAIS DAS BELAS-ARTES! E TODAS AS MAQUETES DO MARQUÊS DE POMBAL! E AS DE CAMÕES EM PARIS! E OS VAZ, OS ESTRELA, OS LACERDA, OS LUCENA, OS ROSA, OS COSTA, OS ALMEIDA, OS CAMACHO, OS CUNHA, OS CARNEIRO, OS BARROS, OS SILVA, OS GOMES, OS VELHOS, OS IDIOTAS, OS ARRANJISTAS, OS IMPOTENTES, OS CELERADOS, OS VENDIDOS, OS IMBECIS, OS PÁRIAS, OS ASCETAS, OS LOPES, OS PEIXOTOS, OS MOTTA, OS GODINHO, OS TEIXEIRA, OS CÂMARA, OS DIABO QUE OS LEVE, OS CONSTANTINO, OS TERTULIANO, OS GRAVE, OS MÂNTUA, OS BAHIA, OS MENDONÇA, OS BRAZÃO, OS MATTOS, OS ALVES, OS ALBUQUERQUES, OS SOUSAS E TODOS OS DANTAS QUE HOUVER POR AÍ!!!!!!!!!!!!!!!

E AS CONVICÇÕES URGENTES DO HOMEM CHRISTO PAI E AS CONVICÇÕES CATITAS DO HOMEM CHRISTO FILHO!...

E OS CONCERTOS DO BLANCH! E AS ESTÁTUAS AO LEME, AO EÇA E AO DESPERTAR E A TUDO! E TUDO O QUE SEJA ARTE EM PORTUGAL! E TUDO! TUDO POR CAUSA DO DANTAS!

MORRA O DANTAS! MORRA 👈 PIM!

PORTUGAL QUE COM TODOS ESTES SENHORES CONSEGUIU A CLASSIFICAÇÃO DO PAÍS MAIS

ATRASADO DA EUROPA E DE TODO O MUNDO! O PAÍS MAIS SELVAGEM DE TODAS AS ÁFRICAS! O EXÍLIO DOS DEGREDADOS E DOS INDIFERENTES! A ÁFRICA RECLUSA DOS EUROPEUS! O ENTULHO DAS DESVANTAGENS E DOS SOBEJOS! PORTUGAL INTEIRO HÁ DE ABRIR OS OLHOS UM DIA — SE É QUE A SUA CEGUEIRA NÃO É INCURÁVEL E ENTÃO GRITARÁ COMIGO, A MEU LADO, A NECESSIDADE QUE PORTUGAL TEM DE SER QUALQUER COISA DE ASSEADO!

MORRA O DANTAS! MORRA ☞ PIM!

JOSÉ DE ALMADA-NEGREIROS
POETA D'ORPHEU
FUTURISTA E TUDO

CHEZ MOI

As cadeiras estão sentadas
nunca estiveram de pé
são femininas, são magras
convalescentes sem fé.
A cama está deitada
não faz senão dormir,
à noite ao deitar
a cama aberta põe-se a sorrir,
sente-se mulher,
sente-se mulher casada.
O candeeiro aceso
é uma bailarina amarela
nos bicos dos pés
e toda despida da cinta pra baixo...
não há nada mais nu
que um candeeiro aceso
sem abat-jour.
O candeeiro apagado
acende estrelas deitadas
pra lá das janelas fechadas
na sala azul da noite
– e são fogo de vista do ar
na freguesia vizinha.
Pirilampos de Maio
lantejoilas do manto,
fogos-fátuos do espanto,
olhos piscos de soslaio.
A lua é a cabeça da noite:
os seus olhos rasgados
de estrelas cadentes
vigiam-se transparentes

como o eco das estátuas
a sumir-se p'las estrelas.
A lua nem sempre é a cabeça da noite...
às vezes é um joelho nu
que nasce debaixo do manto;
outras vezes é paixão que eu tenho
por tantas mulheres que eu sei
tão castas de perfis.
A lua também é Nossa-Senhora
à cabeceira da minha cama...
– tranças verdes de luar
e moldura de prata.
A almofada vestiu-se de linho
pra ter-me a boca,
e tem a palidez da louca
que quer dizer segredos:
tão pálida e demente
tão noiva e convento.
Seus dedos de madrepérola
esguios e pálidos
como o perfume das madressilvas
escurecem-se inválidos
em carícias de caprichosa
p'las rendas geométricas.
Os segredos da almofada
são sonhos de eu ser amante
e elas todas diferentes
são todas a minha amante.
A minha ama era cocote
e chorava desesperada
por eu não ser grande.
Sinto-lhe ainda o decote
a minha primeira amante.
A minha ama batia-me

pra me lamber as lágrimas...
tinha gengivas pintadas!
Ia roubar perfumes
ia roubar carmim
só por dormir comigo...
pra não me deixar sozinho
punha um espelho ao pé de mim.
Quando lá fora chovia
escondia-me entre os seios,
e se trovoada fazia
rezava nos meus dedos;
e eu chorava com medo das histerias
e dos penedos
e dos reflexos.
À noite quando dormia
era uma santa tombada,
se a febre me tolhia
tudo nela era água fria
e bonecos de chocolate.
A minha ama saía
e era um desenho da Holanda
porcelana azul e branca
de jarra de estimação...
por isso eu amo as cabras
co'as tetas p'lo meio do chão.
Os segredos da almofada
são saudades do bebê
quando tudo era maior
e tinha medo do rei.
Eu tenho entusiasmo
p'las maldades de José,
eu adoro-me, eu pasmo,
o meu talento de bebê.
Ó gênio branco da idade

em que os pais e os bonecos
é tudo pra brincar,
em que nada é a sério
é tudo a fingir;
onde tudo é igual e bonito
e tudo muito grande
e só eu pequenito.
Rojo se sinto a febre
e meu cinzeiro é logo
essa mão fatal de mendigo
que me não deixa fumar sequer
os meus cigarros, até ao fim.
Por isso te amo ó mentira
dos segredos da minha almofada
por isso eu amo a blague
com que te vestes de aventureira.
Eu tenho a volúpia vesga
de me prostituir em teus segredos
nesses teus lábios de cores
destingidos p'los meus suores;
de me deixar mentir
por esse teu hálito tão igual
ao mal
tão doce como os venenos.
Eu amo a tua estética fluida
a tua loucura plástica
tão branca e gêmea da minha
tão nua e tão dançarina.
Eu amo as tuas paisagens fosforescentes
onde tudo é verde até o negro;
onde eu peço às estrelas cadentes
que ma tragam das praias d'América
assim tão despenteada como as sereias
tão nua como nos penedos.

Mas se ela vier um dia
que mais hei de pedir às estrelas cadentes?
Depois já não são precisas
as estrelas cadentes.

Só se não ouvem as ondas e os comboios
co'os ataques epiléticos
da vizinha costureira...
Se ela soubesse por que se vai de madrugada
pé-ante-pé, devagarinho,
pedir fósforos ao quarto da vizinha
sem ser fósforos o que a gente quer
porque a gente não quer fósforos pra nada.

Em Lisboa, nos últimos dias do ano da guerra de 1915.

SALTIMBANCOS
(Contrastes Simultâneos)
1916

De José de Almada-Negreiros a Santa-Rita Pintor

1. Instrução Militar Volteio e Zora a Ver os Cavalos de Cobrição

a casa em altura era só metade de casa com o telhado guardado pra dentro da metade de tudo guardado pra dentro das janelas fingidas no muro amarelo ao sol co'uma guarita verde também a querer fugir pra dentro do sol por todos os lados do sol sempre pra baixo do sol sempre pros olhos do sol co'o mastro sem bandeira embandeirado a sol amarelo de quartel amarelo ao sol furado de sol cego mesmo no meio do mastro sem bandeira do mastro partido de sol por detrás do mastro sem bandeira cor de lenço vermelho de rapé a corar ao sol com quatro pedras nos cantos pra não voar até ao mar o lenço vermelho de rapé a corar ao sol com quatro montes nos cantos pra não voar pro mar longe do quartel por dentro co'o mesmo muro de sol de quartel igual ao amarelo de fora menos metade co'um telhado encostado ao muro menos livre por dentro de portas negras e paredes de sol por todos os lados soldados parados soldados cinzentos de um pro outro lado pretos contra o sol por todos os lados curvados pra sombra soldados cinzentos meio-nus de brim cinzento de chumbo redondo de forma com reflexos de lata ao sol cinzento impessoal de brim de parada quadrada e fechada pra relva em espeques de brim pobre igual e mínimo sol de brim sol de brim-pijama de sair em traje de brim ao sol de oiro longe no brasil de sol de chumbo com retoques a vermelhos com salpicos nos espeques de brim cinzento só até aos muros da parada amarelo e sombra na diagonal em marcha negros contra o sol dos trigueiros à sombra e atarracados dançarinos de meia-altura sujos de chumbo e de sol sujo de letra gótica sem finos nem grossos como a altura da tinta gordurosa com saúde de brim-molhado cinzento-mais-escuro por debaixo dos braços sem finos nem grossos até aos pulsos da medida do pescoço apertados nos punhos das camisas sujas até aos pulsos da cor das areias dos pinheiros só até às trincheiras de picadeiro e cinzento sem feitio de cinzento de enfiar e pronto a alvorada e recolher o cinzento sem talher ao sol cinzento ao sol sol brim sol cinzento cinzento cinzento cinzento só até às trincheiras de dentro do picadeiro ao sol cinzento milésima parte de um cinzento numerado sem nome sem nome sem alma sem licença de ter alma ali nos catrapázios positivos das botas de coiro branco sem feitio uma só fivela de enfiar já sem querer enfiar de propósito calçam-se por si nos donos entre mil e mil iguais a mil sem feitio igual à medida militar à larga à larga na medida militar sem medida e igual pra todos sem cérebro sem cabelo sem feitio alto saúde basta saúde de brim ao sol a crestar em seco com água à discrição na torneira amarela ao sol cinzento igual pra todos rapados à navalha de barbeiro analfabeto de brim sol só até às trincheiras de dentro do picadeiro amarelo e sombra em diagonal de zero chega e basta aquilo de zero-brim ao sol de chumbo a derreter no amarelo do muro igual pra dentro igual pra fora das janelas fingidas em correnteza de revoltas que morrem pra dentro de brim com clarins a berrarem co'o sol nos metais amarelos de sol de ângulos agudos de reflexos de sol de brim calado de ruínas de moinho de vento a ouvir os fios dos telégrafos e o fumo cinzento dos comboios outro brim de triturar saudades folhas mortas no campo verde e sol com sombra azul dos pinheiros solteiros encostados à nostalgia do fresco da tarde na distância na água nos girassóis e na outra freguesia com raparigas de chapéus de palha de aba-larga ao sol queimado das raparigas a cantar em cima dos carros de bois cheios de papoilas ao sol das raparigas ao meio-dia a passar a ribeira a vau co'as saias arregaçadas até às virilhas nuas ao sol com raparigas a urinar acocoradas na sombra azul do muro de cal do cemitério longe da vila de outra cal no ar azul e transparências e montes que caem no rio com botes parados no meio a pescar e iates que saem com cortiça e lenços brancos a acenar na ponte e encomendas portos e desfolhadas vindimas círios romarias festas foguetes bebedeiras pândegas foguetes harmonium meias brancas com tamanquinhas bordadas a

O GESTO DA VANGUARDA ～ 65

matiz sobre o verniz e xales vincados da loja e lenços ordinários verdadeiros e filarmônica e o mestre compadre parente amigo inteligente cara direita bom homem e balões acesos famílias festões de buxo nas bandeiras dos mastros pintados baile e desordens pazes arraial foguetes são joão fogueiras noites quentes de verão com balões acesos no mar e archotes no cais e fogo preso à roda tonto como o coração a namorar a namorar fogo de vistas no ar a cair em canas secas no meio da roda e dinamite no eco frio dos montes de noite de luar com foguetes de lágrimas verdes de luar e botes enfeitados com bandolins e cantigas e camisas de domingo e corpetes apertados e bordados dos serões pro domingo de festa nossa senhora saloia com saias de baixo e rendas e cordões de oiro a peso e espadas simétricas e lágrimas de efeito e manto estreado entre velas a arder no fundo azul sombra da capela com metade branca do prior a pregar entre um perfume de rosas cera roupa-lavada alecrim e tosses e o sol a espreitar p'lo coro por detrás de um pano encarnado cor de vinho de magusto com castanhas e avental novo e serenatas p'lo rio e amores da aldeia e cheiros da maresia e o frio da barra no peito por cima do coração a tremer no mesmo bote que ela e no mesmo banco que ela e no mesmo lugar que ela que é o lugar dos dois que é o lugar pros dois como o xale dela que chega pros dois por mor do frio da barra que não é cinzento nem ao sol porque vai só até às trincheiras do picadeiro e espreita de fora e vai outra vez pra barra e só à noite é que é frio da barra dentro do xale dela à beira do rio sozinha um dois um dois cinzento sempre cinzento sempre brim quer se volte pro sol quer se volte pra sombra 1 2 1 2... só até às trincheiras do picadeiro amarelo e sombra em diagonal de brim ao sol cor de caixa de soldados cor de chumbo com corneta e capitão três vinténs esquerdo   esquerdo   esquerdo 1 2 1 2... formar a quatro e casar tarde com ela não é por culpa dele nem por culpa dela é por culpa do cinzento cor de chumbo do brim ao sol sem expressão verbal só com expressão numérica de tabuada de somar de cor e salteado e de trás para diante a unir fileiras 1 2 1 2... esquerdo · esquerdo   esquerdo 1 2 1 2... e a sombra a desfazer-se pro sol de brim a salpicar o sol de grãos de chumbo a rodar a quatro e quatro p'la direita e réguas cinzentas de varetas de leque de rifa com divisas de brim inútil insignificante a vermelho igual ao zero de chumbo à direita com ela a chorar ao meio-dia co'as janelas fechadas e a porta zangada com o sol sem água no moringo sem ele pra acompanhar à mina d'água-férrea por causa do mal de nem querer merendar amoras nem estrear o xale novo 1 2 1 2... sol brim sol lata a reluzir nos olhos dela ao luar e agora entra-se co'o direito como as morenas que se casam na freguesia com meias brancas e tamanquinhas bordadas a matiz sobre o verniz com meias brancas grossas até meio das coxas cor de moringo molhado à noite à janela pra nevar e matar aquele calor do ventre por tanto roçar as coxas uma contra a outra uma noite inteira de lua nova ali sozinha nos lençóis de linho sem dormir em passo acelerado marche 1 2 1 2 1 2 1 2 1 2 1 2 1 2 1 2 direita rodar em frente da capelinha aos domingos sem ninguém pra se casar e sem edital de papel selado e sem ele de barrete na mão em pé na missa por detrás das moças de joelhos co'os burros a guardar na estalagem e o almoço prontinho e ela sozinha sentada no poço à espera dele a atirar pedras pro fundo da água salobra num eco de tambores e clarins com cacos de bilha quebrada de tambores e clarim em marcha p'lo adro com cornetas de barro de santo antônio e latas de petróleo e espadas de pau e polícias e ladrões e chapéus de jornais que dá o senhor prior e esquerdo esquerdo esquerdo sempre cinzento com o ideal fechado no tempo militar sem ideal a pesar quinze quilos à esquerda todo pra esquerda na carabina em ombros armas alto numerar a quatro com o clarim outra vez a berrar com o sol no sol e nas espadas numa linguagem de suor meridional sem banhos no cais p'la tarde sem clarins em hálitos de fornicador ao pé do poço sem sombra de laranjeiras e co'os bodes a pastar co'as cabras na relva até à praia com toldos remendados de sarapilheiras com números e clarins em tom acre e enérgico e acre de urinóis gerais com sexos desenhados e pensamentos de rameiras mais que servidas e gastas em ângulo raso co'os pés todos virados pros lados em ângulo raso e a pele arrepanhada no pescoço com fitas cor-de-rosa de visita semanal ali no banco público do hospital amarelo como o quartel monótono e o eixo da nora co'os alcatruzes a gemerem só porque o toiro de olhos tapados ainda anda à roda sem se ter passado o tempo de aguilhão estar quieto sentido à vontade um quarto d'hora pro tabaco d'onça e saudades de não ter carabina nem botas de coiro branco e brim cinzento por cima da camisola azul de bordo azul d'inverno com mar alto e ondas e relâmpagos e cavalos à roda com soldados sem soldados sem saber se leva soldados ou não sempre à roda sempre cinzento sobre o ferro escuro por debaixo da tinta cinzenta como o chumbo sem ser pintado no carrossel da feira de sol e gaita de foles e reflexos de atividade postiça de manivela impertinente de ofício de obrigação sempre à roda a entrar na sombra a sair pro sol numa expressão de dois que são um e mais um sempre à roda p'la direita sem licença de não poder sempre à roda e mais depressa o sol é picadeiro co'a diagonal desfeita no carrossel de sol a andar à roda e a sombra a desfazer-se em sol de círculos concêntricos de sol a girar em corda de pião à roda do capitão parado no meio das velocidades de arco-íris e galope e sol das esporas e cavalos transparentes em atitudes soltas a rolar pra cinzento instantâneo num alheamento de blusa azul de bordo na velocidade amarela do sol parado com o record dentro do sol sem acabar no limite do contorno do sol com falta de persistência e cabeça de cavalo castanho e soldado destribado e um cavalo azul sem soldado de chumbo sempre a diminuir o sol a crescer a sombra acinzentada de brim e um cavalo transparente contra as trincheiras a coxear e por fim todos a um canto a respirar com estrondo de foles de forja azul da prússia e brim ferrugento sem divisas de ferro em brasa e cheiro de unhas queimadas nas ferraduras novas e no outro canto da sombra um soldado prego torto insignificante ferrugento e sujo de chumbo torto da forma e uma égua exageradamente feminina co'uma beleza metálica e lisa de cromo de capelista com comboios de lata e bonecos de estampar e o soldado a atar-lhe as patas com mentiras a uma espécie de manjedoira co'os soldados a correrem pra cima das trincheiras à carga em assalto em brim a juntar-se numa alegria de espetáculo grátis co'o resto de tabaco d'onça e a areia vazia co'a diagonal amarelo e sombra a crescer só a sombra e alegria dos soldados de chumbo longe da égua co'o tal soldado ao lado mais insignificante e sujo e inútil e contentamento de papel de importância para representar co'a mão direita calçada numa luva ímpar até meio do braço e as mãos nas ancas à espera do enorme cavalo todo branco e grande rabo e crinas primitivas num exagero de formas pederastas de cavalo de circo e ar selvagem de procurar fêmea grossa e roçar o cio p'las trincheiras num desejo de desvirgador a estender o focinho e relinchos à mistura co'as obscenidades da soldadesca naquela inconsciência de brim que às vezes ri não porque haja pra rir mas porque não é proibido rir co'o cavalo a galope prà égua e já lá está o soldado da luva pra lhe pegar o sexo ereto e enfiá-lo nas ancas da égua numa ovação entusiástica com palmas e vivas e indecências e o soldado da luva a aproveitar o capitão de costas voltadas pro agradecimento a pé coxinho como o homem de circo dos ciganos e outra égua e o mesmo soldado e a mesma luva e os mesmos aparatos e os mesmos dichotes e outro cavalo a galope p'la cancela em pé sobre as patas de trás firme apressado muito negro e muito vivo sobretudo imenso cavalo e imenso cavalo meridional pequeno desenhado sensual co'os rins a latejar aflições de ávido cobridor no reluzir dos olhos redondos co'as orelhas retesadas e o sexo negro em riste pra égua pro choque brutal violento infalível e o soldado sem acertar à primeira e à segunda co'a mão esmigalhada contra as coxas da égua em sangue dos três e a égua a menear-se em trejeitos de rogada e ser preciso chicotear-lhe os rins pro trazer às boas para cima da égua um tempo infinito e os soldados a gritarem basta e o focinho a roçar pelo dorso da égua numa aceitação de delirante e maravilha e o cavalo a perder as forças num desequilíbrio de fraco sobre a égua e zás pro lado satisfeito e chicotadas outra vez de pé a morder as coxas da égua e a lamber-lhe o sexo em espuma e o soldado e o capitão dum lado e doutro co'os cabos dos chicotes e nem foi preciso a ajuda do soldado co'o braço ao peito e sem luva calçada pra outra égua e outro cavalo cor de prata ao sol contente de se gabar no trote parado encostado à trincheira e p'la trincheira toda em galope curvo até ao canto mais só do picadeiro co'uma petiza debruçada numa festa de confiança sobre o focinho mas de repente do lado de fora gritaram por zora e o canto do picadeiro ficou vazio na transparência mais longe do ar do sol pesado e quente sobre o vácuo depois do azul.

2

frio frio azul transparente e frio (bis) no branco das casas no fumo branco das casas brancas de manhã azul a desmaiar a empalidecer para branco e frio nas pernas nuas p'lo monte acima a acordar e as cabras oblíquas pra cima a mexer a subir na relva parada nas pedras quietas e sol ao longe sol que há de vir sozinho sem companhia ali p'lo monte acima cada vez mais verde com fumos brancos nas casas brancas lá em baixo no frio azul por entre as árvores como as estradas vazias às listas curvas como o vento da manhã a ir-se embora p'la estrada que vai por detrás do outro monte donde se não vê o moinho velho sem ninguém morto epitáfio ilegível com restos de merendas e jornais que foram embrulhos e datas a lápis p'las paredes ali dois sozinhos sem ninguém ver só com o comboio lá embaixo com um fumo branco pra trás e por cima dos wagons pretos cheios de gente da terceira classe a olharem pro moinho velho com histórias e moleiros e dramas de namorados e merendas e pic-nics e burricadas e conversas pra entreter e o rio que todos acham bonito lá embaixo como o estilhaço dum espelho deitado para cima entre as árvores verde-escuro atarracadas enterradas no vale e cascas de pinhões em cima de banco de pedra por fora do moinho à roda co'a pedra de partir ao lado sem sinais da mão que a pegou e uma garrafa de gasosa e cascas de laranjas secas ressequidas esquecidas de há uma semana e zora tem pouca lenha para apanhar no monte lá em cima ao pé do moinho com uma escada rota ainda mais para cima até ao telhado com o eixo e a mó parados parados desde um dia desde um instante parados para sempre com pedaços rasgados de uma carta a tinta roxa em papel vulgar em papel ordinário com teias d'aranha por todos os lados e um cortiço d'abelhas e rolhas ordinárias de gasosas com sinais de guita e um botão de bota sem lenha para levar ao pai e a mãe zanga-se e o pai bate-lhe com certeza e não almoça que vá lavar a roupa ao rio sem almoçar mandriona porca o ensaio é ao meio-dia sem almoçar depois de lavar a roupa no rio que todos acham bonito visto de lá de cima do moinho como o estilhaço de um espelho deitado para cima entre as árvores sem tronco no vale verde-escuro.

3

correu até ao meio co'o seu maillot vermelho esfarrapado de rapariga vermelha co'o seu maillot trigueiro de olhos úmidos da vida antes de entrar em cena e entusiasmo duro de acetilene com vento da praia e bem fincados os pés no meio do tapete cada vez mais verde pra trás desconjuntadamente a fechar a curva do maillot vermelho anel de ferro em brasa a unir as pontas na forja com o fole só no ruído da luz dura da acetilene sexo inocente num buço triangular rasgão ocasional até ao umbigo co'o ventre em expressão de vida por gastar e a cabeça pra cima vermelha-em-brasa redonda e o circo outra vez direito com três degraus de caras iguais em círculos de expressão dividida até ao entusiasmo dos de pé descalço sentados pequenos à frente de olhos espantados a querer mais assim com o rasgão era melhor outra vez outra vez e outra vez fincou os pés no tapete e o rasgão por cima da coxa ao comprido até ao joelho buço triangular do sexo inocente e as nádegas fortemente comprimidas pra voltar pra cima outra vez com o circo outra vez direito de caras de homens e o pescoço dela todo pintado de roxo a fugir-lhe p'la respiração numa gota de suor a arrefecer nos bicos dos seios de zora na voz da mãe e outra vez com alfinete de dama a meio do rasgão mesmo por cima do sexo e um sorriso em expressão de sexo de doze anos a ver os meninos ricos a brincar na areia ao sol com baldes e pás e criadas e calções arregaçados até às virilhas a olhar em roda e só homens iguais e coisas que ela tinha pena de não ter também às vezes ao canto da roulotte nos cobertores com trovões dentro dela sem abrigo que lhe tirasse metade do medo pintado nos olhos pra dentro do silêncio de não querer ouvir os desenhos do muro amarelo do quartel melhor com cores e transparentes e aveludados meigos tatos de pétalas de rosa de botões de rosa a abrirem a darem--se a abrirem-se pra ter calor dentro de si e fechar depois e guardar o calor por muito tempo sobre estofos às escuras e depois ficar a dormir naquela suspensão de febre co'as coxas a arder por dentro e a mão a guardar o próprio calor do sexo num alheamento de si ali no circo co'o rasgão cada vez maior e a dizer doze depois da última cambalhota e ir logo a correr pro tambor que o pai já dera no cornetim aquela entrada que não tinha que enganar de um ordinário que era ao mesmo tempo substantivo e adjetivo e que a gente já sabe de cor mesmo antes de o ouvir p'la primeira vez e depois rufar com força aquele mesmo rufo lúgubre e monótono de fim da tarde p'las ruas da aldeia co'o pai vestido de atleta nu e escrito no peito e nas costas e nos inchaços dos braços de vergar barras de cais informe cartaz anilinas reclame espetáculo à noite às nove horas em ponto no adro da igreja e cadeiras de suas casas a rufar no tambor sempre a rufar numa cadência funérea de enterro socialista com associações de classe e filarmônica a passo com lenços brancos nas golas entre o pescoço e instrumentos desafinados mesmo sem tocar sempre a rufar co'a mãe ali ao lado e os cães todos enfiados em saias e bonnets de clown na mesma corda co'os bordões a tremerem o latão do tambor a zunir em cima do sexo dela com medo do pai no cornetim da abertura dele com um lenço vermelho ao pescoço e a mãe a acompanhar a pratos e no bombo com medo de faltar a acetilene e a estimular barulho tambor à filha com pancadas de maçaneta no ombro dela toda deitada pra trás a equilibrar o peso da caixa sempre a rufar com o bombo impertinente e fundo e oco a par co'os pratos com intervalos iguais curtos alarmantes de acetilene a afunilar as latas amolgadas dos postes com bandeiras vermelhas só vermelhas do maillot dela a secar ao sol na praia ao lado da roulotte com o pai nas tabernas na propaganda no reclame na necessidade de falar e aproveitar a estada e os admiradores e os que pagam álcool mãe e ela p'las portas e p'los quintais a mostrar a voz do relento com fome e acompanhamentos de urros de pandeiro e dez réis fofos na pandeireta ao contrário do ordinário atropelado brutal ingênuo com pratos e bombo e graças de cornetim pum-pum-pum num chinfrim de acordar a escuridão à roda do circo sem cigarras nos montes calados na voz de record disforme sem nuca tatuagens azuis e carmim escondidas p'los cabelos abaixo pum-pum-pum e tra-la-la de cornetim com requebros e variações cortadas de vento da praia na acetilene e com rumor da espuma esverdeada ao luar da acetilene das ondas com espuma transparente de rendas de corda seda ondas roucas das rochas com mar por baixo e ela a apanhar percebos co'as cabras a berrar no alcantil onde há camarinhas e malmequeres e uma cruz de pedra com inscrição e caçadores com furões aos tiros para cá e o peneireiro ao pé do sol parado no ar parado quieto pum-pum-pum rochas que cortam os pés descalços antes não ter vindo e escorregadelas nos limos verdes caranguejos canhotos a mexer e rochas corcundas como os polvos gaivotas cor de sal sobre o mar azul no fundo e um cadáver sem uma perna e podre que deu à praia com caixas de sebo laranjas limões restos de caixões de mastros atravessados nas rochas com restos de cordas e ir depois tarde pra casa com frio nos joelhos e o nariz gelado e roxo e o avental cheio de conchas e leques e cascalho miúdo e ver uma lebre saltar p'las moitas aos arcos amarelos por cima dos verdes ao contrário e já ter que dizer novidades ao jantar de sardinhas e pão quente com molho de azeite cru e vá lá café por ser domingo de circo sem se saber quem atirou co'a pedra à lata de acetilene toda amolgada pra frente sem fôlego do pai lá sempre em solo de cornetim pra reanimar a luz ficou triste de fim da tarde em que ela se demorou no bosque e onde o chegar a noite lhe pareceu em zumbir um homem grande como o pai e também cabeludo e escrito no peito e nas costas e estar-se a despir por detrás do castanheiro à espera que ela passasse p'lo castanheiro e foi de roda p'las azenhas sem castanheiros mas com salteadores de espingarda à espera que ela passasse com a garganta inchada de medo por dentro e vontade de ir a correr pra casa e nunca mais sair de ao pé da mãe lívida com dois garotos da primeira fila aos encontrões e em pé em cima do tapete verde à rasteira à bofetada e o pai solo de cornetim a pegar nos dois p'los suspensórios ao mesmo tempo e pra fora do circo malandros e reprovações enérgicas do público a parar por setores quando ele fitava aqui e ali pedras a cair no tapete em arcos de escuridão cada vez mais claros e mais claros de acetilene sobre o tapete verde pedras brancas de cornetim a subir tra-la-la e pedradas nas latas de acetilene de gente a ir-se embora pra escuridão e o bombo sempre ali com estrondo e pratos arrelia força nesse tambor malandros pedradas e mais pedradas bancadas vazias só dois bicos de acetilene acesos no cornetim epilético a gritar nas faces vermelhas do pai a ajudar a mulher a acabar de vez com o bombo e mexe-te mulher do diabo força toda a força rompe-me esse bombo pedrada e mais pedrada e uma na cabeça do pai sempre em solo de cornetim crescendo malandros cabrões a minha vida a minha arte pontapé em zora com força força toda a força co'a minha força bestas tenho fome dó dó dó-ré-mi tra-la-la pum--pum-pum filhos da puta cata-pum-pum-pum pratos parte-os força mata tra-la-la tra-li lata acetilene catapum tapete rufa-me essa caixa sol-lá-sol filhos dum corno um murro na mulher e pedradas mais si--ré-sol e só um bico de acetilene a minha vida catapum tenho fome sacanas tenho fome trrrrrrrrrrrrr-pum-tchim-tchim-tchim-tchim--tra-la-sol-re-mi-la-la-la-la raios os partam os pratos puta que a pariu trrrrrrrrrrrrrrrrr-pum nem gorjeta nem cinco réis filhos da por causa da zora toca-me essa caixa puta estupor trrrrrrrrrrrrrrrrrrrrrrrrrrrrrrrrrr--pum-catapum-catapum pedrada catapum-pum-pum e último bico de acetilene lá-ré-sol às escuras sol-sol-sol filhos da puta catapum--pum-pum trrrrrrrrrrrrrr-la-la-la-lalalala-pum

A ENGOMADEIRA
NOVELA VULGAR LISBOETA

Meu caro José Pacheko

Aí vai a minha Engomadeira.

Terminei-a em 7 de janeiro de 1915 e desde esta data foi agora a primeira vez que a reli.

Reconheço que este meu trabalho que eu muito estimo já não representa hoje em dia a avaliação do meu esforço, porém usa muito da minha intuição por isso que a tutelo.

Reli-a, e se bem que a aceleração das imagens seja por vezes atropelada, isto é, mais espontaneamente impressionista do que premeditadamente, não desvia contudo a minha intenção de expressão metal-sintética Engomadeira, *em todos os seus 12 capítulos onde interseccionei evidentes aspectos da desorganização e descarácter lisboetas.*

V. sabe bem quanto eu contradigo a minha obra anterior, mas também sabe que se a contradigo não a renego nunca.

Na Engomadeira *não tenho a notar mais que a minha insuficiência literária até 7 de janeiro de 1915, pois que, quanto à desorganização e descaráter lisboetas ainda não tenho as garantias suficientes para desmentido oficioso.*

Mas... em todo o meu trabalho há um fato importante que eu quero sublinhar – é a dedicatória a José Pacheko.

É que muito pouca gente sabe, como eu, bem avaliar aqueles que são uma seleção dos bons aspectos de Paris.

Enfim, escuso de repetir-me neste assunto que o nosso Mário de Sá-Carneiro sabia tão justamente classificar:

– Nós três somos de Paris!

E somos. Temos esta elegância, esta devoção, este farol da Fé.

Lisboa 16 de novembro 1917.

Em todos os meus trabalhos eu guardo esta página para dizer o orgulho de ter como Mestre Mme Sonia Delaunay-Terk.

I

Um dia a mãe comprou chapéu pra ir em pessoa pedir à dona da engomadoria que não deixasse a filha passar a ferro as ceroulas dos homens porque parecia mal a uma menina decente. Daqui a chacota endiabrada das outras que a não deixavam e até lhe chamavam o Quelhas. E eram empuxões e risotas e pisadelas a fingir sem querer e um dia até lhe descoseram a saia. E também não suportavam que os que espreitavam na rua olhassem mais pra ela quando já estava resolvido entre todas as engomadeiras que ela era a mais feia. E a parva parece que não via nada, que estava a dormir! Era o parvo do Mendes, era o estúpido do Alves e até o senhor Anastácio! Eram todos, e ela... nada! Então ela não foi dizer à senhora que o patrão lhe tinha oferecido uma carta?! Que parva!... Aquilo só co'o ferro por aqueles olhos! Ná! Não podia continuar assim! Nem ela nem as mais (e por causa dela!) já passa da medida! Mata-se a idiota!

Ela ouvia, ouvia tudo naquele esforço de não querer ouvi-las, às malcriadas.

Ainda desconfiaram dalgum amante que a sustentasse, algum palerma que lhe desse as coisas... mas no dia em que descalças a espreitaram da escada troçaram dela e do gato a brincarem juntos em cima da cama. Concordaram: não pode ter amante — ainda tem o fato do ano passado e as botas, as botas foram do pai com certeza. E o *lunch* é sempre a mesma laranja com um pedaço de queijo metido num pão tão reles que nem podia chamar-se *sandwich*... portanto, a parva já não dava. A besta! A besta sim, a besta é que era!

E todos os dias eram queixas e mais queixas por causa da lama daquelas chancas, por causa das cascas da laranja e porque soprou o ferro pra cima das calças da espanhola e porque deu pronta uma camisa do senhor doutor que era uma indecência de engelhada e até porque cheirava mal, sempre não, mas de vez em quando.

No dia da revolução foram dizer a um marujo que ela era talassa, que até usava bentinhos e Senhoras da Conceição e ela, coitada, teve que pedir de joelhos. Verdadeiramente ela sentia uma simpatia muito grande pela causa monárquica desde que um dia as outras todas se confessaram democráticas ao polícia de serviço quando lá foi pedir um copo d'água do contador. Mas agora, não! Agora não tinha política; tinha era medo de morrer.

Um serão, tinha guardado o *lunch* pra noite, foi abri-lo era um rato podre e as outras dançaram um vira espontâneo. Compreende-se: a senhora tinha ido ao cinematógrafo co'o patrão. Quando voltaram estranharam aquele silêncio e a luz do gás muito sumida co'o *abat-jour* todo pra esquerda.

– Foi ela! gritaram todas de braços estendidos na mesma direção, e um galo que tinha na testa também tinha sido ela mas de propósito. Ela não disse nada, levantou a saia tirou do bolso da saia de baixo um rato podre muito bem embrulhado e pegando-lhe p'lo rabo até muito perto da luz gritou indignada co'aquela evidência pra senhora e pro patrão: era o meu *lunch*! e voltando-se para elas atirou-o violentamente à cara duma, que todas eram a mesma, e rematou vingativamente... agora é que fui eu! E se não fosse o patrão não tinha sido apenas aquela mancheia de cabelos... era mas era a cabeça toda, minha... e foi uma enfiada de nomes baixos que nem se dizem a uma mulher das mais ordinárias. E pra que ela visse bem que não era pra brincadeiras fez um pequeno silêncio e disse, mas muito a sério: sua talassa!

– E com muita honra! e fez-lhe frente. As outras deram uma gargalhada descomunal e a que riu mais observou: E 'inda o confessa! Ah! Ah! Ah!... mas ela vingou-se em chamar-lhes republicanas.

Entretanto a senhora tinha já endireitado o *abat-jour* enquanto o patrão fazia de fronteira entre as inimigas, mas isto é que de maneira nenhuma podia ficar assim!

Acabou de arranjar as últimas calças da espanhola pra concluir o seu serão, pediu ao patrão pra fazer contas com ela, pôs a mantilha despreocupadamente e quando já estava pronta e na rua virou-se pra dentro e acompanhou de um gesto indisciplinado um sinceríssimo viva à Monarquia!

II

Ir ao barbeiro é um dever tão penoso como assistir aos *Sinos de Corneville* representado pelos velhinhos do Asilo de Mendicidade. Apesar disto o senhor Barbosa pedia a barba bem escanhoada porque depois do jantar ia ao Asilo de Mendicidade ouvir os velhinhos cantar os *Sinos de Corneville* e que o Presidente da República também ia. E depois de ter esboçado ao barbeiro o argumento da peça disse-lhe que gostava imenso da música mas pó d'arroz na cara, não!... que não era desses!

– Bem me queria parecer, disse com grande contentamento um velhote com óculos de aros de tartaruga, depois de ter consultado por muito tempo um envelope todo escrevinhado, e chegando-se perto do senhor Barbosa com uma palmadinha no ombro: também temos os *Sinos de Corneville* e mandou o oficial dar à manivela do gramofone que ele é que lá sabia desses engenhos.

Quando o disco se gastou o senhor Barbosa disse com um "A!" ao oficial que Wagner foi um grande músico mas que ele tinha-o escanhoado pouco por debaixo do queixo.

Nesta altura a porta entreabriu-se e uma cabeça de senhora de chapéu pedia licença, se podia entrar. É porque estava muito farta de andar a pé, os elétricos não andavam, e porque gostava muito dos *Sinos de Corneville* e que até daria qualquer gratificação mas propunha como condição que deixassem entrar também a filha que estava lá fora, coitadinha. Foram todos lá fora buscar a filha. O senhor Barbosa é que foi dar à manivela depois de a ter visto e não se pôde conter sem acender um charuto com cinta d'oiro que queria guardar pra saída do espetáculo. Só quando estava quase a acabar de o fumar é que se lembrou de perguntar se as incomodava o fumo. Que não, mas visto isso era altura de perguntar à filha se também gostava dos *Sinos de Corneville* porém ela ficou toda encarnada, abaixou os olhos e a cabeça e começou a contar segundos com o pé direito. A mãe é que disse que ela também gostava e que também estava cansada por causa dos elétricos não andarem. E como nem a mãe nem a filha tivessem assim grandes desejos de conversar o senhor Barbosa já se estava arrependendo de ter acendido o charuto.

– Ai que lindo, filha! disse a mãe quando acabou o disco. O senhor Barbosa voltou-se e aconselhou-a então pra que não perdesse a *soirée* no Asilo de Mendicidade, porque merece a pena e não é assim uma coisa que se possa ver todos os dias... só de quando em quando. A última vez, dizia o senhor Barbosa, que tinha sido há mais de um ano e por acaso no mesmo Asilo de Mendicidade, e continuava crescente:

– É onde se vê a educação de uma pessoa é na música. Eu adoro a música! É por excelência a arte sublime! Mas espera... eu conheço esta cara não sei donde?! e ficou-se a fitar a filha franzidamente... Não há dúvida! Não me engano. A rapariguita ergueu os olhos pra ele e outra vez muito ruborizada fez com a cabeça que sim. Bem lhe queria parecer ao senhor Barbosa que não lhe era estranha aquela cara. Era justamente aí, na engomadoria.

– Mas não é porque ela precise, dizia a mãe com um felizmente, é pra se aperfeiçoar na arte a que ela se dedica.

– A que arte se dedica sua filha, minha senhora?

– Arte de engomadeira.

– Ah! sim, fez o senhor Barbosa e pôs-se a meditar a complexidade de passar a ferro.

Contudo a mãe fez-lhe ver que a grande vocação dela era a música, que aquilo era só ir ao teatro e cantar tudo, tudo, no dia seguinte desde manhã até à noite. Visto isto o senhor Barbosa não poderia permitir que ela esmorecesse da sua grande vocação e como o primo dele era ministro do fomento e tinha muitas relações no meio teatral podiam contar com o primo que era o coração mais-bem feito de todo o mundo. Portanto que aparecessem lá p'lo escritório a qualquer hora e quando quisessem porque lhe davam imenso prazer mas que não fossem lá de quinta-feira que vem até à outra quinta-feira seguinte porque se esperavam barulhos para esses dias.

III

Dos domingos não gostava – sentia uma coisa que era amarelo pra dentro e pra fora que era sujo. E as portas das Igrejas fechadas depois do meio-dia tinham a tristeza do que já não há mais. Reparava que esta coisa das mercearias abertas com gente lá dentro a aviar-se, e criadas de pantufas d'ourelo co'a garrafa do petróleo e um senhor de coco que comprou fósforos de cera, tudo lhe era preciso na alma e não sabia

80 ~ POESIA É CRIAÇÃO

porquê mas sentia-o. E hoje, se não fosse a estreia das botas de cano alto, teria ficado na cama com certeza.

A Avenida já tinha imensa gente, desta que só se vê na Avenida. E ela sentada na primeira fila de cadeiras a desenfiar um a um os pinhões descascados da mulher do capilé pôs-se a rir pra si de si própria por ter pensado que a música talvez fosse mais bonita se os músicos da guarda republicana não tivessem o chapéu na cabeça. Dois rapazes bem-vestidos pararam defronte dela voltados pro coreto e um deles entusiasmado esticou um dedo e o braço em direção à música: Ouviste a tal nota que eu te dizia?... Não achas bestial de boa? e como o outro tivesse dito *efetivamente* fazendo co'a cabeça muitas vezes que sim, ela ficou muito espantada a destrinçar aquela celebridade musical apesar dos tacões comidos; e quando eles já iam mais abaixo pôs-se a procurar na música uma outra nota que ela também achasse que fosse bestial de boa. Nesta altura uma mão foi buscar a mão dela que estava em cima dum joelho e voltando-se pra direita ouviu a música acabar nos olhos contentes do senhor Barbosa que estava admirado de a ver por ali. Ela ficou um nada comprometida com a impressão de que estava a ouvir os *Sinos de Corneville* tocados por um barbeiro cuja flauta fosse a navalha de barba e o senhor Barbosa julgando-a ruborizada por causa dos pinhões que ficaram na mão dele depois de a cumprimentar sorriu-se e meteu-os à uma na boca o que queria dizer mais alguma coisa.

– A sua mamã? Ela ia pra responder mas felizmente...: Quantos lugares deseja V. Ex.ª? o senhor Barbosa disse um, mas voltou-se para ela e como já tivesse, disse outra vez um e que guardasse o resto para ele.

Pouco depois levantaram-se e desceram juntos a Avenida e foi então que o velhinho dos bilhetes começou a compreender a marosca da gorjeta.

Quanto mais desciam a Avenida mais ela se ia sentindo mal com aquela mão impertinente do senhor Barbosa a apertar-lhe o braço e a falar-lhe tão convictamente do tal primo ministro do fomento que se via perfeitamente que era história. Era porque tinha tido muito que fazer por causa da declaração de guerra não era por se ter esquecido com certeza, que ele era muito atencioso, coitado!

– A sua mamã? – perguntou de novo o senhor Barbosa. Ela ia pra responder quando se ouviram imensos vivas mesmo ali daquele lado. Escutaram, só se ouviam vivas; os morras eram ímpares. Escutaram melhor e então todos queriam que a França vivesse e atiravam os *bonnets* ao ar. Outros davam cambalhotas e quando passavam ao pé dos polícias faziam achata o beque! Depois houve um viva à guerra e toda a gente deu palmas, de cima das árvores, empoleirados nos elétricos, nos apertões e calçados e descalços e polícias e mulheres. O senhor Barbosa subiu acima de um banco ao lado dos canteiros e gritou com o coco a cair: Viva a Gália! e a multidão assim lisonjeada ergueu em triunfo aos ombros o senhor Barbosa, que ia pedindo encarecidamente pra que lhe apanhassem o coco.

Por fim naquela falta de luz ela apenas viu distante dela uma polícia que tinha um coco na mão.

Contente por a multidão lhe ter roubado o senhor Barbosa ia rindo pra si num entrecortado de arrotos de pinhões da mulher do capilé. Mas depois veio-lhe a tristeza, aquele aborrecimento que não se explica que só se sente, que dá vontade de ir dormir pra casa e ficar sempre, sempre a dormir e nunca mais falar a ninguém. Meditava no mau passo que a mãe dera co'o grumete do S. Rafael e recordava os tempos impossíveis da engomadoria. E sentia-se uma eleita na infelicidade, nesta coisa de não querer viver e ter medo de se matar e ainda por cima o rapaz que a enganou tinha embarcado pra Lourenço Marques e tinha mandado dinheiro a uma dessas pra se lhe ir juntar a ele. Não que ela sentisse saudades dele ou de qualquer outro porque ela sabia muito bem que nascera assim sem poder gostar de ninguém; pra ela tudo era o que não lhe importava. Admirava-se até de se ter deixado levar por aquele maldito caixeiro que nem sequer tinha bigode. Mas também, pensava, se não fosse ele seria outro e ele foi exatamente um qualquer. Não há teoria mais cômoda do que o fatalismo, porém, ela usava-o não por comodidade mas por temperamento indiferente. As trovoadas se eram de dia achava ela que deveriam ser à noite por causa dos relâmpagos mas se eram de noite achava estupidez tanto barulho com tanta vontade de dormir. Pra ela não havia diferenças de espécie alguma – nunca quis mais aos garotos por andarem descalços nem lhe invejavam as que tinham automóvel. Mesmo esta coisa de almoçar e jantar era só se tivesse fome, de resto dormir é que era bom. A vida não lhe era muito difícil nem tão-pouco muito fácil era justamente aquilo – como um carro do Dafundo que vem à Rotunda e volta depois pro Dafundo. E diga-se de passagem o caixeiro tinha-lhe feito um grande favor. E como era assim uma miúda que entra facilmente no gosto de toda a gente e só lá de vez em quando é que precisava de umas *brise--bise* mais modernas ou umas fitas de cetim pra enfeites de camisas não teria que se esfalfar muito e bem pelo contrário era rara a noite em que não rezava sozinha o seu Padre-Nosso no quarto independente com porta pra escada.

IV

Eu tinha-a encontrado quando passava e tinha-lhe dito boas-tardes porque me pareceu que ela precisava de que alguém que ela não conhecesse lhe desse as boas-tardes. E assim foi. Ela teve um sorriso que eu não gostei mas que era precisamente o que ela devia ter depois de eu de lhe dar as boas-tardes. Nada me encantava nela, nem aquele arremedo da moda tão ingênuo e inconsciente que lembrava os quartos andares na Estefânia ou os próprios figurinos desenhados que vêm de Paris, nem o seu quê de jovem que brilhava na saliva por entre os dentes, nem mesmo o seu incógnito que não iria além de um par de meias de seda estreadas a semana passada.

Tudo nela tinha um limite de grande saldo ou de abatimentos por motivo d'obras. A não ser os olhos que tinham uma cintilação meridional de beira-mar com dramas de marujos daqui a alguns anos, a sua boca e o seu nariz e toda a sua proporção tinham uma bitola resumida que nem dá direito a reforma. E daí, poderia ser! mas nem foi a curiosidade que me deteve foi aquilo de eu lhe dar as boas--tardes e seguir. Mais adiante tive vontade de voltar atrás, mas nem me lembrava dela, e voltei. Foi ela quem me deu as boas-tardes e com um sorriso que lhe mudara completamente toda a figura. Chegou-se perto e disse que me conhecia da Figueira da Foz e se eu ainda namorava aquela menina que era tão loira e tão galante. Naquele momento eu tive a impressão de que a Figueira era o único sítio do mundo inteiro onde eu nunca tinha estado mas quando ela me perguntou pelo Marquês o senhor meu papá não tive outro remédio senão dizer-lhe que estava muito bem e que se recomendava. Disse-me com as mãos nas ancas que não desfazendo achava o Marquês senhor meu papá um personagem ilustre e tirou as mãos das ancas. O que era pena era ele ser tão jogador mas também isso não era o que lhe iria fazer mossa nas rendas. Perguntou-me se ele ainda usava monóculo e quis certificar-se se era no esquerdo se no direito que ele costumava usar e apesar de eu lhe ter dito resolutamente que isso era conforme o seu estado de espírito ela disse que pois a ela lhe queria parecer que era no esquerdo.

Quando depois de vários quiproquós de comédias em três atos eu lhe respondi sobre as grandes fortunas e várias do Marquês senhor meu papá ela meteu pelintramente o pedido de trinta réis pro elétrico. Devia ter sido um belo ponto final mas os tais trinta réis não eram pro elétrico dela eram pro elétrico onde eu fosse com ela porque só tinha trinta réis.

– Então vamos já!

A meio do Alecrim apeamo-nos. Ela mexeu em chaves que riram uma satisfação que era dela; por enquanto eu era apenas o filho do Marquês senhor meu papá. No segundo andar era uma cancela, depois uma porta, outra porta e ainda a porta do quarto dela. Havia chaves pra tudo e a mesinha de cabeceira tinha seis gavetas com chaves diferentes. Depois uma senhora com avental de dona de casa veio trazer um grande molho de chaves pequenas e que muito obrigado, mas que nenhuma serviu, que eram todas pequenas. A minha primeira impressão é que era um quarto de cama vulgar exceto um retrato de senhor e careca com uma dedicatória a tinta roxa e assinada – Amigo e Senhor Barbosa. Em cada um dos quatro cantos do retrato estava um prego e em cada prego uma chave com fitas de seda co'as cores nacionais. Ela veio fechar a janela e a senhora com avental de dona de casa voltou com outro molho de chaves ainda mais pequenas e que também agradecia e que também não serviram e que também paciência. Sentei-me cautelosamente numa *chaise-longue* mas ela veio a correr e pedindo-me desculpa levantou a capa da *chaise-longue* e meteu pra dentro de uma gaveta onde havia mais molhos de chaves de todos os tamanhos todos os molhos de chaves e chaves soltas que estavam espalhadas p'la *chaise- -longue*. Sentei-me numa poltrona ao lado mas fiquei fortemente magoado nas costas e nos quadris; ela veio a correr pediu-me mais desculpas e levantando a capa da poltrona tirou vários molhos de chaves de diferentes feitios, mais ou menos ferrugentas, mais ou menos polidas. Em cima da mesa de pé-de-galo havia uma carta registada de Lourenço Marques e p'lo pedaço do envelope que estava rasgado li quase sem querer: ...por este paquete só te poderei mandar setecentas e trinta e oito chaves... De repente ouvi rumor debaixo da cama e ela disse com um tocão no sobrado: "saia daí, Romeu!" e logo saiu um gato cor de chave com um molho de chaves à guisa de coleira.

Depois deu-me a curiosidade pra lhe ir espreitar as *toilletes* no guarda-vestidos mas o guarda-vestidos era uma série de prateleiras com chaves numeradas e já devidamente classificadas e postas cardinalmente p'las alturas desde a minha chave do estojo da rabeca até às chaves de São Pedro. A certa altura ela tinha saído do quarto, dei co'os olhos numa caixa de lata relativamente pequena e relativamente pintada de verde-escuro com letras brancas escrevendo chaves. Abri a caixa e qual é o meu espanto quando a vejo a ela, sentada lá dentro a gritar envergonhada pra que eu lhe fechasse a porta! Bom, fechei.

Chego-me junto da cama levanto as roupas e zás, uma chave da altura de um mancebo apurado pra cavalaria. A própria cama se a gente reparasse bem era um pedaço de uma chave de que eu também fazia parte. Cansado já deste ambiente e até com medo de tudo isto fui abrir de novo a caixa de lata pra lhe pedir que se aviasse mas, longe do que eu queria, começaram a transbordar chaves e mais chaves desta vez todas iguais. E já estava o oleado todo coberto de chaves e ia crescendo o monte cada vez mais e até já nem podia mexer-me com chaves até ao pescoço quando ela entrou e tão serenamente por cima de todas aquelas chaves como se não fosse nada com ela até que lhe perguntei quase louco a razão de tantas chaves.

Afinal era para brincar aos soldadinhos, mas disse-me muito apoquentada que não lhe fizesse mais perguntas porque ultimamente andava muito desgostosa da sua vida.

V

Ela acordou com a passagem do primeiro elétrico. Foi ao espelho esfregar os olhos e abri-los muito. Arranjou um carrapito desmanchado e descerrou as janelas co'os operários da obra defronte ao sol. A outra banda tinha um aspecto saudável de outra coisa qualquer onde se pode estar e foi beber um gole de cognac na mesinha de cabeceira toda semeada de pontas de cigarros. Havia nela uns remorsos destingidos de não ter sido elegante e tinha uma quebradela p'los joelhos que lhe fazia apetecer outro gole de cognac pra fortalecer.

Começou de pôr carmins nos lábios exageradamente e depois ouvindo a voz da peixeira que era a dela veio debruçar-se no parapeito a gritar pra baixo a como era a sardinha. Como estava toda nua puxou um lençol da cama embrulhou-se descuidadamente e foi ela própria abrir-lhe a porta e que entrasse que não estava mais ninguém. Que até podia vir pro quarto dela e que talvez fosse melhor. A princípio achou muito caro a sete vinténs a dúzia e como reparasse no retrato do senhor Barbosa careca e com tinta roxa despregou-o dos pregos e deitou-o pra debaixo do sofá. Continuou a achar muito caro a sete vinténs a dúzia e olhando fixamente os olhos da varina deixou cair o lençol que até parecia sem querer e ofereceu-lhe a dois tostões a dúzia com a condição de comprar o peixe todo e ainda a de almoçar com ela. A varina mexeu as ancas numa arrelia de que já não era a primeira vez que lhe sucedia aquela chatice mas ela correu pra varina e beijou-a na boca que até lha deixou magoada. Num ápice correu a fechar a porta à chave por dentro e a cerrar de novo as janelas sobre as obras ao sol. Quando o sol daí a pouco bateu do lado de cá e entrou pro quarto até à cama já se não sabia bem qual das duas era a varina – eram só pernas nuas e seios a reluzir na saliva. Só se ouviam gemidos de cansadas até que o gato entrou fortemente convulsionado nas agonias de uma indigestão de sardinha.

Quando o senhor Barbosa meteu a chave à porta e achou o silêncio abafado daquele quarto meio-iluminado teve a impressão que ela tinha posto um espelho muito grande ao comprido sobre a cama e que depois se tinha deitado toda nua com o ventre pra baixo. Achou estroinice mas não quis bulir o silêncio; sentou-se junto da porta a observar.

Esteve assim perto de meia hora a gozar aquele *Paris-salon* mas não se pôde conter e foi pé ante pé e de chapéu na cabeça depositar-lhe um beijo mesmo no meio da espinha vertebral. Depois o senhor Barbosa teve um estremeção que sentiu em todo o invólucro do coração como se fosse um murro atirado de dentro pra fora; começou a chorar visivelmente e tirando o chapéu saiu violentamente desgostoso tendo tropeçado na canastra vazia.

Como já fossem duas horas da tarde e além disso houvesse já muita gente no Rossio pra uma imponente manifestação às nações aliadas, não quis perder o *rendez-vous* quotidiano e decidi-me a ir ter com ela. A porta estava encostada e estava escuro lá dentro. Olhei. Tive a impressão que ela tinha posto um espelho grande ao comprido sobre a cama e que depois se tinha deitado toda nua com o ventre pra baixo. Achei estroinice mas não quis bulir o silêncio; sentei-me junto da porta a observar. Havia assim disperso pela meia-luz como que um cheiro a porto de mar e que fazia frio no peito lá em cima no tombadilho; desci de novo os olhos sobre a cama e senti-me melhor confortado na cabine mas tive um sobressalto como se eu me tivesse enganado e tivesse entrado na cabine da sueca que eu namorava. Foi um escândalo a bordo e o próprio marido da sueca chegou a partir o cachimbo no ombro do comandante. Depois nunca mais vieram jantar com a sineta, era sempre antes ou depois. Um dia o sueco estava mesmo à borda a ver os golfinhos a saltarem dentro do binóculo veio a mulher dele e deu-lhe um empurrãozinho que foi logo uma tragédia por afogamento. Passados tempos voltou o senhor Barbosa de chapéu na mão, e os seus olhos tristes também tinham o chapéu na mão. Havia nele uma tragédia submarina que dava a perceber ali qualquer empurrãozinho fatal. Havia mesmo até um desencorajamento que poderia (quem sabe) ter analogias com o incêndio do Depósito de fardamentos. Adivinhava-se-lhe na gravata negra e despreocupada uma indiferença p'la glória de vir a falar nas câmaras, um despeito p'la sorte de ser presidente da Propaganda de Portugal e sócio das comissões de vigilância.

A Pátria mesmo, neste instante, era-lhe de interesse quaternário. Quanto mais se vive mais se aprende, pensava, e também pensava que felizmente estava armado porque sentia a *browning* no bolso de trás entre a ombreira da porta e a nádega direita. Só tinha pena de deixar o seu lugar de alferes miliciano talvez a algum incompetente. Sentia que afinal a sua vida tinha ficado careca ao mesmo tempo que ele-próprio mas morreria com o orgulho de ter sido um dos maiores apologistas dos *Sinos de Corneville.* Na cama houve um minúsculo movimento e ela disse pra mim e pra varina num contentamento de sorte-grande: Ainda bem que o estúpido do Barbosa não se lembrou de vir. Depois uma senhora de avental de dona de casa veio trazer um molho de chaves e que muito obrigada mas que também não serviram. Imediatamente se ouviu um berreiro na escada que dizia que dois ainda se admitia, agora, três que era demais. E a senhora de avental de dona de casa fechou a porta.

VI

Estar em Sintra é agradável não pelo fato de se estar em Sintra mas pelo fato de se poder dizer que se está em Sintra. E também porque é um incidente tão provisório como a própria vida; o definitivo é que desconsola ainda que é surpreendente saber-se que o definitivismo absoluto não existe ou que é dispensável como o artigo de fundo do jornal que se compra porque se não leem os jornais há muito tempo. E verdade tinha Santo Agostinho em afirmar que tudo se paga neste mundo – um jornal de vintém tem p'lo menos uma torre de marfim e os de dez réis depois da quarta página ainda têm mais duas de anúncios.

– O senhor tem bilhete? voltei-me e percebi uma figura de fato escuro que por um sinal que trazia perto do bigode era com certeza o revisor; e eu que já ia nas últimas linhas das últimas notícias com canhoneio em Verdun, desloquei-me de repente pra muito mais perto de mim – na única linha pra Sintra com uma folha solta de dicionário onde o revisor queria dizer indivíduo que revê os bilhetes dos comboios e que usa fumos no *bonnet* de pala e um sinal de cabelos no queixo.

Ao lado falavam inglês-sem-mestre e eu pra escutar melhor fingia ler a "crônica do bem" quando de repente li no jornal não sei onde o meu nome inteiro justamente quando o comboio parava na Amadora.

Outra vez o meu nome mas desta vez era uma senhora *chic* e loira que ia diante de mim e que lia em voz alta o nome de uma cautela de prego que tinha encontrado no chão.

– Perdão, minha senhora! fiz eu com certos acanhamentos de sangue-frio propositado, esse nome é de meu irmão; e foi ele quem pagou os extraordinários juros daquele empréstimo. Desde então a senhora *chic* e loira começou de olhar pra mim como eu queria que ela me olhasse antes de me ter notado a cautela de prego e deixou cair o lenço e a malinha, e o leque e a sombrinha, e não deixou cair mais nada porque em Belas apeou-se o magote do inglês-sem-mestre. Infelizmente daí a Sintra foi um instante e nem houve tempo pra ver a paisagem bonita ao pé do Cacém; apenas posso garantir que quase me chegaram as lágrimas à raiva por o túnel do Rossio iluminado e grande não ser no túnel de Sintra pequeno mas às escuras. Que em Sintra não lhe falasse porque era casada na Estefânia todos os verões com um titular de dinheiro mas que fosse p'los Pisões todas as noites ou aos Seteais se fossem de luar.

Quando cheguei à vila tive a triste notícia de que tinham assassinado o barbeiro por questões de altas finanças do estado em que ele como revolucionário civil estava envolvido com destaque; porém, a notícia não foi tão desoladora que eu não soubesse quase imediatamente e sem perguntar nada a ninguém que o infeliz barbeiro era nem mais nem menos que o titular de dinheiro casado na Estefânia com uma senhora *chic* e loira. Até adiantei os meus pêsames ao jantar e fui pessoalmente garanti-los à desolada viúva que andava p'las diagonais da sala de visitas a fazer figas e a dar vivas à República com lágrimas e sapateados de irremediável. A minha presença deu-lhe duas coisas bem nítidas e proporcionais nestas ocasiões aflitas – alento e alarido. E avançando pra mim toda erguida pra frente co'os braços rígidos no ar veio repousar a cabeça sobre o meu peito que até me desbotou a gravata azul pro colete branco. Todos os seus solavancos de desesperada iam desfalecendo lentamente numa alegria íntima que data de antes de Afonso Henriques: rei morto, rei posto. Se fôssemos tão independentes como o nosso estômago não teria eu tido a necessidade de me despedir com tanto apetite de me ver livre daquele sentimentalismo (aliás tão humano) pra ir jantar sozinho à mesa estrangeira do Lawrence's Hotel; mas a verdade é que quanto mais não fosse isto já era uma razão de ter vindo pra Sintra.

O criado disse-me o menu com muita pena do barbeiro e que considerava o assassinato um vandalismo mas que se eu não quisesse *potage à la valencienne* também tinha puré de legumes *à la mexicaine*. Pobre barbeiro!

E eu já tinha remorsos de que talvez o tivessem assassinado no momento preciso em que ela lia o meu nome na cautela de prego que me caíra do bolso. Mas fosse pelo que fosse a sopa vinha a escaldar e não se sabia ainda quem foram os assassinos e agora vá-se lá saber... E a verdade é que seria tão difícil dar com o paradeiro dos malfeitores que a ele já se lhe afigurava um fácies tão criminoso como o do revisor da linha de Sintra de quem eu seria testemunha da sua inocência tão evidente como os fumos no *bonnet* de pala ou o sinal de cabelos no queixo. E até ao arroz tive tempo de meditar na falibilidade da justiça através dos tempos até ao assassinato do barbeiro em Sintra no Castelo dos Mouros cá embaixo ao lado da cisterna. A prova que tudo tem razão de ser neste mundo é que eu já estava observando que efetivamente o Castelo dos Mouros este verão tinha a barba por fazer.

Depois veio galantine de perdiz e um envelope fechado na outra mão e era pra mim. Era a senhora *chic* e loira que me mandava dizer que naquele lance fatal tinha medo de ficar sozinha de noite na cama e portanto que me demorasse a jantar que ela viria ainda pros doces. Estas coisas pra uma sensibilidade como a minha que só sabe resolver as coisas depois de resolvidas fizeram-me pensar profundamente enquanto pasmava os olhos numa reprodução litográfica do Imperador da Alemanha tão embaraçado como eu neste assunto diplomático. Imediatamente tive uma boa ideia que nunca mais me lembrou por ter entornado sobre a toalha branca meia garrafa de vinho verde que ficou a alastrar-se como o azar a denunciar-me de estar pensando em dormir com uma viúva sem saber se sim ou se não. Ainda não eram os doces e ela entrou com a salada. Trajava rigorosamente de luto mas o apetite do seu sorriso e o cinzento das olheiras pintadas trajavam rigorosamente de adúltera. Não quis café – o seu estado de espírito apoquentado e triste preferia uma garrafa de champagne. Começou a declarar-se-me absolutamente desiludida sobre a morte do marido e de tal maneira que as lágrimas rebentaram-lhe espontaneamente por eu ainda não ter acabado de jantar.

Contou por alto a história do seu infeliz marido que era estabelecido com loja de barbeiro na Praça da Alegria, loja muito conhecida e estimada de todos por servir de sala de espera quando os elétricos não andavam e que ainda por cima tocava no gramofone os *Sinos de Corneville* e de graça. Disse-me também uma história de uma filha que tinha em Lisboa e que um malandrão qualquer tinha tirado da engomadoria onde trabalhava pra viver à custa dela e ainda por cima obrigá-la a fazer indecências com as mulheres do peixe. E demais, seguia, tendo tido um bom conselheiro como era um sujeito careca que eu havia de conhecer de vista com toda a certeza e por sinal até se chamava senhor Barbosa e ainda por cima era primo do primo dela que era ministro do fomento do Terreiro do Paço. O criado fez estalar a rolha do champagne num arrepio meu que parecia o último suspiro do barbeiro ou o estalo da corda partida do gramofone dos *Sinos de Corneville*. A história era muito triste e ainda mais extensa que a garrafa de champagne mas enquanto o criado me aconselhava o *pudding* de cozinha que estava delicioso, que até tinha sido feito pelo Augusto, ela prometeu beber outra garrafa de champagne não só para acompanhar com o *pudding* como para esquecer aquela infelicidade que lhe cortava o coração às tiras de salame com uma navalha de barba com trinta anos de serviço.

Depois do café fomos distrair pra *kermesse*. A mim a *kermesse* pareceu-me uma *kermesse* e a ela pareceu-lhe um pião. Confessou-me que aquela boneca de vestidinho azul tinha um ar muito engraçado; um ar que era muito peculiar ao marido todos os sábados à meia-noite quando fechava mais tarde. Depois afastamo-nos da *kermesse* sem dar por isso, e ela ia-se-me confessando sugestionada pela ideia da morte; que sempre tivera uma enorme simpatia pela obra do Dumas pai e a do filho e perguntou-me se o Dumas gravador era da mesma família. Gabriele D'Annunzio não conhecia mas havia outro poeta que a fazia chorar e por quem daria a própria honestidade de viúva desolada talvez condenada a ter que procurar outro barbeiro mas que não tivesse política partidária. Esse outro poeta, dizia ela numa contorsão de trágica cinematográfica ao mesmo tempo que me pisava um calo, era eu, era eu e mais ninguém. Só eu – o preferido das viúvas dos barbeiros! O poeta maior que os Dumas todos, mesmo superior ao Dantas e ao *Noivado do Sepulcro*. Mas por fim estreitando-me num abraço declarou que realmente o que ela estava era bêbeda e sem mais nada começou a correr pela escuridão e pum... um tiro! Fui ver. A tresloucada criatura numa dor cruciante e fatal tinha acertado no umbigo, num instante de revolta, uma bala que a pusera repentinamente horizontal com a cabeça sobre uma bosta de boi.

VII

Ultimamente inquietava-me por ver que o porteiro fazia má cara quando saíam do quarto dela magotes de varinas que vinham afoguea-das. Apoquentei-me mais quando uma tarde em que eu entrava no quarto dela esbarrei com um anão sebento que ia a sair. De feito, ela já nem se queria levantar da cama – gostava de almoçar, jantar e fazer tudo ali sem ter que se vestir. As contas da farmácia só tinham ampolas de morfina. Um dia o senhorio mandou-me chamar e tendo-me dito que tinha imensa consideração por mim estava, porém, absolutamente disposto a não con-sentir naquela indecência de varinas e senhoras casadas e meninas de lá-bios pintados e até pra cúmulo às vezes casais de garotos de pés descalços. Efetivamente ela transformara em absoluto o quarto independente com porta pra escada: bons tapetes de cores escuras, lâmpadas elétricas de todas as cores, gravuras de ninfas perseguidas por faunos, apologias da inversão a cores e em todas as posições, e as gavetas da *toilette* em vez de vestidos e roupas só tinham batons de *maquillage* e frascos de todos os tamanhos com aparências de mais de cinco mil réis. Uma vez riu-se muito e como grande novidade levantou a camisa e mostrou-me no ventre um contorno de sexo masculino que ela própria tinha desenhado a encarnado e enchi-do de verde-esmeralda. Quando eu voltei de Sintra a senhora de avental de dona de casa veio contar-me que isso tinha sido um grande desgosto para ela que nem sequer nunca mais recebera varinas nem mesmo até o guarda-portão. E dizia-me que ela, coitada, via-se bem que era minha amiga porque era ver que apenas eu chegasse era certo ela receber outra vez as varinas, os pinocas e a filha da senhora Baronesa. Um dia fiz-lhe ver que ela já estava na cama havia perto de ano e meio e que portanto tomasse cautela. Ela foi até à janela e logo a primeira impressão foi de que o Alecrim que dantes subia pr'aquele lado agora era ao contrário subia pro outro lado. E depois numa festa gentil pediu-me encarecidamente pra eu lhe ir arranjar aquela pretinha das cautelas que tinha muletas, e foi de tal maneira gentil o seu pedido que eu não tive outro remédio que o de ir ajudar a pretinha a subir a escada pra descansar um pouco no quarto independente com porta pra escada.

VIII

Cada vez creio mais que a vida obedece a um princípio quadrado que se resolve dentro desse próprio quadrado e fora dele em xadrez. Por isto que o quadrado é sempre o mesmo e inconstante de posição as transparências lucidam-se em diagonais galgando. Teoricamente é irrealizável de planos que apenas praticamente existem móveis na fantasia. O quê disto é a incompreensão em todos. Eu quero explicar: Todos os sentimentos são conscientes e inconscientes e simultaneamente! Assim, eu posso ter imediatamente a consciência de um sentimento que acordou na minha inconsciência e logo essa consciência pode vir a definir-se tão nitidamente que se resolva em absoluta inconsciência.

Nada, absolutamente nada, em todos os tempos é comum ainda que se restrinja a uma única sociedade e definida. Esta coisa de haver uma lei que tenha a vaidade de se impor a todos é tão irritantemente estúpida como a de haver uma só medida pra todos os chapéus.

Tudo o que eu estou dizendo é de tal maneira a expressão da verdade que o próprio leitor há de ter certamente reparado que não percebe nada do que eu venho expondo.

Pois foi ontem mesmo que o senhor Barbosa me deu a honra de me apresentar sua Exma esposa. E de tal maneira eu não quis crer que foi esta a primeira vez que tive consideração p'lo meu amigo senhor Barbosa.

Começamos p'la rebelião da Irlanda depois derrotamos os turcos da Ásia Menor mas quanto aos destinos das nossas baterias Canet, a Exma esposa do meu amigo apenas sabia que o sol de Lisboa fazia-lhe apetecer um duche de sorvetes. Entretanto como a conversa do senhor Barbosa não tivesse jeitos de recuar em Verdun coube-me a sorte de convidar sua Ex.ma esposa pro que quisesse tomar cá mais perto de nós, no Martinho. A greve dos carroceiros era pro senhor Barbosa tão infame como a violação da Bélgica e sempre que por azar havia de fechar um período dava um viva à França sem pestanejar. A Espanha também se tinha portado mal, não sei como, com o meu amigo senhor Barbosa e, em verdade, já era com uma certa razão que apetecia outra salsa com sifão à sua Ex.ma esposa. E talvez porque em Espanha haja muitos germanófilos (a maioria!), coube-me ainda à minha pessoa o convite pra segunda salsa.

– E depois, dizia-me o senhor Barbosa, não sei se sabe que os alemães não são nada decentes. Ora esta frase que a princípio me pareceu descabida tinha afinal razão de ser porque sua Ex.ma esposa retirou suavemente o pé de cima da minha bota. Como exemplo de mulheres honestas apontava co'os braços erguidos o meu amigo as russas, as de Viseu e as aliadas.

– Estas, sim, fanatizava-se o meu amigo, estas sabem ser mães quando mandam os filhos pras fronteiras pra defender a Pátria! e dizia esta última palavra com um A tão sonoro que pareceu-me terem os carroceiros grevistas apedrejado as vitrines do café. Os alemães, segundo o senhor Barbosa, tinham de fugir às mães pra irem pra debaixo das patas do Kaiser, e entornou meia salsa com sifão co'uma palmada bem aberta sobre o mármore cheio de cinza.

– Veja o meu amigo as francesas que mesmo quando são *cocottes* sabem de cor a Marselhesa! O senhor Barbosa falava tão gesticuladamente que um senhor da Baixa que tem tabacaria e chapéu de palha e uma aparência melhor que ele próprio chegou-se à mesa e disse baixinho ao ouvido do meu amigo:

– O gajo é germanófilo?

Então o senhor Barbosa entesou-se num destes nãos que querem dizer – 'tás doido! e eu juro que nunca mais esquecerei este meu amigo que me salvou da morte. Entretanto sua Ex.ma esposa retirava pela segunda vez e mais suavemente ainda o seu pé pequenino de cima da minha bota.

Depois houve um silêncio extático co'o criado a perguntar se o tinham chamado e o meu amigo senhor Barbosa virando-se repentinamente pra porta chamou muito alto: ó Marcos! e preveniu como quem não quer ter remorsos e com o braço o mais alto que podia: não penses nisto, hein!? Era a minha inocência. Ainda houve um segundo silêncio extático, sem o criado a perguntar se o tinham chamado, mas não contente o meu amigo foi a correr e ainda agarrou à esquina do Rugeroni o tal senhor da Baixa que tem tabacaria e chapéu de palha e uma aparência melhor que ele próprio. Eu queria seguir todos os seus gestos pra perceber dali de dentro do café aquela segunda confissão do meu dedicado amigo senhor Barbosa mas sua Exma esposa começou a observar mexendo o meu relógio de pulseira e sem olhar pra mim disse que eu tinha uns olhos muito bonitos. Ainda julguei que fosse outra salsa que ela quisesse mas não, desta vez era café com leite. Perguntou quem me tinha dado aquela pulseira tão gentil e quando eu lhe disse que foi uma alemã ela escondeu um lacinho preto, amarelo e vermelho que tinha pregado no lado direito com uma andorinha azul de esmalte.

– Então o senhor é germanófilo?

– Também tenho um pijama de seda que me deu uma senhora francesa.

De repente o senhor Barbosa entrava no café e sua Exma esposa virando-se pra mim disse-me apressadamente como se fosse o final de uma conversa que tivesse forçosamente de ser acabada: Então apareça hoje à meia-noite em ponto que o Barbosa está nas comissões de vigilância. E o senhor Barbosa com ares de ter tido uma luta movimentada mais do que permitia a força humana sentou-se limpando o suor da testa num alívio: Felizmente está tudo resolvido! e voltando-se pra mim declarou-me que à meia-noite ia jurar a um sítio secreto que eu não era germanófilo.

As avenidas ali naqueles sítios mal iluminados faziam-me, não sei porquê, lembrar dos apaches de Paris. As linhas dos elétricos brilhavam vazias e o guarda-noturno co'as mãos nas costas, pensando talvez no almoço de depois de amanhã, fitava vagamente o zimbório mais perto da praça de touros que lhe parecia uma cabaça de dois litros e meio de tinto. Eu só tinha frio na cara onde acabava o coco e começava a gola levantada do casaco e pensando se por acaso teria as meias rotas, cada esquina que eu dobrava me parecia que eu ia do escuro pra um quarto iluminado onde estivesse uma mulher em camisa a pôr o despertador pras horas em que acabassem os serões das comissões de vigilância. Como sentisse mais frio em cheio nas faces lembrei-me com mais frio ainda que aquele muro cinzento com as ameias quadradas já tinha sido jardim zoológico com leões que comem carne sem ser cozida. Afinal nem era da Nordisk, era da Cines aquela fita da domadora que era assassinada pelo próprio marido dentro da jaula dos tigres. Do lado das tabernas veio uma brisa sumida e morna de fadinho de melenas com questões revolucionárias; o próprio ramo de loureiro pregado na porta tinha um movimento indeciso de se querer raspar. Mais adiante é que eram as letras F. G. H. tão enigmáticas como mane, tessel e fare... tão atarracadas e luzidias como o meu amigo e careca senhor Barbosa. Um patamar, dois degraus, mais outros dois degraus, três lanços pra trás e pra diante sempre a subir, a porta da rua encostada... um candeeiro de petróleo em cima de um mocho de cozinha lá onde acabava a passadeira verde do corredor e muitos cheiros a pó de arroz, à esquerda, depois de uma canelada num caixote lacrado com Viseu em cima e cautela embaixo. Depois muita luz, muitos biombos, muitos retratos a carvão assinados Fonseca, muitos espelhos, muitos lacinhos frisados e ela na cama quadrada a fingir que dormitava numa gracinha travessa de camisa curta pelas virilhas e peúgas de rapaz muito justas no cor-de-rosa duro. Antes de chegar à cama havia um papel no meio do chão e escrito a lápis – era a conta da engomadeira... sete colarinhos 37, dois 39 e um 40, marca Wagner. No fim da conta em ar confidencial dizia sublinhado: conta particular de madame Barbosa. Apaguei de repente a luz e comecei a atirar pro lado o casaco, o colarinho, a camisa e talvez porque tivesse atirado um pouco mais alto as calças tive o desprazer de ouvir um acorde de piano em dó maior e fuga do gato assustado.

Acordei com um tiro dentro do quarto. O senhor Barbosa tendo aberto a janela dava tiros à queima-roupa no belo ar da manhã enquanto gritava para a cama os maiores insultos premeditadamente hostis. Enfim, nem tive tempo de me vestir descansadamente nem sequer de fazer a *toilette* e até perdi um maço por encetar de *La Deliciosa* com uma caixa de fósforos de cera de luxo com senha e tudo. Quando cheguei à rua tinham comparecido ali um sem-número de revolucionários civis que em nome da lei me intimavam a entregar-me à prisão por ter incorrido no crime de ser germanófilo na pessoa de um funcionário do Estado e casado.

IX

Nesse dia de Agosto com toda a gente nas praias, Lisboa tinha o aspecto nu e vazio de um ascensor parado que já não funciona. E eu que sentia isto do agosto de Lisboa, refrescava-me do calor e do tédio que ascendia por mim acima até à nitidez de ser a expressão exata de estar desempregado de mim próprio. E concordava que isto de se existir pra provar que o tédio existe em Portugal, todos os meses e todos os dias, continuava a ser tédio porque já estava provado desde a fundação da monarquia lusitana.

E quantas vezes sem se saber porquê a gente pensa na batalha de Alcácer-Quibir quando estamos à espera da resposta e do galego! E também, como quase sempre sucede, chega sempre primeiro que o galego um amigo que esteve na escola conosco e apesar disto nunca esteve na escola conosco.

E pergunta-nos como estamos quando nós apenas nos lembramos de termos tido bexigas brancas com calções e perna à vela. Todavia se erguemos os olhos pra ele reconhecemos naquela cara estupidamente alentejana o primeiro classificado nas matemáticas do nosso curso. Justamente como o meu amigo Cunha que janta fora por pândega, este antigo condiscípulo era a manifesta metamorfose daquela imbecilidade. O que é um fato é que se eu não tivesse resolvido graficamente esta ligação não teria também explicado o ter pensado há pouco na funesta batalha de Alcácer-Quibir. E de tal maneira eu cria nesta transmissão de pensamento que fosse pelo que fosse o galego não se poderia chamar senão Sebastião.

Ele, o condiscípulo, ainda estava diante de mim com todas as suas reminiscências da escola tão alentejanas como ele até que abriu muito os olhos numa falta de lembrança que era minha:

– Não te lembras do Sebastião?

– Qual? o galego?

– Não!

– Ah! Sim... o outro. O outro era ele com uma imbecilidade tri-gueira

que teve o máximo na classificação das matemáticas do meu curso e ainda que o galego já pudesse deixar de ser Sebastião, este Sebastião era galego com certeza.

– Então o que fazes agora ?

– Sou engenheiro. E esta *blague* deu-me logo as vantagens de po-der ter sido educado na Alemanha ainda que estava já resolvido a não dar gorjeta ao Sebastião p'la demora tão demasiada que me parecia já um condiscípulo que eu não via desde a escola essa carta que eu espe-rava impertinente.

– Pois eu estou no Algarve... (tinha-me enganado, era o Algarve)... nas herdades de meu pai próximo de Olhão.

– A senhora manda dizer que o não pode atender porque chegou um primo dela do Algarve, que veio de Olhão, disse o galego num segredo que metia x em todas as palavras.

– Bom, quanto é? que não podia ser menos de dois tostões e se não fosse o condiscípulo podia ter a certeza que ninguém lhe pagava o dobro do que pedia num gesto tão milionário.

Então adeus! Vais pra cima?... Tenho pena, eu vou pra baixo. Adeus.

X

Talvez que o leitor não saiba mas eu também sou conhecido como caricaturista. Outros dizem que eu tenho maus costumes, mas isso é para me arreliar. Ora tendo-se dado o caso extraordinário de no dia 7 de abril de 1800 e tantos ter havido uma trovoada sobre o paquete e o coman-dante logo essa manhã ter mais um passageiro a bordo quando todos eram unânimes que tinha caído uma faísca na sala de jantar, o resto da viagem fez-se em sobressalto contínuo. Todas as noites os fenômenos fosfóricos se intensificavam perturbantemente apesar do dr. alemão ter revelado a exis-tência de animálculos onde predominava essencialmente o iodo. Os companheiros de viagem conheciam-me lá entre eles por o recém-nascido. Depois desta a maior trovoada a que eu assisti foi em Campolide quando estava fechado à chave de castigo na retrete dos professores. Eu era tido como elemento indisciplinável e perturbador até ao dia em que um frasco de tinta verde se entornou por cima do livro de missa quando eu estava a copiar um Cristo gravado que eu achava muito bonito. Nesse mesmo dia fui expulso por causa dum amigo meu que foi esconder as bolas de bilhar que ainda se não tinham estreado dentro das bolas de bilhar que já estavam muito velhas. P'la noite, infelizmente, anistiaram-me.

Recentemente, tendo-me encontrado em Barcelona com o doutor alemão que tinha umas barbas encaracoladas em iodo cortamos as relações por causa de uma acirrada discussão sobre Nietzsche apesar de ele ter ficado encantado co'o meu belo jogo de combinação no desafio de *foot-ball* contra o Racing de Madrid. Hoje, porém, tive uma alegria que eu não tinha desde a última trovoada – a engomadeira, que se tem ido civilizando pouco a pouco com o estar comigo, ao almoço veio lindamente arranjada e beijei-lhe a boca diante dos outros hóspedes só por ela ter trazido os lábios pintados de verde-esmeralda!

Que belo! Achei-lhe mesmo um ar casto de Samaritana que apertou bem a cinta sobre o ventre. – Ah! e que lindos são os limos do poço de Jerusalém!

A velhota que era dona da pensão veio dizer-me com o chocolate esta manhã que estava cá um hóspede que era muito meu amigo e que também lhe tinha dito que eu era o poeta de mais valor que andava por aí. Jantamos juntos e entre coisas que recordamos foi um passeio que demos ao sítio do Calvário numa tarde de verão justamente à hora do raio-verde. Ele também se lembrava de umas tourinhas que houve nas eiras dos Serrões e que até o Virgílio quando ia a marrar no Cunha tinha ido, coitado, contra a trincheira e tinha escangalhado a cara toda que nem se lhe viam olhos, nem boca, nem nariz, nem nada... um horror! Fazia sofrer. Perguntou se eu ainda tinha boa voz e se não tinha pena daquelas serenatas ao luar p'lo rio todos muito apertados com as primas da Eira de Pedra no bote do tio dele. Ele achava que se calhar eu já tinha esquecido todos aqueles fadinhos tão catitas e ficou com um O maiúsculo na cara toda quando eu lhe disse que já não namorava a Alice. Também queria saber o que eu tinha feito do cavalo que era tão airoso que um domingo até deixara de ouvir missa por ter ficado a ver-me a dar galopes no adro e a saltar uma oliveira que tinham tirado por causa da barraca da *kermesse*. A propósito pergun- tou-me se eu também não achava que a Alice se parecia imenso com a minha amante e ai que os olhos então eram tal e qual. Pra ele era um exercício que ele tinha que fazer pr'amanhã de manhã o eu ter deixado a Alice e com tanta cortiça! Teve imensa curiosidade em saber se eu ainda era muito distinto em matemática mas além disso todos nós os três achamos boa ideia irmos tomar o café fora, à Brasileira. Pouco depois ouvimos grosso tiroteio no Largo do Diretório e ele nem sequer ainda tinha deitado açúcar na chávena e já estávamos outra vez na pensão com aparências pálidas de cardíacos com uma escada bestial até a um quarto andar. Eram umas duas horas da madrugada ainda ele estava a dizer que eu, quando foi a festa da Senhora da Saudade, talvez que eu me não lembrasse mas ele ainda estava a ver uma Nossa Senhora que eu tinha pintado com anilina em dois metros de patente e que tinha ficado mais bonita que uma estampa e que até o prior me tinha feito um elogio rasgado no sermão da Paixão dizendo que era uma pena se eu não continuasse os estudos; mas o que ele achava mais extraordinário é que tendo sido expulso de Campolide a única medalha que eu tivesse ganha fosse justamente a de catecismo. A dizer a verdade eu já tinha saudades de ter sido caricaturista mas como ela se tivesse ido deitar porque já não podia mais com sono ele disse-me que ainda bem porque trazia uma carta da Alice que era pra mim com a condição de eu dar resposta. A carta em questão afirmava sem preâmbulos que quando chegasse até ele já a tua Alice nem comia, nem bebia, nem via, nem cheirava, o que queria dizer que estava morta.

Contudo a resposta era pra ela porque em *post-scriptum* afiançava que estava disposta a esquecer aquela infame caricatura que eu tinha dito que era o retrato dela pra reatarmos outra vez aquela paixão intensa com passeios aos pinheiros e merendas no bosque e pescas ao candeio e, enfim, aquela pouca vergonha toda que é inevitável p'las férias com a barraca dos banhos mesmo ao lado da dela. No mesmo *post- -scriptum* pedia-me o obséquio de lhe ir comprar um chapéu da moda que não fosse além de dois mil réis que era pra estrear na feira por causa das Delgados que faziam troça dela por eu a ter deixado e que quando eu fosse pra lá em Agosto que iria pedir ao tio Pedro dois mil réis emprestados. O mesmo *post-scriptum* ainda dizia e com c cedilhado que não pensasse mais nela caso eu não lhe quisesse responder; porém, incitava-me à indisciplina com mais passeios aos pinheiros e merendas no bosque e pescas ao candeio, enfim aquela pouca vergonha toda que tinha custado um tiro de arma caçadeira no ouvido do primo dela que recitava monólogos de João de Deus e glosava todos os pensamentos com a condição do faroleiro o acompanhar à guitarra. No fim do *post-scriptum* dizia-me que não tivesse dúvidas absolutamente nenhumas que ela ainda era a mesma Alice que eu tinha deixado no *club* sem par pra dançar e que também não tinha dúvidas absolutamente nenhumas que o tio Pedro lhe emprestaria p'la certa os dois mil réis. Cá no canto do papel dizia muito baixinho em hipotenusa de triângulo retângulo – volte. Eu voltei e ela perguntou-me lá em cima do outro lado se eu achava que ela devia tomar as pílulas pink ou comprar um vigésimo da loteria do Natal com esse dinheiro e que gostava da minha opinião. Depois contava laconicamente uma excursão que um tio dela tinha feito à Torre do Pombal que tem vinte e cinco metros a pino e que, coitado, caíra e logo por infelicidade quebrara uma perna que tinha ficado ao contrário. Pedia também desculpa de me não escrever em papel de luto mas que por desgraça das desgraças o pai dela tinha desaparecido quando num passeio p'la estrada vinha a correr pra cá uma manada de bois bravos. Enfim, a infelicidade era tanta, tanta que a própria mãe até já tinha abandonado a sua carreira de prostituta em Beja e até já lhe propusera pra se amancebar com um senhor Barbosa que era de Lisboa e que me conhecia muito bem e que já não tinha muito cabelo. Contudo tinha preferido montar uma engomadoria com o dinheiro de um grumete do S. Rafael que era o único amante que felizmente a mãe dela tinha agora e que podia ir pagando aos pouco-chinhos. Mas não! preferia continuar aquela vida com ele. Aquela vida séria que não se pode voltar atrás, é ir... é não lhe dizer nada e deixar. E o relógio deu horas que eu contei mas não eram quatro nem cinco era um algarismo que eu nunca vi escrito e que só agora é que eu reparei que existe realmente entre o quatro e o cinco. Mais ninguém tinha ouvido senão eu. Felizmente que o relógio era de repetição e eu pedi a atenção de todos e estavam todos atentos e só eu é que ouvi. De repente partiu-se a fita e lá adiante começaram a dar pateada. Depois comecei a sentir muito frio só no ombro direito, tinham-se esquecido de fechar a janela. Vinha muita gente a fugir p'lo Chiado abaixo e o Chiado parecia naquela noite sem arcos voltaicos uma ponte levadiça sobre uma barbacã descomunal. Do outro lado a Alice tinha chegado tarde. O *post-scriptum* tinha na última página escrito em letra romana 33. Depois ia a andar, a andar pela margem fora e começou a ver uma bola muito sumida que ia crescendo, crescendo em tamanho mas que ficava sempre sumida; tornava a começar cá de baixo e já não crescia, subia toda deitada pra esquerda a diminuir a velocidade, a diminuir pra azul, pra azul até começar a ser devaga-rinho um boneco mal desenhado a dançar uma imitação dos fan-toches. Depois a cabeça do fantoche começou a inchar molemente sem firmeza nenhuma e quando já era um balão muito grande que vinha cair ao pé de mim tocou num bico de alfinete que estava no teto e entornou-se um balde de sangue que nunca acabava de se en-tornar mesmo no meio das merendas no bosque. De repente os an-daimes começaram a desabar sobre mim. Os garotos apregoavam nas ruas *A Capital...* muito longe, sem chão, alargava-se apressadamente uma cova de luz com as árvores nas nuvens de pernas pro ar, e a cova furou tudo pro lado de lá e ia-se abrindo mais depressa, muito mais depressa do que eu lhe fugia. Desta vez bati mesmo com a cabeça na esquina da mesa e o meu amigo diante de mim dizia-me que eu devia por todas as razões fazer as pazes com a Alice.

Eu é que já não podia mais; pedi-lhe imensas desculpas mas que estava era com um destes sonos de subir a escada às escuras com o sol a nascer nos mercados. Quando cheguei ao quarto estavam todas as lâmpadas acesas e a engomadeira dormia a respirações baloiçadas tendo aberto entre os dedos na gravura do Cristo um livro de missa todo ensopado em tinta verde e que era a única recordação que eu trouxera de Campolide. Os lábios dela estavam fortemente pintados de verde-esmeralda!

XI

Era muito pra lá do cemitério mesmo na volta das furnas. Os carros da estrada quando passavam por ali iam mais depressa e de noite não passavam. De noite a volta das furnas ficava sozinha. Um dia apareceu uma cruz negra muito malfeita e ainda há muita gente no lugar que diz que viu com os próprios olhos a cruz negra do moinho velho toda acesa de noite. Uma noite foi tão grande o clarão que até houve sinos a rebate julgando ser fogo. Doutras vezes é tão grande a gritaria que vem de lá do moinho que as mulheres, coitadas, põem-se a chorar baixinho com medo de fazer barulho. Até o senhor prior que não acreditava foi lá sozinho pra desencantar o bruxedo com água-benta porque as mulheres gritavam pra não deixar ir os maridos... e fizeram bem porque o senhor prior, não se sabe dele! Uma velhinha que voltou tarde da feira e não se lembrou e passou por lá prendeu-se-lhe uma rã nas voltas das saias e apareceu morta na estrada só sobre um pé. Depois é que nasceu o castanheiro que lá está no sítio. A gritaria que vem de lá do moinho é como o coaxar das rãs com o regato a correr filtrado. E cabra que paste por ali só dá peçonha. Um dia uma escola de repetição quis-se fazer tesa e os canhões foram fumados pelo comandante que se tinha esquecido de comprar charutos. Quando rompeu a manhã os batalhões já eram rãs que se tinham calado. Por isto mesmo, e é bastante, já não há aldeia nenhuma neste sítio de que estou falando. Apenas existe um poço de cimento armado com balde e água salobra onde eu e a minha desditosa amante íamos gastar as tardes longe da cidade consoante a recomendação do meu médico que por deferência que nunca esquecerei foi neste caso o médico dela.

Não sei positivamente a razão daquela mudança tão repentina no espírito irrequieto da minha amante que quase já nem sabia falar e quando falava era pra me pedir amêndoas sentadas ou pra levar a passear onde caem os balões. A saúde física antes de a perder, pelo contrário, desenvolvera-se-lhe extraordinariamente sem uma constipação apesar de preferir andar por toda a parte sempre nua. Uma manhã quando acordei no *chalet* que eu alugara sozinho naquele monte longe de toda a gente reparei que ela não estava na minha cama!

O GESTO DA VANGUARDA ∽ 103

A preta, a cozinheira, também não sabia nada. De todas as janelas que eu espreitasse ela só poderia estar das que eu não espreitasse. Se descia ao rés-do-chão ouvia passos no outro andar mas se estivesse no outro andar ouvia passos no rés-do-chão. Também se, por acaso, eu dava uma volta pela quinta pra procurar quando voltasse era certo que ela ainda não tinha acordado. Às vezes a luz também faltava de repente com o frio de uma janela que se abria mas quando a luz voltava as portas de dentro das janelas também estavam fechadas. Uma noite eu estava a escrever um conto realista e o aparo da caneta era uma vespa. Pensei toda a noite na vespa e na manhã seguinte o meu conto realista estava acabado com letra da minha amante que, mais extraordinário é, nunca aprendeu a ler. A cozinheira preta chegou--se um dia junto de mim a chorar como doze cozinheiras pretas e disse-me que tinha medo de dormir no sótão porque as telhas de noite punham-se todas em brasa e que depois quando se derretiam caíam em picadelas de alfinetes. Também contou que uma madruga-da tendo-se sentido mal que se tinha ido ver ao espelho e que vira com os dois olhos da cara a água do contador a cair pra cima. No dia seguinte o carteiro trouxe uma carta registada que quando eu a abri foi logo um estojo de barba com sabonete e tudo, e quando eu fui pra mostrar este presente à minha amante encontrei-a sentada sobre uma vela acesa a cortar reflexos com uma tesoura das unhas que já faltava no meu estojo da barba quando eu o abri. Quando a vela ardeu toda começaram a aparecer pelas paredes às escuras imensos tt que vinham uns depois dos outros e cortados por estrelas cadentes que eram uma nota de música quando acabavam. Imediatamente en-trou a cozinheira e vinha com um castiçal de cobre aceso mas trazia a cabeça às avessas; vinha perguntar-me se eu sabia, por acaso, onde é que eu tinha lido aquela frase que ela já se não lembrava se era i ou de chumbo. Mas pior do que nunca, foi quando naquela manhã de Maio eu acordei no meio de um sonho em que vira a minha amante como sendo cozinheira preta da cintura pra cima e sendo apenas a minha amante da cintura pra baixo. Quis certificar-me. Sentei-me na cama e tive um grande prazer em verificar que tinha sido apenas um sonho aquele horror. Porém, quando ela se ergueu era efetivamente,

104 ~ POESIA É CRIAÇÃO

ainda que ao contrário do meu sonho, a minha amante da cintura pra cima e a cozinheira preta da cintura pra baixo.

Desci preocupado as escadas, tive a noção exata da profundidade até onde estavam pregados os pregos dos degraus; compreendi como um degrau pode ser um mundo se nós quisermos e é um mundo real mesmo que nós o não queiramos. Achei mesmo dois mundos diferentes dentro de um mesmo prego – um era a cabeça do prego, o resto era o outro. O que me interessou mais foi justamente o que era apenas a cabeça do prego. E logo havia outro mundo noutra cabeça de prego... e outro numa cabeça de prego maior... e outro noutra cabeça de prego ainda maior, e outro numa cabeça de prego da altura da Torre Eiffel e um prego cuja cabeça fosse a Terra e apesar disso ainda houvesse outros pregos muitíssimo maiores.

Tive mesmo dentro do meu cérebro as dimensões de um prego em que a Terra fosse o átomo mínimo do ferro que pesasse em toneladas a capacidade do mundo astral com todas as suas distâncias.

E mais ainda: eu sentia que cada poro do meu corpo, cada molécula isolada, era uma série de mundos diferentes onde cada mundo mesmo os das últimas subdivisões tivessem um mapa e leis e onde cada ser fosse tão complicado como o homem e mais ainda do que o homem, como eu. Não era somente este segredo que já fazia parte da minha riqueza, havia outro. Era eu ter conduzido a minha sensibilidade (educada exclusivamente pelos que me educaram na psicologia humana) pelos timbres dos metais... Ah! os mundos interessantíssimos que são aos milhares nos timbres dos metais, e nas cores dos metais e na ferrugem e na duracidade e em todas as partes do corpo mineral e em todas as sensações da alma mineral muito mais independente que a psicologia humana pela única razão de aquela ser independente. E que exércitos tão mais gloriosos e que Alexandres e Napoleões bem mais deuses desfilam nesta história imensa, muito mais antiga que a nossa, e com historiadores que sendo poetas vivem num mundo inteiramente mais perfeito, apesar de existirem talvez apenas no bico do alfinete que o senhor Barbosa traz espetado na gravata encarnada e verde. Isto vem a propósito do senhor Barbosa ter comunicado num bilhete postal à minha amante que ia escrever um livro sobre... sobre quê!? O senhor

Barbosa que por ser senhor Barbosa é toda a gente, quer seja senhor Barbosa na Arte, quer o seja na Política ou na Individualidade ou em tudo é neste mundo o mesmo que um remédio que nunca haverá de livrar as pessoas da morte. Digo nunca haverá porque não creio em absoluto na inteligência humana por isto que o homem só vive exclusivamente a vida nitidamente animal ou a misteriosamente espiritual porque nem esta mesmo na sua metafísica soube definir quanto mais a vida mineral, a vegetal, a fluida, a do orvalho, a da fosforescência, todas as infinitas vidas sintetizadas na cor verde e em todas as outras cores e em todos os tons prováveis e impossíveis de todas essas cores e de todos os seus contrastes simultâneos... etc. etc. Ora como quer o senhor Barbosa escrever um livro se nem mesmo como transeunte o senhor Barbosa é completo ou competente. Ou como pode o Papa ser infalível em matéria de Deus se o meu Deus é diferente do dele e do de todos os seus católicos e até diferente do Deus de todos os ateus. Deus há tantos quantos os instantes de todas as vidas de todos os mundos e esse ninguém pode adorá-lo porque o não pode conceber. Só esse próprio Deus é que o pode conceber, e mesmo Este não admite a sua própria concepção porque se a Terra por destino tiver fim os outros mundos subsistem e se o fim for uma lógica das determinantes daqui a um milhão de anos os mundos serão todos outros com as metamorfoses de outros mundos ainda.

Mas nem é preciso ir tão longe, vamos à vida, restrinjamo-nos. Eu se dou a minha opinião republicana a um republicano acha ele que sou talassa. Se é um monárquico que me ouve as teorias conservadoras desliga-se de mim por causa de eu ser revolucionário. Se é um artista que discute apressa-se em dizer-me que a arte dele é diferente da minha como se houvesse duas artes, como se Deus fosse dois como as aproximações da loteria. O que esse artista não sabe é que essa tal arte dele é tão pouca coisa como o mercúrio fechado dentro de um termômetro centígrado e que só pode subir até cem assim como se cem fosse o limite do vácuo e onde começa justamente uma formação de mundos onde a atmosfera é rígida com relação à nossa impenetrabilidade.

Ora o senhor Barbosa vai escrever um livro sobre quê?! O senhor Barbosa aprendeu no catecismo ou na educação cívica que o homem tem cinco sentidos e foi no bote como qualquer ministro quer seja de Deus ou da República. Ora foi justamente o senhor Barbosa um dos primeiros que me veio dar os parabéns por causa de um Cristo por mim publicado numa revista de rapazes *A Ideia Nacional* cuja única particularidade para os outros foi ser verde e não ter cabeça.

Justamente como se eu tivesse tido a ideia de fazer uma cabeça de Cristo e não um Cristo inteiro. Não me dirá o senhor Barbosa o que terá percebido do meu Cristo? Julgou que fosse partida aos católicos? Julgou que era a minha adesão à República? Julgarão também os católicos que me merece alguma consideração essa sua arcaica restrição religiosa? Julgarão acaso os católicos que eu pretendi cantar-lhes a devoção? Julgarão os monárquicos também alguma coisa em seu favor?

Cristo, cuja única nódoa consiste em andar recentemente a dar extensão a apelidos de pessoas que não são muito extensas, tem outras grandezas das quais não são os católicos nem os cristãos que partilham delas. *A Lenda de Cristo* é a única profecia exata de toda a História Universal. É simultaneamente a história da Humanidade desde o primeiro homem até ao último de todos os homens e a vida interior, consciente e inconsciente, de cada um dos homens separadamente. *A Lenda de Cristo* edificada talvez sobre a vida de um homem cujo descritivo simbolizava essa própria Lenda, canta a Personalidade, as lutas pela vitória da Inteligência, os sacrifícios pelo Bem dos outros admitindo entre estes todos os que a estética comparou. Teria mesmo muito mais que dizer a este respeito mas como a minha amante, coitada, já se está a afligir demais, porque embirra imenso que esteja a discutir política, eu paro hoje por aqui porque além disso ainda tenciono ir ao Chiado Terrasse com ela, coitadita!

XII

O anão já não era o mesmo – morrera o bobo das tabernas, o poeta mendigo da Torre. Pobre anão corcunda dobrando as pernas curtas cansadas de um ventre enorme. Os largos pés sem abrigos calejavam as solas a arrastarem-se em desequilíbrios que até pareciam de propósito. Os braços inteiros fingiam metades e ajudavam-lhe os passos a dar-

-a-dar. Os dedos curtos e cabeludos em cima não eram os dedos das mãos eram os dedos dos pulsos. A cabeça tinha a expressão de não estar bem cheia, mal ajeitada sobre os ombros subidos a susterem-lhe as faces inchadas com uma barba rala de ferrugem de prego torto no meio da estrada depois da chuva. O nariz soprado metia mais pra dentro uns olhos escondidos como toupeiras nos buracos à espera da noite. O ritmo do deslocamento total era o máximo de intensidade teatral num drama socialista e o casaco negro, verde de velho, vestia-o todo e ainda se espojava por detrás dele num movimento de andar menos depressa e não ter rodas. Às vezes com o sol em chapa chegava a ter a imponência do manto arrogante de um rei. E o povo todo ao vê-lo esgueirar-se tímido p'las vielas já não ria os gestos cortados do bobo das tabernas, todos recordavam as graças mortas do outro anão do mesmo casaco comprido. Dantes pedia esmola ou vendia cautelas, ou estropiava num fandango de ir cair, as coplas mais indecentes das revistas; agora fugia dos outros e não mendigava, tinha mesmo um orgulho de saber uma coisa que os outros não sabiam. Às vezes quando encontrava os mendigos punha-se a chorar e convidava-os pra ir pras terras e dava-lhes uma moeda de prata. Porém, continuava a morar naquela torre já quase sem base e no último quarto mais perto de onde caía a chuva, uma cela imunda sem postigos onde o sol de medo e de nojo nunca fora. E todas as noites, todas ia subindo de gatas a contar com o ventre a chocalhar os degraus comidos que o cansavam até ao último quarto da torre. Então gemia a cancela na monotonia do grito do seu viver corcunda e tombava-se sempre vestido nas palhas apodrecidas sentindo-se rei no hálito fedorento da enxovia que arruinava as pedras interiores num hálito viscoso de urina de sapos.

Passa da meia-noite. A torre em cuidados tinha-se sentado embrulhada no xale à espera do seu anão à porta da própria torre.

Quase manhã viu-o a torre nos fins do caminho a cambalear. Cantava indecências aos *zig-zags* de dissonantes no luar cansado da manhã. Com chapeladas e gargalhadas saudava com exageros desconjuntados as árvores medrosas que guardam os caminhos. Por vezes julgava-se elegante e andava dois passos sem *zig-zags* e se esbarrasse em alguma árvore comentava logo sem premeditação: Croia! Às vezes abraçava-

-se a um tronco pra precisar um pensamento obsceno e demorava-se naquela sua opinião de osgas em que todas as mulheres eram uma só e descalça e desgrenhada cujo sexo fosse uma sanguessuga cor-de-rosa. Depois seguiu com os olhos uma seta da cor da estrada e que seguia p'la estrada fora e que depois chegava a uma torre e que subia até lá cima e acabava em palhas às escuras. Trazia também saudades da Torre. E como sempre lá ia subindo a contar com o ventre a chocalhar os degraus cansados da escada magra e cega sentina dos gatos vadios.

Na cancela mais anã do que ele aliviou-lhe as trancas em fatigantes demoras e aprumou-se dono e rei ao ouvir tilintar os ferros nas lajens úmidas. Contente ia rindo aquela felicidade de ter encontrado o seu solar de sombra. Sentiu um peso no bolso do casaco que ficou preso num prego espetado ao contrário, e com um vômito de champagne tirou do bolso um frasco elegante de Chevalier d'Orsay. Esbofeteou-lhe o gargalo e teve um gesto de o atirar p'las escadas abaixo. A torre, porém, vomitou na rua um anão corcunda emaranhado nas vestes e que foi parar defronte num marco geodésico sobre o precipício. No peito cavado e nu sujo de cabelos negros a branquear repousava obsceno o verde-esmeralda postiço dos lábios de uma mulher.

Lisboa, 7 de janeiro de 1915.

1ª CONFERÊNCIA FUTURISTA

O poeta futurista José de Almada Negreiros violentamente pateado à sua entrada no palco do Teatro República, sábado, 14 de abril de 1917.

COMPTE-RENDU PELO CONFERENTE

À minha entrada no palco rebentou uma espontânea e tremenda pateada seguida de uma calorosíssima salva de palmas que eu cortei de um gesto.

Reduzida a plateia à sua inexpressão natural tive a glória de apresentar o futurista Santa-Rita Pintor que o público recebeu com uma ovação unânime.

Comecei então o meu *ultimatum* à juventude portuguesa do século XX e a plateia costumada a conferências exclusivamente literárias e pedantes chocou-se nitidamente com a virilidade das minhas afirmações pelo que executava premeditadas e cobardes reprovações isoladas mas sem efeito de conjunto.

Tendo sido concedido à plateia, segundo a orientação futurista, interromper o conferente, todas as contradições foram visivelmente ineficazes a não ser no que dizia respeito à incompetência dos contraditores.

Os chefes políticos presentes, quando as nossas afirmações futuristas pareciam estar de acordo com as suas restrições monárquicas ou republicanas apoiavam sumidamente com um muito bem parlamentar, mas se a nossa ideia lhes era evidentemente rival o seu único recurso resumia-se na gargalhada, símbolo sonoro da imbecilidade.

Consegui, inspirado na revelação de Marinetti e apoiado no genial otimismo da minha juventude, transpor essa bitola de insipidez em que se gasta Lisboa inteira, e atingir ante a curiosidade da plateia a expressão da intensidade da vida moderna, sem dúvida de todas as revelações a que é mais distante de Portugal.

Em seguida a minha conferência irá dizer as minhas razões expostas no Teatro República no sábado 14 de abril de 1917, data da tumultuosa apresentação do Futurismo ao povo português.

Lisboa, maio de 1917.
José de Almada-Negreiros

Ultimatum Futurista
às Gerações Portuguesas
do Século xx

Eu não pertenço a nenhuma das gerações revolucionárias. Eu pertenço a uma geração construtiva.

Eu sou um poeta português que ama a sua pátria. Eu tenho a idolatria da minha profissão e peso-a. Eu resolvo com a minha existência o significado atual da palavra poeta com toda a intensidade do privilégio.

Eu tenho 22 anos fortes de saúde e de inteligência.

Eu sou o resultado consciente da minha própria experiência: a experiência do que nasceu completo e aproveitou todas as vantagens dos atavismos. A experiência e a precocidade do meu organismo transbordante. A experiência daquele que tem vivido toda a intensidade de todos os instantes da sua própria vida. A experiência daquele que assistindo ao desenrolar sensacional da própria personalidade deduz a apoteose do homem completo.

Eu sou aquele que se espanta da própria personalidade, e creio-me portanto, como português, com o direito de exigir uma pátria que me mereça. Isto quer dizer: eu sou português e quero portanto que Portugal seja a minha pátria.

Eu não tenho culpa nenhuma de ser português, mas sinto a força para não ter, como vós outros, a cobardia de deixar apodrecer a pátria.

Nós vivemos numa pátria onde a tentativa democrática se compromete quotidianamente. A missão da República portuguesa já estava cumprida desde antes de 5 de outubro: mostrar a decadência da raça. Foi sem dúvida a República portuguesa que provou conscientemente a todos os cérebros a ruína da nossa raça, mas o dever revolucionário da República portuguesa teve o seu limite na impotência da criação. Hoje é a geração portuguesa do século xx quem dispõe de toda a força criadora e construtiva para o nascimento de uma *nova pátria inteiramente portuguesa e inteiramente atual* prescindindo em absoluto de todas as épocas precedentes.

Vós, oh portugueses da minha geração, nascidos como eu no ventre da sensibilidade europeia do século XX. *Criai a pátria portuguesa do século XX.*

Resolvei em pátria portuguesa o genial otimismo das vossas juventudes.

Dispensai os velhos que vos aconselham para vosso bem e atirai-vos independentes pra sublime brutalidade da vida. Criai a vossa experiência e sereis os maiores.

Ide buscar na guerra da Europa toda a força da nossa nova pátria. No *front* está concentrada toda a Europa, portanto a Civilização atual.

A guerra serve para mostrar os fortes mas salva os fracos.

A guerra não é apenas a data histórica de uma nacionalidade; a guerra resolve plenamente toda a expressão da vida. *A guerra é a grande experiência.*

A guerra intensifica os instintos e as vontades e faz gritar o Gênio p'lo contraste dos incompletos. É na guerra que se acordam as qualidades e que os privilegiados se ultrapassam. É na violência das batalhas da vida e das batalhas das nações que se perde o medo do perigo e o medo da morte em que fomos erradamente iniciados. A vida pessoal, mesmo até a própria vida do Gênio, não têm a importância que lhes dão os velhos; são instantes mais ou menos luminosos da vida da humanidade. Todo aquele que conhece o momento sublime do perigo tem a concepção exata do ser completo e colabora na emancipação universal porque intensifica todas as suas mais robustas qualidades na iminência da explosão. E na nossa sensibilidade atual tudo o que não for explosão não existe. É mesmo absolutamente necessário prolongar esse momento de perigo até durar intensamente a própria vida. Todo aquele que se isolar desta noção não pode logicamente viver a sua época: é um resto de séculos apagados, atavismo inútil, e no seu máximo de interesse representa quando muito a memória de uma necessidade animal de dois indivíduos e... basta.

A guerra é o ultrarrealismo positivo. É a guerra que destrói todas as fórmulas das velhas civilizações cantando a vitória do cérebro sobre todas as *nuances* sentimentais do coração.

É a guerra que acorda todo o espírito de criação e de construção assassinando todo o sentimentalismo saudosista e regressivo.

É a guerra que apaga todos os ideais românticos e outras fórmulas literárias ensinando que a única alegria é a vida.

É a guerra que restitui às raças toda a virilidade apagada pelas masturbações *raffinées* das velhas civilizações.

É a guerra que liquida a diplomacia e arruína todas as proporções do valor acadêmico, todas as convenções de arte e de sociedade explicando toda a miséria que havia por debaixo.

É a guerra que desclassifica os direitos e os códigos ensinando que a única justiça é a Força, é a Inteligência, e a Sorte dos arrojados.

É a guerra que desloca o cérebro do limite doméstico pra concepção do Mundo, portanto da Humanidade.

A guerra cobre de ridículo a palavra sacrifício transformando o dever em instinto. É a guerra que proclama a pátria como a maior ambição do homem. É a guerra que faz ouvir ao mundo inteiro p'lo aço dos canhões o nosso orgulho de Europeus.

Enfim: a guerra é a grande experiência. Contra o que toda a gente pensa a guerra é a melhor das seleções porque os mortos são suprimidos p'lo destino, aqueles a quem a sorte não elegeu, enquanto que os que voltam têm a grandeza dos vencedores e a contemplação da sorte que é a maior das forças e o mais belo dos otimismos. Voltar da guerra, ainda que a própria pátria seja vencida, é a Grande Vitória que há de salvar a Humanidade.

A guerra, por razões de número e de tempo, acaba com todo o sentimento de saudade para com os mortos fazendo em troca o elogio dos vivos e condecorando-lhes a Sorte.

A guerra serve para mostrar os fortes e salvar os fracos. Na guerra os fortes progridem e os fracos alcançam os fortes. Portugal é um país de fracos, Portugal é um país decadente:

1 – porque a indiferença absorveu o patriotismo.

2 – porque aos não indiferentes interessa mais a política dos partidos do que a própria expressão da pátria, e sucede sempre que a expressão da pátria é explorada em favor da opinião política. Não é o

sentimentalismo desta exploração o que eu quero evidenciar. Eu quero muito simplesmente dizer que os interesses dos partidos prejudicam sempre o interesse comum da pátria. Ainda por outras palavras: a condição menos necessária para a força de uma nação é o ideal político.

3 – porque os poetas portugueses só cantam a tradição histórica e não a sabem distinguir da tradição pátria. Isto é: os poetas portugueses têm a inspiração na história e são portanto absolutamente insensíveis às expressões de heroísmo moderno. Donde resulta toda a impotência pra criação do novo sentido da pátria.

4 – porque o sentimento-síntese do povo português é a saudade e a saudade é uma nostalgia mórbida dos temperamentos esgotados e doentes. O fado, manifestação popular de arte nacional, traduz apenas esse sentimento-síntese. A saudade prejudica a raça tanto no seu sentido atávico porque é decadência, como pelo seu sentido adquirido porque definha e estiola.

5 – porque Portugal não tem ódios, e uma raça sem ódios é uma raça desvirilizada porque sendo o ódio o mais humano dos sentimentos é ao mesmo tempo uma consequência do domínio da vontade, portanto uma virtude consciente. O ódio é um resultado da fé e sem fé não há força. A fé, no seu grande significado, é o limite consciente e premeditado daquele que dispõe duma razão. Fora desse limite existe o inimigo, isto é, aquele que dispõe de outra razão.

6 – porque a constituição da família portuguesa não obedecendo, unânime ou separadamente a nenhum princípio de fé é o nosso descrédito de nação da Europa. Desde a educação familiar até depois da educação oficial inclusive o casamento a desordem faz-se progressivamente até à putrefação nacional. E tudo tem origem na inconsciência com que cada um existe: em Portugal toda a gente é pai p'la mesma razão porque falta à repartição. Do estado de solteiro para o estado de casado dá-se exclusivamente, na nossa terra, uma mudança de hábitos.

Em Portugal educar tem um sentido diferente: em Portugal educar significa burocratizar. Ex.: Coimbra. Mas na maioria o português é analfabeto e em geral é ignorante; na unanimidade o português é impostor, prova evidente de deficientíssimo.

7 – porque a desnacionalização entre nós é uma verdade, e pior ainda, sem energias que a inutilizem nem tentativas que a detenham:

a) o português com todas as suas qualidades de poliglota desnacionaliza-se imediatamente fora da pátria, e até na própria pátria, porque (com o nosso desastre do analfabetismo) a nossa literatura resume-se em meia-dúzia de bem-intencionados acadêmicos cuja obra, não satisfazendo ambições mais arrojadas, obriga a recorrer às literaturas estrangeiras. Resultado: ainda nenhum português realizou o verdadeiro valor da língua portuguesa.

b) o português educado sem o sentimento da pátria e acostumado à desordem dos governos criou para si a compensação inútil de dizer mal dos governos e nem poupou a pátria. Estabeleceu-se até, elegantemente, como prova de inteligência ou de ter viajado dizer mal da pátria. Isto deixa de ser decadência para ser a própria impotência física e sexual.

c) o português assimila de preferência todas as variedades da importação em descrédito das próprias maravilhas regionalistas; o comércio e a indústria têm quase sempre de se mascararem de estrangeiros para serem eficazmente rendosos. É porque todas essas variedades da importação cumprem mais exatamente as exigências dos mercados do que os nossos comércios e indústrias regionalistas. Estas não satisfazem nem as necessidades nem as transformações sucessivas das sociedades, enquanto que a importação aparece sempre como uma surpresa e, sobretudo, obedecendo a todas as condições do que é útil, prático, atual e necessário. De modo que nem chega a haver a luta – a importação entra logo com o rótulo de vitória.

8 – porque Portugal quando não é um país de vadios é um país de amadores. *A fé da profissão*, isto é, *o segredo do triunfo dos povos*, é absolutamente alheio ao organismo português do que resulta esta contínua atmosfera de tédio que transborda de qualquer resignação. Também o português não sente a necessidade de arte como não sente a necessidade de lavar os pés. E a Literatura, com todo o seu gramatical piegas e

salista, diverte mais as visitas do que a necessidade de não ser ignorante. Daqui a miséria moral que transparece em todas as manifestações da vida nacional e em todos os aspectos da vida particular.

9 – porque Portugal a dormir desde Camões ainda não sabe o novo significado das palavras. Ex.: pátria hoje em dia quer dizer o equilíbrio dos interesses comerciais, industriais e artísticos. Em Portugal este equilíbrio não existe porque o comércio, a indústria e a arte não só não se relacionam como até se isolam por completo receosos da desordem dos governos. A palavra aventura perdeu todo o seu sentido romântico e ganhou em valor efetivo. Aventura hoje em dia, quer dizer: O mérito de tentativa industrial, comercial ou artística.

10 – porque o aspecto geral dos tipos exala um estertor a podre. Portugal, uma resultante de todas raças do mundo, nunca conseguiu a vantagem de um cruzamento útil porque as raças belas isolaram-se por completo. Ex.: as varinas.

O português, como todos os decadentes, só conhece os sentimentos passivos: a resignação, o fatalismo, a indolência, o medo do perigo, o servilismo, a timidez, e até a inversão. Quando é viril manifesta-se instintivamente animal a par do seu analfabetismo primitivamenre anti-higiênico.

É preciso criar a adoração dos músculos contra o desfilar faminto e debilitado das instruções militares preparatórias números 1 a 50.

É preciso criar o espírito da aventura contra o sentimentalismo literário dos passadistas.

É *preciso criar as aptidões pro heroísmo moderno: o heroísmo quotidiano.*

É preciso destruir este nosso atavismo alcoólico e sebastianista de beira-mar.

É preciso destruir sistematicamente todo o espírito pessimista proveniente das inevitáveis desilusões das velhas civilizações do sentimentalismo.

É preciso educar a mulher portuguesa na sua verdadeira missão de fêmea para fazer homens.

É preciso saber que sois europeus e europeus do século xx.

É preciso criar e desenvolver a atividade cosmopolita das nossas cidades e dos nossos portos.

É absolutamente necessário resolver o maravilhoso citadino da nossa capital até ser a maior ambição dos nossos dialetos e das nossas províncias.

É preciso explicar à nossa gente o que é a democracia para que não torne a cair em tentação.

É preciso violentar todo o sentimento de igualdade que sob o aspecto de justiça ideal tem paralisado tantas vontades e tantos gênios, e que aparentando salvaguardar a liberdade, é a maior das injustiças e a pior das tiranias.

É preciso ter a consciência exata da Atualidade.

É preciso substituir na admiração e no exemplo os velhos nomes de Camões, de Victor-Hugo e de Dante pelos Gênios da Invenção: Edison, Marinetti, Pasteur, Elchrïet, Marconi, Picasso e o padre português Gomes de Hymalaia.

Finalmente: é preciso criar a pátria portuguesa do século XX.

Digo segunda vez: é preciso criar a pátria portuguesa do século XX.

Digo terceira vez: é preciso criar a pátria portuguesa do século XX.

Para criar a pátria portuguesa do século XX não são necessárias fórmulas nem teorias; existe apenas uma imposição urgente: Se sois homens sede Homens, se sois mulheres sede Mulheres da vossa época.

Vós, oh portugueses da minha geração, que, como eu, não tendes culpa nenhuma de serdes portugueses.

Insultai o perigo.

Atirai-vos pra glória da aventura.

Desejai o record.

Dispensai as pacíficas e coxas recompensas da longevidade.

Divinizai o orgulho.

Rezai a luxúria.

Fazei predominar os sentimentos fortes sobre os agradáveis.

Tende a arrogância dos sãos e dos completos.

Fazei a apologia da força e da inteligência.

Fazei despertar o cérebro espontaneamente genial da raça latina.

Tentai vós mesmos o homem definitivo.

Abandonai os políticos de todas as opiniões: o patriotismo condicional degenera e suja; o patriotismo desinteressado glorifica e lava.

Fazei a Apoteose dos Vencedores, seja qual for o sentido, basta que sejam Vencedores. Ajudai a morrer os vencidos.

Gritai nas razões das vossas existências que tendes direito a uma pátria civilizada.

Aproveitai sobretudo este momento único em que a guerra da Europa vos convida a entrardes pra Civilização.

O povo completo será aquele que tiver reunido no seu máximo todas as qualidades e todos os defeitos. Coragem, portugueses, só vos faltam as qualidades.

Lxa. dezembro 1917.

PA-TA-POOM
Recordação de Paris

Há umas determinadas pessoas, coitadas, que julgam não ter importância as pequenas coisas, de modo que quem de fato souber fazer atenção à vida, lá lhe cabem as pequenas coisas, misturadas com as grandes. Não sei se o leitor também tem como eu alguma coisa que contar a este respeito daqueles que andam tão ingloriamente nas alturas que ficam furados nas solas das botas. Ora o que eu vou recordar é-me profundamente doloroso, mas faço-o por um profundo respeito que tenho pelo meu entendimento. Não foi esta a primeira vez nem a milésima que eu tive contato com pessoas em evidência oficial e nas circunstâncias que pretendo marcar neste capítulo. De resto, o leitor vai certamente reconhecer o tipo, embora não conheça pessoalmente os personagens. Refiro-me àqueles que se servem da nossa intimidade em igualdade de circunstâncias e que em público procedem como se nós também fizéssemos parte desse público. Provavelmente, não me faço entender.

O que eu quero dizer é que há meninos que quando estão sós conosco são uma coisa, e basta que apareça um terceiro para a diferença ser formidável. Enquanto a conversa foi apenas entre ele e eu, tudo correu muito bem e ele não levou a melhor: porém, quando chega o terceiro, parece efetivamente que ele é que esteve a ensinar-me, e se o terceiro não fica convencido disso mesmo não é porque não tenha todas as razões para o poder afirmar. O leitor já começa, com certeza, a ver surgirem esses cavalheiros aos quais me esforço aqui por retratar e que são aos milhares por esse mundo fora e raras as exceções. Quantas vezes na nossa ingenuidade, ou melhor, na nossa generosidade, nós não tememos e até procuramos dar à conversa o seu máximo de oscilação e de significado por amor ao entendimento, e esses senhores, apenas chega o público, continuam sozinhos na superioridade do diálogo, como se fosse seu exclusivo e em desprimor do camarada, que na maior parte das vezes foi quem revelou a altura do assunto. Muito teria eu que me revoltar se desde muito cedo não tivesse reparado que quem acaba sempre por perder é aquele que se colocou mal. Pois isto acontece comigo e não sou conhecido por parvo, e talvez por isso mesmo tenha acontecido mais vezes comigo. Ninguém deseja neste mundo ser mais parvo ou mais ignorante do que outro conhecido como inteligente. E se a preocupação do mundo é dar bem mostras de vitória, embora a não tenham, muito deve custar a esses senhores que se adornam de vitoriosos constatar que a clareza de espírito e o prazer do entendimento esteja precisamente naqueles que parecem não se preocupar com o culto externo da conquista.

Conheci no estrangeiro um compatriota nosso, o qual por condições extraordinárias manteve comigo uma intimidade ocasional.

Não posso deixar de repetir aqui que essa intimidade chegou a ser adorável, verdadeira convivência entre iguais. Porém, o nosso compatriota era de uma infantilidade mundana que me fazia sorrir: quando aparecia um terceiro ou terceiros eu passava imediatamente para seu secretário e não me punha em lugar mais subalterno porque parece que os meus olhos, sem eu querer, não lho consentiriam. Esse nosso compatriota, tão conhecido do público como eu, chegava a ser magistral nas coisas aparatosas da vida, mas nas mais pequeninas coisas só eu é que o conhecia. Não é passada com ele a história que o leitor vai conhecer, é com outros dois compatriotas tão evidentes na vida pública portuguesa como ele, ou ainda mais.

Trata-se de dois ministros, de dois lentes da Universidade, os quais ainda que pouco mais velhos do que eu usufruíam já de uma notoriedade científica, sinônimo incontestável de fenômenos. Um acontecimento resultante da nefasta política nacional juntara no Palace Hotel de Madrid os dois referidos lentes e antigos ministros e o autor. Eu seguia para Paris, forçado a abandonar sem razão a Pátria e deixando na Penitenciária um irmão como preso político. Os dois antigos ministros e ainda lentes da Universidade eram de políticas opostas e por isso mesmo protegiam-se mutuamente, colo de cima colo de baixo. Cada um deles me disse a mim particularmente que o outro lhe devia a vida a ele. E parece que era verdadeira a história e recente. Sabendo que no dia seguinte eu ia em direção a Paris, resolveram os dois, de comum acordo, aproveitar a minha companhia e seguirem viagem comigo. Não sei como se lhes meteu na cabeça que eu era um parisiense consumado, mas foi tal o seu interesse e confiança na minha companhia que eu não pude deixar de usar da piedade de os deixar na doce ilusão. Junte-se a isto a circunstância de sermos três exilados e fora da pátria pela primeira vez, para que eu tenha ainda mais desculpa em lhes ter mentido descaradamente que conhecia Paris como os meus dedos. A confusão que eles faziam era certamente com meu pai, residente definitivamente em Paris desde 1899.

Ora eu nem por sombras iria para casa de meu pai e pelo contrário faria o possível para que ele ignorasse que eu estava em Paris. Eram razões particulares e fortes que me levavam a proceder desta maneira. Tinha contudo desde a minha saída de Lisboa um quarto às minhas ordens numa pensão da *rue* Gruger em Passy.

Foi o acaso de um brasileiro de passagem em Lisboa que me levou à descoberta de um quarto em Paris, no ano do armistício, em Janeiro, e os dois antigos ministros e ainda lentes da Universidade não ignoravam em Madrid o pânico que havia em Paris para se arranjar alojamento por causa da invasão da humanidade inteira na capital do mundo, depois da Vitória.

Por conseguinte, o meu conhecimento de Paris e o meu quarto deixaram dormir descansados os nossos dois compatriotas na *cabine diplomatique*. Quando nos apeámos no Quai d'Orsay já há muito que eu era indevidamente o informador dos meus dois companheiros. Mas procedi sempre de maneira que eu não me denunciasse, não porque pusesse grande empenho em passar pelo que eu era, mas apenas para não os deixar perder aquela confiança em que estavam de serem acompanhados por quem já sabia como aquilo era. Quis a sorte que, quando nos encontrávamos os três no passeio da gare por debaixo da marquise, um desconhecido acercou-se de nós e perguntou-me diretamente se eu sabia onde era a *rue* de Lille. Sem uma hesitação e por mor dos meus dois companheiros, menti descaradamente dizendo com manifesta segurança ao desconhecido que seguisse à direita, cortasse à esquerda e estava na *rue* de Lille. Os meus companheiros estavam elogiados com o meu parisianismo e o francês lá foi informado por quem acabava de chegar a primeira vez na sua vida a Paris. Quando me lembro que a *rue* de Lille era aquela mesma onde o desconhecido me veio perguntar, tenho tantos remorsos como vontade de rir. Em seguida um moço veio saber se queríamos um táxi. Respondi que sim. O moço, sem meu consentimento, levou consigo a minha gabardine que estava dobrada no meu braço. Os meus companheiros não perceberam o gesto. Ora eu é que não podia deixar de o perceber. Expliquei-lhes ainda a pensar no estranho caso e palavra de honra que apenas soube do que se tratava depois de o ter dito aos meus dois compatriotas: É costume de Paris, é uma garantia para os moços. Efetivamente chegava um táxi com o moço ao lado do *chauffeur* e a minha gabardine de sinal.

Chegamos a Passy. No caminho ensinei ruas e edifícios um por um. Na pensão o meu quarto era uma insignificância esconsa de água--furtada e que não deixava mudar a cama de posição e fazia chorar os caixilhos das janelas e os ladrilhos do chão. Apesar disso, naquele mesmo quarto ficamos os três. Todos os dias eu ia mostrar mais coisas aos meus compatriotas. Eu conhecia efetivamente muito de Paris, por tanto o ter sonhado e lido, mas as admiráveis impressões que eu recebia das suas maravilhas tinham de ser à calada *por mor* dos meus dois companheiros. Fomos a Montmartre, a Montparnasse, aos *boulevards,* a todas as coisas mais evidentes e à noite vínhamos os três para o meu quarto em Passy. Até que os dois compatriotas começaram também a falar durante as refeições na pensão. Eles próprios não se esqueciam na conversa de que eram antigos ministros e atuais lentes da Universidade. Em poucos dias eu estava reduzido aos olhos de todos os comensais à expressão deplorável de não saber nada de político nem ter sequer frequentado como aluno a Universidade, quanto mais ser lente como eles! Depois do almoço saímos a pé e eu aproveitei a ocasião para lhes dizer umas coisas. Foram as seguintes:

— Vocês são meus compatriotas, são mais velhos do que eu, são antigos ministros do meu país, são atuais lentes da Universidade de Lisboa; além disso têm: um, uma carta de crédito de oitenta mil francos, outro, outra carta de crédito ilimitada, e eu tenho apenas três mil francos e depois de os gastar hei de eu ganhar os que vierem depois. Mas não é isto o que eu propriamente lhes queria dizer. O que eu queria que vocês soubessem depois destes quinze dias em que estamos em Paris é que eu cheguei a esta cidade pela primeira vez na minha vida, sob a minha palavra de honra, no mesmo dia, à mesma hora, no mesmo instante do calendário que vocês os dois!...

E agora se vocês quiserem pensar alguma coisa acerca do que lhes acabo de dizer, pensem, porque eu também já pensei.

Paris, 13 de fevereiro 1919.

II. O TEMPO DO MODERNISMO

A INVENÇÃO DO DIA CLARO

Escrita de uma só maneira para todas
as espécies de orgulho,
seguida das démarches para a Invenção
e
acompanhada das confidências mais íntimas
e gerais.

―――

Ensaios para a iniciação de portugueses na revelação da pintura

―――

Com um retrato do autor por ele próprio

Nous savons donner notre vie
toute entiére tous les jours.

Bénnissons la vie!

Saluons la naissance du travail
nouveau.

Le monde n'a pas d'âges, l'huma-
nité se déplace tout simplement.

Je ne suis pas prisonnier de ma
raison.

Dieu fait ma force et je loue
Dieu.

Splendeurs des villes.

Point de cantique — tenir toujours le pas gagné.

Rimbaud

Ao
meu amigo
Fernando Amado

O Livro

Entrei numa livraria. Pus-me a contar os livros que há para ler e os anos que terei de vida. Não chegam, não duro nem para metade da livraria.

Deve certamente haver outras maneiras de se salvar uma pessoa, senão estou perdido.

No entanto, as pessoas que entravam na livraria estavam todas muito bem vestidas de quem precisa salvar-se.

* * *

Comprei um livro de filosofia. Filosofia é a ciência que trata da vida; era justamente do que eu necessitava – pôr ciência na minha vida.

Li o livro de filosofia, não ganhei nada, Mãe! Não ganhei nada.

Disseram-me que era necessário estar já iniciado, ora eu só tenho uma iniciação, é esta de ter sido posto neste mundo à imagem e semelhança de Deus. Não basta?

* * *

Imaginava eu que havia tratados da vida das pessoas, como há tratados da vida das plantas, com tudo tão bem explicado, assim parecidos com o tratamento que há para os animais domésticos, não é? Como os cavalos tão bem-feitos que há!

Imaginava eu que havia um livro para as pessoas, como há hóstias para cuidar da febre. Um livro com tanta certeza como uma hóstia. Um livro pequenino, com duas páginas, como uma hóstia. Um livro que dissesse tudo, claro e depressa, como um cartaz, com a morada e o dia.

* * *

130 ～ POESIA É CRIAÇÃO

Não achas, Mãe? Por exemplo. Há um cão vadio, sujo e com fome, cuida-se deste cão e ele deixa de ser vadio, deixa de estar sujo e deixa de ter fome. Até as crianças já lhe fazem festas.

Cuidaram do cão porque o cão não sabe cuidar de si – não saber cuidar de si é ser cão.

Ora eu não queria que cuidassem de mim, mas gostava que me ajudassem, para eu não estar assim, para que fosse eu o dono de mim, para que os que me vissem dissessem: Que bem que aquele soube cuidar de si!

* * *

Eu queria que os outros dissessem de mim: Olha um homem! Como se diz: Olha um cão! quando passa um cão; como se diz: Olha uma árvore! quando há uma árvore. Assim, inteiro, sem adjetivos, só de uma peça: Um homem!

* * *

Mas eu andei a procurar por todas as vidas uma para copiar e nenhuma era para copiar.

Como o livro, as pessoas tinham princípio, meio e fim. A princípio o livro chamava-me, no meio o livro deu-me a mão, no fim fiquei com a mão suada do livro de me ter estendido a mão.

Talvez que nos outros livros… mas os títulos dos livros são como os nomes das pessoas – não quer dizer nada, é só para não se confundir.

* * *

Na montra estava um livro chamado *O Leal Conselheiro*. Escrito antigamente por um Rei dos Portugueses! Escrito de uma só maneira para todas as espécies de seus vassalos!

Bendito homem que foi na verdade Rei! O Mestre que quer que eu seja Mestre!

Eu acho que todos os livros deviam chamar-se assim: *O Leal Conselheiro*! Não achas, Mãe?

O Mestre escreveu o que sabia – por isso ele foi Mestre. As palavras tornaram presente como o Mestre fazia atenção. Estas palavras ficaram escritas por causa dos outros também. Os outros aprendiam a ler para chegarem a Mestres – era com esta intenção que se aprendia a ler antigamente.

* * *

Sonhei com um país onde todos chegavam a Mestres. Começava cada qual por fazer a caneta e o aparo com que se punha à escuta do universo; em seguida, fabricava desde a matéria-prima o papel onde ia assentando as confidências que recebia diretamente do universo; depois, descia até ao fundo dos rochedos por causa da tinta negra dos chocos; gravava letra por letra o tipo com que compunha as suas palavras; e arrancava da árvore a prensa onde apertava com segurança as descobertas para irem ter com os outros. Era assim que neste país todos chegavam a Mestres. Era assim que os Mestres iam escrevendo as frases que hão de salvar a humanidade.

* * *

Quando eu nasci, as frases que hão de salvar a humanidade já estavam todas escritas, só faltava uma coisa – salvar a humanidade.

– O pequeno é como o grande.
– O que está em cima é análogo ao que está embaixo.
– O interior é como o exterior das coisas.
– Tudo está em tudo.

Hermes Trimegista

I PARTE

ANDAIMES E VÉSPERAS

A Conferência Improvisada

Minhas Senhoras e meus Senhores:

Mulheres e homens são as duas metades da humanidade – a metade masculina e a metade feminina.

Há coisas inteiras feitas de duas metades e aonde não se pode cortar ao meio para separar essas duas metades. Exemplo: a humanidade com a metade masculina e a metade feminina. São duas metades que deixam, cada uma, de ser uma metade se não houver a outra metade.

A linha que passa por entre estas duas metades é parecidíssima com o ar por dentro de uma esponja do mar, seca.

Acerca do Homem e da Mulher

Lembro-me de uma oleografia que havia em minha casa. A oleografia estava cheia de amarelo do Deserto. O amarelo do Deserto era mais comprido do que a vida de um homem se não fosse o galope do cavalo onde o árabe rapta a menina loira.

Na oleografia havia uma palmeira. A palmeira era tão pequena como a esmeralda do anel da menina loira. A palmeira era assim tão pequena porque estava muitíssimo longe.

Era em direção à palmeira que ia a correr o cavalo.

Havia outra oleografia quando já tinham chegado à sombra da palmeira. O cavalo estava como morto por terra. O árabe, esse, ainda nunca tinha estado cansado – tinha a menina loira nos braços, como a esmeralda estava no anel.

Eram três as oleografias. Na terceira oleografia estava sozinha a menina loira a dar de mamar a um menino verdadeiro.

Acerca das Três Oleografias

Estas três oleografias explicam muito bem como se pode ser senhora e como se deve ser homem. As senhoras como a menina loira. Os homens como o árabe.

Um homem – saber raptar; uma senhora – merecer ser raptada.

Exemplo de homem que soube raptar: o árabe. Exemplo de senhora que mereceu ser raptada: a menina loira da oleografia.

Ser o árabe para desencantar a menina loira; ser a menina loira para que haja o árabe.

Atenção

Mas não falemos sem alicerces. Nós não estamos algures.

Nós estamos aqui dentro desta sala, onde eu estou a dizer a conferência – o chão, o teto, e quatro paredes. Vocês e eu.

Para nos orientarmos melhor, aqui onde estou fica sendo o Norte, lá no fundo da sala o Sul, Leste ali e Oeste daquele lado.

Que isto fique assim bem combinado entre nós, de tal maneira que, quando eu chamar Sul aqui ao lugar onde estou, vocês se levantem, protestem, e digam que não, que o Sul é lá no fundo da sala.

As Palavras

O preço de uma pessoa vê-se na maneira como gosta de usar as palavras. Lê-se nos olhos das pessoas. As palavras dançam nos olhos das pessoas conforme o palco dos olhos de cada um.

Viagens das Palavras

As palavras têm moda. Quando acaba a moda para umas começa a moda para outras. As que se vão embora voltam depois. Voltam sempre, e mudadas de cada vez. De cada vez mais viajadas.

Depois dizem-nos adeus e ainda voltam depois de nos terem dito adeus. Enfim – toda essa tournée maravilhosa que nos põe a cabeça em água até ao dia em que já somos nós quem dá corda às palavras para elas estarem a dançar.

HISTÓRIA DAS PALAVRAS

As mulheres e os homens estavam espalhados pela Terra. Uns estavam maravilhados, outros tinham-se cansado. Os que estavam maravilhados abriam a boca, os que se tinham cansado também abriam a boca. Ambos abriam a boca.

Houve um homem sozinho que se pôs a espreitar esta diferença – havia pessoas maravilhadas e outras que estavam cansadas.

Depois ainda espreitou melhor: Todas as pessoas estavam maravilhadas, depois não sabiam aguentar-se maravilhadas e ficavam cansadas.

As pessoas estavam tristes ou alegres conforme a luz para cada um – mais luz, alegres – menos luz, tristes.

O homem sozinho ficou a pensar nesta diferença. Para não esquecer fez uns sinais numa pedra.

Este homem sozinho era da minha raça – era um Egípcio!

Os sinais que ele gravou na pedra para medir a luz por dentro das pessoas, chamaram-se hieróglifos.

Mais tarde veio outro homem sozinho que tornou estes sinais ainda mais fáceis. Fez vinte e dois sinais que bastavam para todas as combinações que há ao Sol.

Este homem sozinho era da minha raça – era um Fenício!

Cada um dos vinte e dois sinais era uma letra. Cada combinação de letras uma palavra.

CENTENÁRIO DAS PALAVRAS

Todos os dias faz anos que foram inventadas as palavras.

É preciso festejar todos os dias o centenário das palavras.

Valor das Palavras

Há palavras que fazem bater mais depressa o coração – todas as palavras – umas mais do que outras, qualquer mais do que todas. Conforme os lugares e as posições das palavras. Segundo o lado donde se ouvem – do lado do Sol ou do lado onde não dá o Sol.

Cada palavra é um pedaço do universo. Um pedaço que faz falta ao universo. Todas as palavras juntas formam o Universo.

As palavras querem estar nos seus lugares!

Nós e as Palavras

Nós não somos do século d'inventar as palavras. As palavras já foram inventadas. Nós somos do século d'inventar outra vez as palavras que já foram inventadas.

As Palavras e Eu

Gasto os dias a experimentar lugares e posições para as palavras. É uma paciência de que eu gosto. É o meu gosto.

Tudo se passa aqui pelas palavras – todos os gostos.

Colei algumas destas paciências com palavras. São estas as palavras que trago aqui. Ainda não estão prontas – são pedaços de coisas, aqui e ali, como um rapaz novo, como uma rapariga nova. Como os cavalos quando ainda são petizes – vê-se já que se trata de um cavalo, mas também se vê que ainda não está concluído. As pernas cresceram mais depressa do que a espinha. A cabeça muito grande é que já está do tamanho em que há de ficar. Tudo se aguenta de pé provisoriamente – ainda não está pronto, vê-se perfeitamente que ainda não é tudo.

Agarrei uma mancheia de palavras e espalhei-as em cima da mesa. Ficaram nesta posição:

PARÁBOLA

A humanidade abriu alas – as duas grandes alas da humanidade. Uma à direita, a outra à esquerda. Embaixo a Terra, em cima o Sol.

Vai acontecer qualquer coisa – os que passam vão mais depressa, os outros já estão à espreita.

As duas grandes alas da humanidade lá estão as duas em frente uma da outra. Não levantem os braços! não virem as cabeças!
Embaixo a Terra, em cima o Sol!
Ainda não chegou o homem-que-sabe-viver!
As duas grandes alas da humanidade querem ver com olhos da cara o homem-que-sabe-viver!
As duas grandes alas da humanidade não querem senão ver com os olhos da cara o homem-que-sabe-viver!
Embaixo a Terra, em cima o Sol!

Jesus-Cristo desce sozinho por entre as duas grandes alas da humanidade. As duas grandes alas da humanidade estendem os braços para Jesus-Cristo.
Uma das duas alas acusa a outra ala, e esta acusa aquela.

Jesus-Cristo desce sozinho por entre as duas grandes alas da humanidade, sem se aproximar de uma nem da outra.

As duas grandes alas da humanidade.

Jesus-Cristo acabou de passar por entre as duas grandes alas da humanidade, sem se ter aproximado de uma nem da outra.

As duas grandes alas da Humanidade.

Embaixo a Terra, em cima o Sol.

Uma Cruz na Encruzilhada

Quando acabou a parábola, as duas grandes alas da humanidade desconjuntaram-se.

Havia uma cruz na encruzilhada.

A cada um que passava dizia o Cristo de pedra:

– Em vez de ter morrido numa cruz, por ti, antes tivesse pegado na lança que me abriu o peito, para com ela te rasgar os olhos da cara. Para deixar entrar claridade para dentro de ti pelos buracos dos teus olhos rasgados.

Tudo quanto eu te disse ficou escrito e é tudo quanto ainda hoje tenho para te dizer.

Se me fiz crucificar para to dizer porque não te deixas crucificar para saberes como eu to disse?

Não posso, por mais que tente, livrar uma das mãos, pregaram-mas bem, como se prega um crucificado; não posso, por mais que tente, livrar uma das mãos, para te sacudir a cabeça quando vieres ajoelhar-te aqui aos pés da minha cruz.

Se fosse o teu orgulho de joelhos, ainda era o teu orgulho, mas são as tuas pernas dobradas com o peso do ar.

Não tenho uma das mãos livre para te empurrar daqui da minha cruz até ao teu lugar lá embaixo na terra.

Levanta-te, homem! No dia em que tu nasceste, nasceu no mesmo dia um lugar para ti, lá embaixo na terra. Esse lugar é o teu! o teu lugar é a tua fortuna! o teu lugar é a tua glória. Não deixes o teu lugar vazio, nem te deixes pr'aí sem lugar.

Não te aleijes a procurar outras fortunas que não terás, – há uma só para ti – é a única que há para ti, não serve senão para ti, não serve para os outros, – é por isto que ela é a tua fortuna!

Porque vieste ajoelhar-te aqui aos pés da minha cruz? Foi porque a tua cabeça se encheu de dúvida?...

Tanto melhor! Aproveita agora que tens a dúvida dentro da tua cabeça, aproveita a sorte de teres a dúvida dentro da tua cabeça. Não te canses de ter esta sorte!

Não tenhas medo de estares a ver a tua cabeça a ir diretamente para a loucura, não tenhas medo! Deixa-a ir até à loucura! ajuda-a a ir até à loucura. Vai tu também pessoalmente, co'a tua cabeça até à loucura! Vem ler a loucura escrita na palma da tua mão. Fecha a tua mão, com força. Agarra bem a loucura dentro da tua mão!

Senão... se tens medo da dúvida e te pões a fugir dela por mor da loucura que já está à vista, se não começas desde já a desbastar a fantasia que cresceu no lugar marcado para ti, lá embaixo na terra; se não pretendes transformar essa fantasia em imaginação tranquila e criadora...

... um dia a loucura virá p'lo seu próprio pé bater à tua porta, e tu, desprevenido, e tu sem mãos para a esganar, porque a loucura já será maior do que na palma da tua mão, porque a loucura será maior do que as tuas mãos, porque a loucura poderá mais do que tu com as tuas mãos; e ela fará de ti o pior de todos, por não teres sabido servir-te dela como tu devias sabê-lo querer!

FIM DO DIA

Um por um, toda a humanidade ouviu a Cruz da encruzilhada, e a cada um parecia-lhe reconhecer aquele modo de falar.

Havia oliveiras à beira da estrada para a gente se encostar.

Antes de cada um chegar a casa havia um chafariz para matar a sede. Eu não sabia que o chafariz tinha tanto que ver – havia muitos soldados por causa das raparigas a encher as bilhas!

Depois o Sol começou a ficar muito encarnado e cada vez maior por detrás das dunas, muito encarnado, e deixou-me sozinho em cima do muro.

Do lado do mar ouvia-se uma nora a puxar água. O boi tinha os olhos guardados para não entontecer. Os alcatruzes da nora subiam por um lado e desciam p'lo outro lado – como ontem!

A música da nora só tem uma volta. Todos os dias. Amanhã também, os alcatruzes da nora vão subir por aqui e descer por lá. Todos os dias. Embaixo a Terra, em cima o Sol.

Quando olharam para trás, a Cruz da encruzilhada já estava muito longe. Era necessário acertar a vista para a reconhecer. Mas, era sem dúvida ela, a cruz inconfundível – aquela onde cabe um homem inteiro e de pé!

FIM DA PRIMEIRA PARTE

Confidências

Mãe! a oleografia está a entornar o amarelo do Deserto por cima da minha vida. O amarelo do Deserto é mais comprido do que um dia todo!

Mãe! eu queria ser o árabe! Eu queria raptar a menina loira! Eu queria saber raptar.

Dá-me um cavalo, Mãe! Até à palmeira verde-esmeralda! E o anel?!

A minha cabeça amolece ao sol sobre a areia movediça do Deserto! A minha cabeça está mole como a minha almofada!

Há uns sinais dentro da minha cabeça, como os sinais do Egípcio, como os sinais do Fenício. Os sinais destes já têm antecedentes e eu ainda vou para a vida.

Não há muros para que haja estrada! Não há muros para pôr cartazes! Não está a mão de tinta preta a apontar – por aqui!

Só há sombra do Sol nas laranjeiras da outra margem, e todas as noites o sono chega roubado!

Mãe! As estrelas estão a mentir. Luzem quando mentem. Mentem quando luzem. Estão a luzir, ou mentem?

Já ia a cuspir para o céu!

Mãe! a minha estrela é doida! Coube-me nas sortes a Estrela-doida!

Mãe! dá-me um cavalo! Eu já sou o galope! Há uma palmeira, Mãe! O que quer dizer um anel? Tem uma esmeralda.

Mãe! eu quero ser as três oleografias!

* * *

Mãe!

Em cima das estátuas está o verbo ganhar, Mãe! será para mim?

Quando passo pelas estátuas fico parado. A olhar para cima das estátuas. Fico parado a subir. Não sei quem me agarra para me levantar ao ar. Agarram-me por debaixo dos braços para me levantar ao ar. Para eu ver o verbo ganhar em cima das estátuas.

* * *

Mãe! eu não sei nada! Eu não me lembro de nada!

Ah! lembro-me!

Lembro-me de ter ajudado a levar pedras para as pirâmides do Egito!

Também me lembro de me ter chamado José, antigamente, com meus irmãos e uma mulher!

Mãe!

Estou a lembrar-me! Tu já foste a menina loira! Eu já fui o menino verdadeiro a quem tu davas de mamar! Eu já estive contigo na terceira oleografia!

Lembro-me exatamente! Quando tu me beijavas, o sol não doía tanto na minha pele!

Mãe!

Estou a lembrar-me!

E as tardes quando íamos todos juntos soltar palavras no cais e ver chegar mais laranjas!

Outras vezes juntávamo-nos na praia para nadar melhor do que os outros e deixar o sol queimar quem mais merecesse. Já as laranjas estavam contentes com o que chegasse primeiro! O melhor jovem ganhava a melhor rapariga. Os outros sabiam aquela que tinham ganhado. Eu tinha ganho a minha!

De uma vez, quando deixávamos o cais, entornou-se o cesto das tangerinas. Foi a alegria! E uma das raparigas pôs-se a cantar o sucedido às tangerinas a rolar pro mar:

tam
tam-tam
tanque
estanque
tangerina bola
tangerina boia
tangerina ina
tangerininha
pacote roto
batuque nu
quintal da nora
e o dique
e o Duque
e o aqueduto
do Cuco

Rei Carmim
e tamarindos
e amarelos
de Mahomet
ali
e lá
e acolá
...

* * *

Mãe!
Vem ouvir a minha cabeça a contar histórias ricas que ainda não viajei!
Traze tinta encarnada para escrever estas coisas! Tinta cor de sangue, sangue
verdadeiro, encarnado!
Mãe! passa a tua mão pela minha cabeça!
Eu ainda não fiz viagens e a minha cabeça não se lembra senão de via-
gens! Eu vou viajar. Tenho sede! Eu prometo saber viajar.

Quando voltar é para subir os degraus da tua casa, um por um. Eu vou
aprender de cor os degraus da nossa casa. Depois venho sentar-me a teu lado.
Tu a coseres e eu a contar-te as minhas viagens, aquelas que eu viajei, tão
parecidas com as que não viajei, escritas ambas com as mesmas palavras.

Mãe! ata as tuas mãos às minhas e dá um nó-cego muito apertado! Eu
quero ser qualquer coisa da nossa casa. Como a mesa. Eu também quero ter
um feitio, um feitio que sirva exatamente para a nossa casa, como a mesa.

Mãe! passa a tua mão pela minha cabeça!
Quando passas a tua mão na minha cabeça é tudo tão verdade!

II PARTE

A VIAGEM
OU
O QUE NÃO SE PODE PREVER

A Eternidade existe mas não tão devagar!
(QUADRADO AZUL, 1917)

PARIS E EU

Um dia foi a minha vez de ir a Paris. Foi necessário um passaporte. Pediram a minha profissão. Fiquei atrapalhado! Pensei um pouco para responder verdade e disse a verdade: Poeta!

Não aceitaram.

Também pediram o meu estado. Fiquei atrapalhado. Pensei um pouco para responder verdade e disse a verdade: Menino!

Também não aceitaram.

E para ter o passaporte tive de dizer o que era necessário para ter o passaporte, isto é – uma profissão que houvesse! E um estado que houvesse!

PARTIDA PARA PARIS

À despedida os vizinhos deram-me o melhor conselho: Juízo!

PARIS

Em Paris é tudo de carne e osso, – O Sacré-Coeur, o Sena e a Torre Eiffel – as casas, as pessoas, os domingos e os outros dias.

Há em Paris uma Rocha Tarpeia que não é feita de rocha, é feita de domingos e dos outros dias.

EU

Quando digo Eu não me refiro apenas a mim mas a todo aquele que couber dentro do jeito em que está empregado o verbo na primeira pessoa.

LIBERDADE

Quando entrei na cidade fiquei sozinho no meio da multidão.

Em redor as portas estavam abertas. A multidão entrava naturalmente pelas portas abertas. Por cima das portas havia tabuletas onde estava colada aquela palavra que sobe – Liberdade!

Entrei por uma porta. Entrei como uma farpa!

Era uma ratoeira, Mãe! era uma ratoeira! Se eu tivesse entrado como uma agulha podia ter saído como uma agulha, mas entrei como uma farpa, fiz sangue verdadeiro, já não me esquece. Aconteceu exatamente. Dei um mau jeito nos rins por causa da ratoeira! Ainda me lembro da palavra – Liberdade!

Mãe! Vou contar-te como foi.

Havia dois vasos iguais. Um tinha um licor bonito. O outro parecia ter água simples. Um tinha a felicidade, o outro não tinha a felicidade. Era à sorte. A casa estava cheia de gente. Ninguém queria ser o primeiro a começar.

Depois, começaram a beber o licor. Diziam coisas tão felizes! Coisas quentes que enchem a cabeça toda e deixam os olhos escancarados! Eu vi-os, Mãe! Estavam a aumentar a olhos vistos, juro-te!

Os que beberam do outro vaso não divertiam ninguém. Iam-se logo embora. E ninguém já se lembrava deles.

Só ficaram os que gostavam do licor. Eu fiquei com estes. Eu também bebi do licor. Não imaginas, Mãe! Nunca subi tão alto! Ainda mais alto do que o verbo ganhar!

Havia uma rã que tinha entrado comigo ao mesmo tempo. A rã também estava a aumentar.

Depois, quando já estava quase do tamanho de um boi, a rã estoirou. Coitada! Como antigamente, em latim.

Então, pus-me logo a escorregar desde lá de cima, até aonde eu já tinha amarinhado; desde mais alto do que o verbo ganhar.

A escorregar, a ser necessário escorregar, a querer por força escorregar, a custar imenso escorregar, a fazer doer escorregar, a escorregar. – O verbo desinchar!

O verbo desinchar dura muito tempo. No fim do verbo desinchar é outra vez a terra, cá embaixo.

FIM DA SEGUNDA PARTE

Confidências

Mãe! dói-me o peito. Bati com o peito contra a estátua que tem em cima o verbo ganhar. Ainda não sei como foi. Eu ia tão contente! eu ia a pensar em ti e no verbo saber e no verbo ganhar. Estava tudo a ser tão fácil! Já estava a imaginar a tua alegria quando eu voltasse a casa com o verbo saber e o verbo ganhar, um em cada mão!

Dói-me muito o peito, Mãe! passa a tua mão pela minha cabeça!

Mãe!

Já não volto à cidade sem ir contigo! para a cidade ser bonita. Irmos os dois juntos de braço-dado, e andarmos assim a passear; para ver como tudo está posto na cidade por causa de ti e de mim e por causa dos outros que andam de braço-dado.

Mãe! dize essa metade que tu sabes do que é necessário saber, dize essa metade que tu sabes tão bem! para eu pensar na outra metade.

Se não houvesse senão homens e saltimbancos eu ia buscar a outra metade, mas os saltimbancos estão vestidos como os homens, e os homens estão vestidos como os saltimbancos, ambos estão vestidos de uma só maneira, não sei quais são os homens nem os saltimbancos, eles também não o sabem, – não há senão losangos de arlequim!

Mãe!

Quando eu vinha para casa a multidão ia na outra direção. Tive de me fazer ainda mais pequeno e escorregadio, para não ir na onda.

Perguntei para onde iam tão unidos, assim, com tanto balanço. Responderam-me: Para diante! Para a frente!

Iam para diante! Iam para a frente!

Fiquei a pensar na multidão.

O meu anjo da guarda disse-me: Pronto! A multidão já passou, levou um quarto d'hora a passar. A multidão não é senão aquilo que levou um quarto d'hora a passar. Pronto! Já está vista! Anda daí!

O meu anjo da guarda está sempre a dizer-me: De que estás à espera? Vá, anda! Começa já! Começa já a cuidar da tua presença!

Não sei o que o meu anjo da guarda quer que eu adivinhe em tais palavras.

Outras vezes, o meu anjo da guarda pede-me para que seja eu o anjo da guarda dele.

Mãe!
Hoje acordei todo virado para diante. Assim, como tu o compreendes, Mãe!
Vi as coisas do ar que havia, as coisas que estavam focadas com o ar de hoje. As lembranças já estão inteiras, muito poucos os minutos falsos.
Fiz todas as horas do Sol e as da sombra. Ao chegar a noite estive de acordo com o Sol no que houve desde manhã até ser bastante a luz por hoje. Depois veio o sono. E o sono chegou a horas. Antes do sono ainda houve uma imagem – um leão a dormir!
Na verdade, não há sono mais bem ganho do que o de um leão a dormir com restos de sangue ainda no focinho, como os leões de pedra que há nas escadarias por onde se sobe depois da batalha!

Retrato da Estrela que Guiou o Filho Pródigo na Volta à Casa Paterna

Na praia uma menina perguntou-me se eu era rico. Estava de gatas e muito longe, a perguntar-me se eu era rico.

* * *

Todas as manhãs ia brincar com os vizinhos para a sombra da igreja. Depois do almoço a sombra era do outro lado.

* * *

Quando as meninas corriam no jardim, os cabelos e os vestidos ficavam para trás.

* * *

A rapariga das laranjas tinha uma linda voz para vender laranjas. As pessoas ficavam co'as laranjas na mão a ouvi-la.

* * *

A laranjeira ao pé da nora já me conhecia – punha-se a fingir que era o vento que a fazia mexer.

* * *

Acho mais sinceros os dias de chuva. Nos dias em que chove ponho-me a pensar que não sou eu só que vivo arreliado. Depois, o cheiro da terra molhada é que me faz de novo animar.

* * *

Às vezes ponho-me a pensar em coisas que eu nunca vi. Naturalmente só há muito longe, nas outras terras!

* * *

Estou a espera de ser grande para ver se o que eu penso é verdade ou não. Se não for, mato-me!

* * *

Gosto mais dos bois de barro que dos bois verdadeiros.

* * *

O gabão do jardineiro era forrado d'azul!

* * *

A rosa encarnada cheira a branco.

* * *

Quando vejo o cor-de-rosa parece que se referem a mim.

CONFIDÊNCIAS

Bom-Dia, Mãe!

Bem nos tinham dito! – Esperem! Foi o que nos tinham dito. E nós esperamos. Ah! Que sempre tive a certeza que havia de chegar "O descerrar do escuro"! (ANTERO, *Sonetos.*)

> *A eternidade e um instante é a mesma coisa.*
> SANTO AGOSTINHO

Bom-Dia, Mãe!

Senta-te ao meu lado, que eu vou contar-te a viagem que eu fiz. Dá-me a tua mão para que eu a conte bem!

Dei a volta ao mundo, fiz o itinerário universal. Tudo consta do meu diário íntimo onde é memorável a viagem que eu fiz desde o universo até ao meu peito quotidiano. Vim de muito longe até ficar dentro do meu próprio peito e defendido pelo meu próprio corpo.

Durante a viagem encontrei tudo disposto de antemão para que nunca me apartasse dos meus sentidos. E assim aconteceu sempre desde aquele dia inolvidável em que reparei que tinha olhos na minha própria cara. Foi precisamente nesse dia inolvidável que eu soube que tudo o que há no universo podia ser visto com os dois olhos que estão na nossa própria cara. Não foi, portanto, sem orgulho que constatei que era precisamente por causa de cada um de nós que havia o universo.

E assim foi que, todas as coisas que a princípio me pareciam tão estranhas, começaram logo desde esse dia inolvidável a dirigirem-se-me e a interrogarem-me, quando ainda ontem era eu que lhes perguntava tudo. Foi-me fácil compreender que o universo era precisamente o resultado de haver quem tivesse olhos na própria cara. Muito maior foi o meu orgulho, portanto, quando tive a certeza de que hoje o universo esperava ansiosamente por cada um de nós. Ontem, cada um de nós viajava por todas as partes do universo, com aquele desejo legítimo de se encontrar, e se a viagem demorou mais do que devia é porque não seria fácil acreditar imediatamente que cada um de nós estava, na verdade, em todas as partes do universo. Confesso que não pude supor logo d'entrada que o papel de que seríamos incumbidos cá na terra fosse precisamente o mais importante de todos.

Ainda ontem o universo me parecia um gigante colossal capaz de me atropelar sem querer; e enquanto eu procurava a maneira de não ficar espezinhado p'lo gigante, quem poderia, Mãe, ter-me convencido de que éramos nós-próprios o gigante?

Todas as coisas do universo aonde, por tanto tempo, me procurei, são as mesmas que encontrei dentro do peito no fim da viagem que fiz pelo universo.

III PARTE

O REGRESSO
OU
O HOMEM SENTADO

Ao Joaquim Graça

A FLOR

> *– Je travaille tant que je peux et le mieux que je peux, toute la journée. Je donne toute ma mesure, tous mes moyens. Et après, si ce que j'ai fait n'est pas bon, je n'ensuis plus responsable; c'est que je ne peux vraiement pas faire mieux.*
>
> HENRI MATISSE

Pede-se a uma criança. Desenhe uma flor! Dá-se-lhe papel e lápis. A criança vai sentar-se no outro canto da sala onde não há mais ninguém.

Passado algum tempo o papel está cheio de linhas. Umas numa direção, outras noutras; umas mais carregadas, outras mais leves; umas mais fáceis, outras mais custosas. A criança quis tanta força em certas linhas que o papel quase que não resistiu.

Outras eram tão delicadas que apenas o peso do lápis já era demais.

Depois a criança vem mostrar essas linhas às pessoas: Uma flor!

As pessoas não acham parecidas estas linhas com as de uma flor!

Contudo, a palavra flor andou por dentro da criança, da cabeça para o coração e do coração para a cabeça, à procura das linhas com que se faz uma flor, e a criança pôs no papel algumas dessas linhas, ou todas. Talvez as tivesse posto fora dos seus lugares, mas, são aquelas as linhas com que Deus faz uma flor!

ACERCA DA PINTURA DE CÉZANNE E DE MATISSE:

"Elle vous donne la sécurité."
CHARLES PÉQUIN

Sécurité – M.f. (lat. securitas) Confiance,
tranquilité d'esprit resultant de l'idée qu'il
n'y a de péril à craindre: l'industrie a besoin
de sécurité.
PETIT LAROUSSE

A MINHA VEZ

Tu separeras la terre du feu, le subtil de
l'épais – doucement – avec grande industrie.
HERMES TRIMEGISTA

O desenho das crianças é como o das pessoas que não sabem desenhar – ambos dizem, mas não sabem o que dizem. Não sabem desembaraçar as linhas de uma coisa das linhas das outras coisas que veem ao mesmo tempo dentro da mesma palavra. A prova é que não são capazes de imitar o que da primeira vez lhes escorregou do corpo pela mão para o papel.

Eu-próprio, apenas agora começo a saber recordar o que foram os meus desenhos de há dez e vinte anos, quando fiz uns traços em pedaços de papéis que guardaram.

Escuto estes desenhos como a um homem do campo que diz, sem querer, coisas mais importantes do que o que está a contar, e que põe tudo à mostra sem dar por isso. Através destes desenhos sigo grafologicamente o meu instinto à espera da minha vontade, – a minha querida ignorância a aquecer ao sol e a transformar-se na minha vez cá na terra.

FIM DA TERCEIRA PARTE

152 ❧ POESIA É CRIAÇÃO

Uma Frase que Sobejou

Quando copiei pela última vez *A Invenção do Dia Claro*, sobejou uma frase que não me recordo a que alturas pertence. A frase é esta:

"Há sistemas para todas as coisas que nos ajudam a saber amar, só não há sistemas para saber amar!"

NOTA – Seguem-se as démarches para a Invenção. Foi-nos completamente impossível incluir na presente edição as démarches. No entanto, reproduzimos como specimen a mais antiga de todas para que o leitor se convença do seu interesse quotidiano e imediato. Nesta, como em todas as outras démarches para a Invenção é flagrante a maneira como se representa a fortuna que nos rodeia todos os dias.

A Verdade

Je ne crois que les histoires dont les témoins se feraient égorger!

PASCAL, *Pensées*.

Eu tinha chegado tarde à escola. O mestre quis, por força, saber por quê. E eu tive que dizer: Mestre! quando saí de casa tomei um carro para vir mais depressa mas, por infelicidade, diante do carro caiu um cavalo com um ataque que durou muito tempo.

O mestre zangou-se comigo: Não minta! Diga a verdade!

E eu tive de dizer: Mestre! Quando saí de casa… minha mãe tinha um irmão no estrangeiro e, por infelicidade, morreu ontem de repente e nós ficamos de luto carregado.

O mestre ainda se zangou mais comigo: Não minta! Diga a verdade!!

E eu tive de dizer: Mestre! Quando saí de casa… estava a pensar no irmão de minha mãe que está no estrangeiro há tantos anos, sem escrever. Ora isto ainda é pior do que se ele tivesse morrido de repente porque nós não sabemos se estamos de luto carregado ou não.

Então o mestre perdeu a cabeça comigo: Não minta, ouviu? Diga a verdade, já lho disse!

Fiquei muito tempo calado. De repente, não sei o que me passou pela cabeça que acreditei que o mestre queria efetivamente que lhe dissesse a verdade. E, criança como eu era, pus todo o peso do corpo em cima das pontas dos pés, e com o coração à solta confessei a verdade: Mestre! Antes de chegar à Escola há uma casa que vende bonecas. Na montra estava uma boneca vestida de cor-de-rosa! Mestre! A boneca estava vestida de cor-de-rosa! A boneca tinha a pele de cera. Como as meninas! A boneca tinha os olhos de vidro. Como as meninas! A boneca tinha as tranças caídas. Como as meninas! A boneca tinha os dedos finos. Como as meninas! Mestre! A boneca tinha os dedos finos...

O HOMEM QUE NÃO SABE ESCREVER

O maior desgosto de Domingos Dias Santos era não saber escrever. A sua vida estava cheia de desgostos, mas todos se resumiam em um único – não saber escrever.

Domingos Dias Santos, mais conhecido pelo Domingos, ou o Dias, ou ainda o Santos, só, sem mais nada, era natural da rua do Alecrim. Tinha a instrução primária, o curso dos liceus, com sexto e sétimo de letras, depois Coimbra até ao fim, com três anos a mais, e não sabia escrever – o seu desgosto.

Tendo feito um exame seriíssimo de consciência, observou que a única coisa que ele podia ter adquirido nos liceus e universidades era saber escrever, contudo, nem isso, estava exatamente como se tivesse nascido hoje, sem nada.

Tinha lido muito, demais tinha a impressão de ter lido tudo, e, talvez, que fosse isso o que o emperrasse na escrita; mas, o que não havia dúvida nenhuma é que, sempre que se sentia acometido de uma vontade irresistível de escrever e a isso se resolvia, ficava absolutamente vazio só pelo fato de ter pegado na caneta para começar. Será assim a ausência de vocação para escritor? E as hesitações sucediam-se no seu espírito, tão atabalhoadamente, que o pobre Dias já anuncia em nunca mais ter vontades irresistíveis de escrever.

Todas as manhãs dava ordens para que lhe comprassem todos os jornais que há, e lia, um por um, lia todos e parecia-lhe, coitado, que aqueles jornais eram todos escritos por pessoas què, como ele, não sabiam escrever. Então, punha-se a pensar que isto de não saber escrever pode não ser um grande desgosto. E, talvez, que sim; ele é que era um exagerado, aumentava tudo, tudo era para ele motivo de miséria ou de violência, talvez que ele tivesse sofrido por não saber escrever, mais do que a conta do que se deve sofrer por isso.

Domingos Dias Santos nunca tinha pensado assim, sentia-se ousado em julgar mal escritos tantos jornais, revistas e livros assinados por tanta gente de acordo. Já não era a primeira vez que ele se reconhecia tão forte quando estava sozinho a julgar os outros. O pior era, sem

∽ 155

dúvida, quando ele deixava de estar sozinho e vinha ter com os outros, estes tinham maneiras tão diferentes e tão legítimas, que o pobre Domingos ficava completamente vazio, tal qual como quando pegava na pena para escrever.

– Nada, aqui há de haver saída por força! pensava o Dias com a cabeça o mais para diante possível, e prometeu a si próprio não largar dentre mãos o assunto, até que a cabeça já não pudesse mais.

Naquela noite, depois do jantar, Domingos não saiu. Tinha comprado um frasco de tinta inglesa, um caderno de papel, caneta, três aparos, uma folha de mata-borrão e um pacote de velas de estearina. Fechou a porta à chave e sentou-se claramente para escrever.

A primeira surpresa foi o assunto: Domingos observou que tinha comprado tudo o que é necessário para escrever, mas faltava-lhe o assunto. Tinha-se esquecido do assunto; não pode uma pessoa lembrar-se de tudo, nem admira, a primeira vez... E o assunto não vinha. Havia umas palavras que apareciam em cima de textos por escrever, palavras impressas em letras maiores, distintas, mas estas palavras sofriam de falta de novidade, estavam cansadas de servir de título a tantos, que precisam de ganhar dinheiro para levar para casa, coitados.

Mas, naquela noite, Domingos estava plenamente resolvido a dar um passo em frente, desse lá por onde desse. Hesitou imenso se deveria começar por uma dissertação sobre o outono, ou por uma apologia da humildade, ou outra escolha ainda mais feliz, em que ele caísse de seguida na simpatia de certa gente de gosto. Mas, de repente, veio ao de cima uma revolta. Não! isto é contemporizar, eu sou eu, se aceito os outros, tais quais o são, também exijo que me reconheçam, e optou por uma tirada de sinceridades individuais e regionalistas, que não podiam, portanto, deixar de ser originais. Começou logo a apertar os nervos na direção de sinceridade, e a perguntar a si próprio o que ele conhecia e o que sabia, conseguiu ir tão longe por essa divagação de apuro, que acertou consigo, ali sozinho na água-furtada da rua do Alecrim, sua terra natal. Pobre regionalismo este, nem ao menos tinha nascido, para glória da literatura, lá em terras de províncias afastadas, aonde se fala arrevesado e antigo, tão antigo, que já está na última, já quase que

O TEMPO DO MODERNISMO 157

não serve. Pois a quem podia interessar a vida de um Domingos numa água-furtada da rua do Alecrim? Não há dúvida, para ser escritor é necessário ter frequentado uma paisagem decente ou um panorama vistoso; não é agora um esconso destes, que pode dar novidades ao mundo!

Domingos estava farto de molhar o aparo no tinteiro e o papel continuava branco, da loja. Que difícil que é dar um passo em frente!

Depois, constatou que, talvez, estivesse a forçar-se mal, porque ele pretendia, por sinceridade, apenas, o realismo, quando é verdade que a sinceridade não põe em nada de lado a imaginação. E, então, a cabeça deu um salto bestial dali, da água-furtada, para as paragens bíblicas e outras, que, talvez, nem houvesse. Esboçou entusiasticamente a descrição da passagem do Nilo pelas tropas do Faraó, com os pormenores todos, tais quais, mas, antes mesmo de começar a escrever, reconheceu-se sem dados bastantes, não só para atingir a temperatura do Egito por aquelas idades, antes de Cristo, como também para manter um certo rigoroso de indumentária e História, sem as quais ninguém seria suscetível de convencimento. Até que enfim, já tinha um assunto, este do Egito, era só questão de amanhã ir consultar a biblioteca. Ficava decididamente para amanhã.

Em todo o caso, podia ir ganhando tempo, exercitando-se em pequenos detalhes e, para facilidade de técnica, mesmo para não ficar muito feito, mais espontâneo. O quarto estava cheio de fumo. Foi pôr a janela de par em par. O Tejo pareceu-lhe o Nilo Verde. Tomou uma atitude de faraó, e todo aquele panorama da Ribeira do Tejo sujeitava-se noturnamente à imaginação crescente. Várias vezes já, tinha-se precipitado sobre a mesa para escrever grandes imagens literárias de que ele próprio ficava admirado de terem sido da ideia dele, mas de todas estas vezes, como uma sina, como uma maldição, o papel continuava branco, como na loja.

Todas as recordações do Egito do terceiro ano dos liceus estavam sendo feitas condignamente, apenas algumas precipitações de vez em quando, e doutras vezes erros crassos e imperdoáveis, quando, sem o esperar, bateram timidamente à porta do quarto. Não era costume, era quase meia-noite, e a maneira de bater... o que haverá?

158 ∿ POESIA É CRIAÇÃO

– Quem é?

– Dá licença, sr. Domingos?

Era a Rosa, a criada da pensão, que vinha como nunca, longe da mímica atarefada do arranjo dos quartos, como uma pessoa natural, que não está em serviço.

–Venho incomodar?

– Não. O que há?

– Nunca lhe pedi nada ao senhor Domingos... se não fosse muita necessidade, não lhe pedia... mas eu nunca estive na escola... não me ensinaram os números e as letras... escrevia uma carta ao meu rapaz, sr. Domingos?

Domingos Dias Santos disse que sim, sentou-se, e esperou que ela ditasse:

– Meu querido João do coração,

Estimo que ao receberes esta te vá encontrar de boa saúde em companhia da tua mãe e da tua irmã a quem mando muitas e muitas saudades. Dá também saudades minhas à minha mãe e diz-lhe que fico bem. Esta tem por fim dizer-te que ainda não me esqueci de ti e que vou depressa para a terra com saudades do meu querido João do coração.

Pede o carro emprestado ao primo Isidro e vai-me esperar à estação com o carro quando eu to mandar dizer. Mais te tenho a contar que não é preciso nada eu estar aqui e fico só para acabar o mês.

Tua querida Rosa do coração e saudades.

Envelope:

João Firmino da Rosa. – Moinhos da Charneca. – Fátima.

 # O KÁGADO

(Aos portugueses, meus compatriotas.)

Havia um homem que era muito senhor da sua vontade. Andava às vezes sozinho pelas estradas a passear. Por uma destas vezes viu no meio da estrada um animal que parecia não vir a propósito – um kágado.

O homem que era muito senhor da sua vontade, nunca tinha visto um kágado, contudo, agora estava a acreditar. Acercou-se mais e viu com os olhos da cara que aquilo era, na verdade, o tal kágado da zoologia.

O homem que era muito senhor da sua vontade ficou radiante, já tinha novidades para contar ao almoço, e deitou a correr para casa. A meio caminho pensou que a família era capaz de não aceitar a novidade por não trazer o kágado com ele, e parou de repente. Como era muito senhor da sua vontade não poderia suportar que a família imaginasse que aquilo do kágado era história dele, e voltou atrás. Quando chegou perto do tal sítio, o kágado, que já tinha ficado desconfiado da primeira vez, enfiou buraco abaixo, como quem não quer a coisa.

O homem que era muito senhor da sua vontade pôs-se a espreitar para dentro e depois de muito espreitar não conseguiu ver senão o que se pode ver para dentro dos buracos, isto é, muito escuro. De kágado, nada. Meteu a mão com cautela e nada; a seguir até ao cotovelo e nada, por fim o braço todo e nada. Tinham sido experimentadas todas as cautelas e os recursos naturais de que um homem dispõe até ao comprimento do braço e nada.

Então foi buscar auxílio a uma vara compridíssima, que nem é habitual em varas haver assim tão compridas, enfiou-a pelo buraco abaixo mas o kágado morava ainda muito mais lá pro fundo. Quando largou a vara ela foi por ali abaixo, exatamente como uma vara perdida.

Depois de estudar novas maneiras a ofensiva ficou de fato submetida a nova orientação. Havia um grande tanque de lavadeiras a dois passos e, ao lado do tanque estava um bom balde dos maiores que há. Mergulhou o balde no tanque e, cheio até mais não, despejou-o inteiro para dentro do buraco do kágado. Um balde só já ele sabia que não bastava, nem dez, mas quando chegou a noventa e oito baldes, e que já faltavam só dois para cem, e que a água não havia meio de vir ao de cima, o homem que era muito senhor da sua vontade pôs-se a pensar em toda a espécie de buracos que possa haver.

– E se eu não dissesse à minha família que tinha visto o kágado? Pensava para si o homem que era muito senhor da sua vontade. Mas, não! Toda a gente pode pensar assim menos eu, que sou muito senhor da minha vontade.

O maldito sol também não ajudava nada. Talvez que fosse melhor não dizer nada do kágado ao almoço. A pensar se sim ou não, os seus passos dirigiam-se involuntariamente para as horas de almoçar.

– Já não se trata de eu ser um incompreendido com a história do kágado, não, agora trata-se apenas da minha força de vontade. É a minha força de vontade que está em prova, esta é a ocasião propícia, não percamos tempo! nada de fraquezas!

Ao lado do buraco havia uma pá de ferro, destas dos trabalhadores rurais. Pegou da pá e pôs-se a desfazer o buraco. A primeira pazada de terra, a segunda, a terceira, e era uma maravilha contemplar aquele desempenho, aquela majestosa virilidade que punha os nossos olhos em presença do mais eficaz testemunho da tenacidade, depois dos antigos. Na verdade, de cada vez que enfiava a pá pela terra, com fé, com robustez, e sem outras intenções a mais, via-se perfeitamente que estava ali uma vontade inteira; e ainda que seja cientificamente impossível que a Terra rachasse de cada vez que ele lhe metia a pá, contudo, era indiscutivelmente esta a impressão que dava.

Ah não! Não era um vulgar trabalhador rural! Via-se perfeitamente que era alguém muito senhor da sua vontade e que estava ali por acaso, por imposição própria, contrafeito, por necessidade, por necessidade do espírito, por outras razões diferentes das dos trabalhadores rurais, no cumprimento de um dever, um dever importante, uma questão de vida ou de morte – a vontade.

Já estava na nonagésima nona pazada de terra, sem afrouxar, com o mesmo ímpeto da inicial, já completamente indiferente por um almoço a menos. Fosse ou não por um kágado a humanidade iria ver solidificada a vontade de um homem.

A mil metros de profundidade a pino, o homem que era muito senhor da sua vontade foi surpreendido por dolorosa dúvida – não tinha bem a certeza se já era a quinquagésima milionésima octogésima terceira pazada se a quinquagésima milionésima octogésima quarta. Era impossível recomeçar, mais valia perder uma pazada.

Até ali não havia indícios, nem da passagem, da vara, da água ou do kágado. Tudo fazia crer que se tratava de um buraco supérfluo; contudo, o homem que era muito senhor da sua vontade sabia que tinha de haver-se frente a frente com todas as más impressões. De fato, se aquela tarefa não houvesse de ser árdua e difícil, também a vontade não podia resultar superlativamente duraz e precisa.

Todas as noções de tempo e de espaço, e as outras noções pelas quais um homem constata o quotidiano, foram todas, uma por uma, dispensadas de participar no esburacamento. Agora, que os músculos disciplinados num ritmo único estavam feitos ao que se lhes pedia, eram desnecessários todos os raciocínios e outros arabescos cerebrais, não havia outra necessidade além da dos próprios músculos.

Umas vezes a terra era mais capaz de se deixar furar por causa das grandes camadas de areia e de lama, todavia, estas facilidades ficavam bem subtraídas quando acontecia ser a altura de atravessar alguma dessas rochas gigantescas que há no subsolo. Sem incitamento nem estímulo possível por aquelas paragens, é absolutamente indispensável recordar a decisão com que o homem muito senhor da sua vontade pegou ao princípio na pá do trabalhador rural para justificarmos a intensidade e a duração desta perseverança. Inclusive, a própria descoberta do centro da Terra, que tão bem podia servir de regozijo ao que se aventura pelas entranhas do nosso planeta, passou infelizmente despercebida ao homem que era muito senhor da sua vontade. O buraco do kágado era efetivamente interminável. Por mais que se avançasse, o buraco continuava ainda e sempre. Só assim se explica ser tão rara a presença de kágados à superfície: devido à extensão dos corredores desde a porta da rua até aos aposentos propriamente ditos.

Entretanto, cá em cima na terra, a família do homem que era muito senhor da sua vontade, tendo começado por o ter dado por desaparecido, optara, por último, pelo luto carregado, não consentindo a entrada no quarto onde ele costumava dormir todas as noites.

Até que uma vez, quando ele já não acreditava no fim das covas, já não havia, de fato, mais continuação daquele buraco, parava exatamente ali, sem apoteose, sem comemoração, sem vitória, exatamente como um simples buraco de estrada aonde se vê o fundo ao sol. Enfim, naquele sítio nem a revolta servia para nada. Caindo em si, o homem que era muito senhor da sua vontade pediu-se decisões, novas decisões, outras; mas ali não havia nada a fazer, tinha esquecido tudo, estava despegado de todas as coisas, só lhe restava saber cavar com uma pá. Tinha, sobretudo, muito sono, lembrou-se da cama com lençóis, travesseiro e almofada fofa, tão longe! maldita pá! o kágado! e deu com a pá com força no fundo da cova. Mas a pá safou-se-lhe das mãos e foi mais fundo do que ele supunha, deixando uma greta aberta por onde entrava uma coisa de que ele já se tinha esquecido há tanto tempo – a luz do sol. A primeira sensação foi de alegria, mas durou apenas uns segundos, a segunda foi de assombro: Teria, na verdade, furado a Terra de lado a lado?

Para certificar-se alargou a greta com as unhas e espreitou para fora. Era um país estrangeiro, muito estrangeiro; homens, mulheres, árvores, montes e casas tinham outras proporções diferentes das que ele tinha memória. O sol também não era o mesmo, não era amarelo, era de cobre cheio de azebre e fazia barulho nos reflexos. Mas a sensação mais estranha ainda estava para vir, foi que, quando quis sair da cova, julgava que ficava em pé em cima do chão como os habitantes daquele país estrangeiro, mas a verdade é que a única maneira dele poder ver as coisas naturalmente, era pôr-se de pernas para o ar.

O TEMPO DO MODERNISMO ∿ 163

Como tinha muita sede resolveu ir beber água ali ao pé, e teve de ir de mãos no chão e o corpo a fazer o pino porque de pé subia-lhe o sangue à cabeça. Então, começou a ver que não tinha nada a esperar daquele país onde nem sequer se falava com a boca, falava-se com o nariz.

Vieram-lhe de uma vez todas as saudades da casa, da família e do quarto de dormir. Felizmente estava aberto o caminho até casa, fora ele próprio quem o abrira com uma pá de ferro. Resolveu-se. Começou a andar o buraco todo ao contrário. Andou, andou, andou; subiu, subiu, subiu.

Quando chegou cá acima, ao lado do buraco estava uma coisa que não havia antigamente – o maior monte da Europa, feito por ele, aos poucochinhos, às pazadas de terra, uma por uma, até ficar enorme, colossal, sem querer, o maior monte da Europa.

Este monte não deixava ver nem a cidade onde estava a casa da família, nem a estrada que dava para a cidade, nem os arredores da cidade, que faziam um belo panorama. O monte estava por cima disto tudo e de muito mais.

O homem que era muito senhor da sua vontade estava cansadíssimo por ter feito duas vezes o diâmetro da Terra. Apetecia-lhe ir dormir na sua querida cama, mas para isso era necessário tirar aquele monte maior da Europa de cima da cidade onde estava a casa da sua família. Então, foi buscar outra pá dos trabalhadores rurais e começou logo a desfazer o monte maior da Europa. Foi restituindo à Terra uma por uma todas as pazadas com que a tinha esburacado de lado a lado. Começavam já a aparecer as cruzes das torres, os telhados das casas, os cumes dos montes naturais, a casa da sua família, muita gente suja de terra, por ter estado soterrada, outros que ficaram aleijados, e o resto como dantes.

O homem que era muito senhor da sua vontade já podia entrar em casa para descansar, mas quis mais, quis restituir à terra todas as pazadas, todas. Faltavam poucas, algumas dúzias apenas. Já agora valia a pena fazer tudo bem até ao fim. Quando já era a última pazada de terra que ele ia meter no buraco, portanto, a primeira que ele tinha tirado ao princípio, reparou que o torrão estava a mexer por si, sem ninguém lhe tocar; curioso, quis ver porque era – era o kágado.

MODERNISMO

Nem pessimista nem otimista; não há
mal-entendidos entre a Vida e Eu!

Minhas Senhoras e meus Senhores:

Não é costume começar uma conferência pela data e pelo local nos quais ela se realiza. Porém, sou eu o conferente e não prescindo destas duas condições. O local e a data são importantíssimos para as palavras que vou dizer. O lugar onde nos encontramos neste momento é mais vasto que este edifício e chama-se mundialmente Portugal. Nós estamos naquela nesga de terra ocidental a qual é a única razão de não ser toda espanhola a Península Ibérica. Nós estamos precisamente naquela faixa de terra que é a grande e única razão da bandeira vermelha, amarela e vermelha ser mais curta e não cobrir completamente a superfície total da nossa península. Nós estamos precisamente naquele pedaço de terra ibérica que sobejou do tamanho da bandeira espanhola. E por sermos desta terra e por termos seguido daqui em todas as direções, somos conhecidos em todo o mundo como portugueses.

Sou o primeiro a reconhecer que não dou novidade a ninguém dizendo aos que são de Portugal que se chamam Portugueses. Porém, sou o primeiro a reparar que vai ser grande a surpresa quando lhes disser a data, a quantos estamos hoje.

Nós estamos precisamente no século XX.

Há vinte e seis anos quase feitos que nós estamos em pleno século XX! Nós? Quem? Portugal? Não. Portugal não. Nós estamos com efeito no século XX apenas pelo fato de fazermos parte da humanidade atual, mas não pela razão de termos nascido em Portugal. Pois é precisamente o conflito entre a nossa terra e a época em que viemos a este mundo que nos leva a mencionar a data e o lugar desta conferência.

A humanidade inteira, incluindo os Portugueses, está no século XX, contudo, Portugal não está ao lado da humanidade atual.

$\sim$ 165

Por quê? Não é a nós a quem compete responder. Nós apenas soubemos já verificar que Portugal não está no século XX. E desejamos agora tão somente frisar a nossa dificuldade em ligar as ideias para esta conferência onde o local quase não diz respeito à data em que podem ser proferidas palavras nossas e de hoje.

Antes de mais nada, tendo-me referido ao conflito, ao quase antagonismo, ao evidente desacerto entre o local e a data, e desconhecendo francamente a causa que não me compete indagar desse desacerto, não ignoro contudo nem que esse mal existe, nem tampouco que não é de maneira nenhuma recente. Pelo contrário, é visível que o mal vem de muito longe. De tão longe que já nem vivem sequer os herdeiros dessas culpas. Hoje existem já os novos culpados desse mal que vem de muito longe.

Quando no final da nossa segunda dinastia perdemos de repente em Alcácer-Kibir a dianteira do mundo, nós ficamos despistados para sempre. Era profundamente doloroso para o nosso orgulho o reconhecermos que de repente perdíamos a dianteira do mundo. Mas o mal não foi esse, foi outro. O nosso mal comum não vem de termos perdido em Alcácer-Kibir a dianteira do mundo, mas sim de termos depois de isso perdido o passo na marcha geral da humanidade.

Alcácer-Kibir é a honra, o gesto final de uma dinastia inteira em todos os seus feitos e nos quais não pretende senão dar às gerações futuras o exemplo formidável da vontade unânime de uma nação. Os destinos cruéis deram-nos a seguir três reis estrangeiros que passaram depressa quando chegou o dia 1º de dezembro de 1640, e foi desde então que os Portugueses começaram efetivamente a dar mostras de que se esqueciam do significado da nossa melhor gente reunida em Alcácer-Kibir.

Nós não compreendemos bem a nossa tradição que é uma única desde Ourique até Alcácer-Kibir, nem estamos todos de acordo na maneira como decididamente nos falaram os Afonsinos e os de Avis. E a verdade é que, desde Alcácer-Kibir até hoje os mais persistentes dos portugueses (honra lhes seja feita) foram os sebastianistas. Esses que para serem inteiramente coerentes com as suas ideias e a sua perseve-

166 ∿ POESIA É CRIAÇÃO

rante lealdade deviam afinal andar vestidos exatamente como no retrato de D. Sebastião. Porque os nossos portuguesíssimos sebastianistas confundem tremendamente o que D. Sebastião disse aos portugueses reunidos em Alcácer-Kibir. D. Sebastião não disse tal: Esperem por mim que eu hei de voltar um dia. O que El-rei nos disse a todos nós e para que nós o ouvíssemos de uma vez para sempre foi: Rapazes! Façam como eu! Eu sou o Rei! Eu dou o exemplo: dou a vida pela nossa pátria!

E é esta, minhas Senhoras e meus Senhores, a tradição da raça portuguesa: Dar a vida pela pátria!!

Mas a realidade é uma outra: desde que perdemos numa tarde a dianteira do mundo, desde então, nunca mais nós os portugueses estivemos *à la page*! Há mais de quatro séculos que estamos na Europa física e sem autoridade na Europa política. Há mais de quatro séculos somos uma potência apenas na troca de diplomatas com as outras nações. Há mais de quatro séculos depois das Descobertas marítimas dos Portugueses, deixou de haver correspondência entre as empresas dos nossos antepassados e os seus descendentes.

E durante mais de quatro séculos as descobertas marítimas dos portugueses mais do que a Portugal pertencem ao século XV: a esse século genuinamente português.

Em vez de seguirmos o admirável exemplo dos nossos antepassados que inventaram os dias do século XV, que foram eles próprios os criadores da própria época em que viveram, que foram os primeiros inovadores de toda a ação do ocidente, os modernistas da expansão europeia; em vez de lhes seguirmos o exemplo da coragem, da argúcia, da temeridade e de quantas virtudes que assombraram e acordaram o mundo inteiro, e lhe ensinaram novas coisas e novos caminhos; enquanto o resto da Europa compreendeu perfeitamente o alcance dos feitos dos nossos antepassados e procedeu como se fosse também seu legítimo herdeiro, nós os Portugueses, os seus legítimos herdeiros, acabamos afinal por sermos o primeiro povo da Europa a esquecer a política ocidental magistralmente iniciada pelos nossos avós. Será em verdade o Destino tão irônico como parece? Portugal que foi quem iniciou o mundo moderno é o único país do Ocidente que não está *à la page*!

É a segunda vez que aqui emprego esta expressão francesa, e porque é estrangeira e também por não ser acadêmica, parece que devo traduzi-la: *À la page* é, em calão decente, sinônimo de não estar ao corrente, não estar em dia com as coisas que acontecem e são do conhecimento geral. Ora esta expressão é sobremaneira aplicável a Portugal, que não tem das coisas atuais uma noção mais perfeita do que das passadas outrora com os nossos antepassados e das quais, portanto, não sabe retirar o ensinamento próprio. E não sabe porque Portugal não está no presente nem está no passado. Ou melhor, Portugal, a nação dos portugueses, existe de fato, mas apenas na tradição das nossas duas primeiras dinastias.

Portugal não está no passado porque os portugueses só os há hoje aqui no século XX e também não está no presente porque, apesar de já estarmos no século XX, a ideia da nação ficou realmente lá onde acabou a segunda dinastia. Aqui no século XX os portugueses não fazem a mínima ideia do que seja uma nação, um conjunto nacional, um pensamento comum, uma vontade unânime, nada, absolutamente nada que seja forçosamente coletivo.

A nação está incompetente para utilizar os valores dos seus súditos, esses valores que por vezes são competências universais e que, por culpa da nação, ficam separados da utilidade comum ou mal aproveitados. A nação não pode nem sabe garantir o desenvolvimento natural e legítimo de cada um dos seus súditos, quando não é ela a própria que imprudentemente esmaga as capacidades individuais dos portugueses. E se em verdade a nação não despreza os valores e capacidades particulares faz pior do que isso: não os sabe utilizar. Sistematizada, burocratizada, a nação perdeu a flexibilidade necessária para permitir o desenvolvimento das classes e profissões. Todos os obstáculos, todos os atritos, estão sistemática, burocraticamente organizados numa barreira inexpugnável para derrotar sem piedade a mais corajosa e a melhor das iniciativas. E não se confunde aqui obstáculos e atritos com dificuldades a vencer, problemas a resolver; não, não se confunde. Uma coisa é uma administração negativa, outra coisa é uma subida difícil. E aqui não se trata de uma subida difícil, trata-se simplesmente de administração negativa. Não é um caminho cheio de exigências mas honroso que a nação põe diante dos nossos olhos, mas muito simplesmente o impossível. Nenhum de nós tem receio do que seja custoso e difícil desde o momento que dependa de nós apenas vencer o difícil e o custoso; mas se a toda a hora e a todo o momento não temos diante de nós senão o impossível acabamos finalmente por ficarmos convencidos. Mas qual é afinal esse impossível? Qual é? É viver! É de viver que se trata. E é viver o que é impossível em Portugal.

Nesse caso, dir-me-ão: Se é impossível viver aqui em Portugal vai-se para o estrangeiro. Não há dúvida, era uma solução. Era mesmo a única. Simplesmente também é impossível. Só não é impossível para essa chusma de desgraçados que vieram a este mundo para não saberem nunca nada de nada, essas levas de degredados sem escolta, os quais abandonaram as terras ingratas onde nasceram e trabalharam e que, derrotados pela realidade e cheios de razão, vão para longe à procura de terras estranhas mas mais leais do que as da sua própria Pátria; mas para nós, para aqueles a quem a vida apontou uma consciência dentro de nós é impossível esse remédio salvador. Nós ficamos! Nós ficamos aqui para tentar destruir o Impossível em Portugal!

E agora que já foram mencionados o local, a data, e o estado de espírito da nossa terra, vou começar a minha conferência.

Dedico-a à memória dos pintores Amadeo de Souza-Cardoso e Guilherme de Santa Rita, inspiradores, queridos e leais companheiros.

* * *

Quando, no fim do ano letivo de 1910-1911 terminei o curso dos liceus e saí do Colégio para onde fui interno desde a idade dos seis anos, vi pela primeira vez diante de mim uma única coisa e da qual ninguém me tinha falado. Essa única coisa que estava diante de mim era a vida, a realidade da vida. Antes de eu chegar a vê-la pela primeira vez nunca ninguém se lembrou de me prevenir de que ela surgiria um dia pela minha frente. Com certeza que se esqueceram de me avisar porque não creio que os mestres e os amigos desejassem o meu mal. Mas a verdade é que, de um dia para outro, eu tinha sido posto de repente, nem mais nem menos, do que na realidade deste mundo, essa perigosa surpresa para quem tenha apenas o curso dos liceus. Não me foi necessário muito tempo para perceber que não havia afinal ligação possível entre o meu curso e a realidade da vida que estava na minha frente, de modo que não tive outro remédio senão dar por escusados aqueles dez anos consecutivos que levei a estudar metido no colégio. O pior era a vida que estava agora mesmo na minha frente. Ora eu lembrei-me de que gastei mais três anos do que os necessários para os sete dos liceus. A explicação era a de ter sido inúmeras vezes apanhado em flagrante pelos professores a fazer bonecos nas aulas, às escondidas. Muita descompostura, muito tabefe, muito castigo eu tive por causa dos malditos bonecos! Mas a verdade é que uma vez chegado à vida a minha pena foi a de não ter perdido antes sete anos do liceu por causa dos três anos de bonecos! Na realidade eu não entendia o espírito nem a alegria senão através da Arte, palavra da minha muita simpatia e a qual, por isso mesmo sempre me mereceu um A grande. Desde pequeno e especialmente desde que terminei o liceu tudo o que não fosse Arte não era comigo, era com os outros. O Comércio, a Ciência e todas essas coisas que também se escrevem começadas por maiúsculas eram-me todas interditas.

A Arte não, a Arte era para mim. De modo que diante das sete portas por onde se entra para a vida eu enfiei sem hesitação por aquela que tinha em cima estas quatro letras A, R, T, E. Só depois de entrar é que reparei que, apesar de se nascer artista como se nasce com os cabelos encaracolados ou de olhos azuis, a Arte tinha ainda muito que se lhe dissesse e sobretudo Ela que dizer aos artistas natos.

Em todo o caso, mesmo antevendo futuras dificuldades. V. Ex.ªs não supõem a minha alegria quando reparei que eu era um artista nato. E foi com essa alegria que fui à procura de outros que em Arte soubessem mais do que eu. Não me seria difícil encontrá-los, pois que eu tinha entrado pela porta designada e além disso fora eu o último a entrar. Soube então que havia professores oficiais próprios para estes estudos e ensinaram-me onde era a casa onde se aprendia a ver a natureza. Para lá me dirigi. A porta estava aberta e não havia nem soldado nem paisano que dificultasse a entrada a quem quer que fosse. Simplesmente eu não consegui entrar.

Peço-lhes por tudo quanto há que não me perguntem a razão pela qual eu não entrei na Escola de Belas Artes. Eu senti a impressão, ao ver aquela fachada, que tinha de estar outra vez mais dez anos a tirar os sete anos dos liceus. Mas a verdadeira razão pela qual eu lá não entrei, essa não a digo porque não tenho interesse especial em ferir aqueles que por lá passaram.

Depois disso conheci pouco a pouco toda essa multidão que entrou na vida por aquela porta que tem Arte escrito em cima. Por último, eu julgava já ter-me enganado de porta e ter metido pela do Comércio ou por outra qualquer menos a da Arte. Porém, não era eu que me tinha enganado de porta, eram eles. Há efetivamente muita gente que não necessita do balcão para fazer comércio. Está-lhes na massa do sangue.

Ora eu que julgava que era um artista nato e por isso entrei curioso já maravilhado por aquela porta que dizia Arte, quando vi os balcões invisíveis dos senhores que tiveram o descaramento de entrar pela porta dos artistas; eu teria morrido nesse instante de decepção, se a minha fé fosse suscetível de ser perturbada mais do que por um instante.

Nesta altura peço espaço para uma advertência: o fato de o artista não se governar com a sua arte não é o bastante para decidir que ele não seja ambicioso. E se o artista tem a compensação da sua arte não será apenas por isto que pode ser acusado de fazer negócio.

O caso é outro. Trata-se apenas de ser artista ou de não merecer esse título. Não cuide o público que parto do princípio de que sou um artista nato, não. Isso era apenas na história que se estava a contar. Era a convicção de um pobre rapaz que se vê pela primeira vez diante da vida. Por conseguinte, a convicção de um verdadeiro ingênuo. Se eu sou ou não um artista, de nada me interessa no presente caso. O que me ocupa neste momento é apenas saber quais sejam os que pensam chamar-se artistas. E não peço a opinião do público por saber de antemão que não saberia responder-me fora de influências. Adiante.

A evolução das artes em geral não deixou uma só vez de seguir o seu caminho desde os tempos primitivos até para cá do próprio cubismo. Mas em todas as épocas, cingido cada artista na expressão, na moda do seu tempo, houve uns mais cientes do que outros acerca dos próprios dias em que viveram.

Chegam até nós significativos autores de outras épocas, os quais, sem entendimento algum da ligação do pensamento humano com o Passado e o Futuro servem contudo, para dar com precisão o estilo do século em que viram o mundo. Estes fizeram apenas o mesmo que o personagem de Musset em *Une Confession d'un Enfant du Siècle*.

Isto é, fizeram parte do século mas não da humanidade, e por conseguinte também não da Arte. Sem a humanidade não existe nada neste mundo, nem a Arte.

Ora o século XX não tem nem por sombra equivalente nos outros séculos a respeito do brio em criar o próprio estilo. Parece uma questão de vida ou de morte. De tal maneira isto é geral e notório que nunca houve como hoje *des enfants du siècle*.

Dir-se-ia até que cada um procura sê-lo. É a doença do nosso século. Mas agora pergunta-se: será acaso mais difícil pertencer ao século que à humanidade?

A resposta é facílima: está claro que não. Então por que é que toda essa gente anda com tanto medo de não pertencer ao seu século? A resposta é só esta: Coitados! Pois foi a estes que eu ouvi aquela frase que não deve ser estranha aos ouvidos de ninguém: "eu não vivo nem trabalho para a posteridade"! Não há dúvida, vê-se.

É apenas isso. Isto é, além de egoístas são imprudentes. Como se vê, até aqui ainda não fiz separação alguma entre aqueles que obedecem às regras e os que as não seguem. Começo agora a referir-me. Regras não podem efetivamente deixar de existir. A prova é que elas são discutidas. Nem se discute outra coisa. Simplesmente, uns estão convencidos de que as seguem e aos seus contrários sucede-lhes outro tanto. Não foi outro o entusiasmo que animou o cubismo senão o de obediência à ortodoxia. Quando os acadêmicos foram surpreendidos pela maneira cubista, levaram o público a reagir contra o que eles chamaram a revolta dos bárbaros; contudo, ocultaram-lhe ou não viram que o cubismo erguera-se independente no seio da raça latina e que vinha inspirado pela obra de um pintor latino e católico. Cito Paul Cézanne. E foi então que aconteceu o espantoso: os mais figadais inimigos do cubismo foram os latinos e os seus melhores admiradores os alemães; esses que por tradição de raça são os grandes competidores da civilização meridional! Era natural que assim acontecesse e sobretudo nesta época em que no ocidente pesa a hegemonia tudesca. Em breve, porém, o cubismo foi rodeado pelos técnicos, pelos especialistas e pelos intelectuais, desvirtuado pelos próprios seguidores, mas conseguiu o seu fim: desalojar os acadêmicos da sua incompetência oficial e borrifar o ocidente de gosto europeu.

V. Ex.ᵃˢ sabem, com certeza, o que entre artistas se chama um *pompier*. É um desgraçado que está de tal maneira dentro das regras que não há meio de se livrar delas. Porque as regras não são para serem sabidas de cor mas para servir a quem tenha alguma coisa para dizer.

Em Português, a palavra *pompier* tem uma tradução afastada do vocábulo francês, mas que, nem por isso, altera o sentido. Nós dizemos "botas-de-elástico" em vez de *pompier*, sem dúvida por causa das suscetibilidades corporativas de certa gente. Contudo, eu prefiro *pompier*. Prefiro por causa de uma história passada com Renoir. Um dia Renoir foi instado para ir ver a exposição de um acadêmico, a qual fazia grosso sucesso pelo arrojo das cores e certa novidade no processo de pintar. Caía lá o poder do mundo, atraído pelo barulho das apoteoses que todos os jornais à uma faziam ao feliz expositor. Até que Renoir também lá foi cair na exposição. Alguém que o descobriu na sala foi saber a sua opinião. Renoir disse-lhe francamente:

– "Il est un pompier qui a pris feu."

E foi pouco mais ou menos o que sucedeu a todos os *pompiers*; uns apagaram-se e outros incendiaram-se. Hoje já não deve existir nenhum desses por causa dos quais o *Dicionário da Língua Francesa* foi aumentado com o novo sentido da palavra *pompier*. Simplesmente o novo sentido parece que há de durar.

Desde as consecutivas vitórias dos impressionistas sobre os acadêmicos e depois que o Salão dos Independentes tomou autoridade,

O TEMPO DO MODERNISMO ∿ 173

assente no pensamento da Arte, surgiram de todas as bandas inéditos vencedores daquela guerra que foi heroica e sustentada apenas por uma dezena. De todas as bandas apareciam homens decididos para continuar aquela guerra que, de fato, já tinha terminado. E todos eles traziam flagrante no perfil o terror de serem considerados *pompiers*. O título de "independentes" seduzia-os como artistas. E na verdade, em Arte, a única maneira de cumprir as regras é ser independente. As regras do pensamento universal só as pode encontrar cada um isoladamente.

Para que V. Ex.^{as} melhor entendam o sentido político em Arte, passo a contar-lhes o seguinte caso: fui procurado um dia por um jovem autor espanhol, o qual em nome dos artistas avançados da sua pátria desejava que eu me interessasse pela aproximação dos artistas avançados dos nossos países. Quase imediatamente e sem prejudicar ao de leve a minha simpatia por aquele assunto, respondi: creio não haver relação alguma entre artistas avançados portugueses e espanhóis.

Depois expliquei: a Arte em Espanha não é a mesma coisa do que se passa em Portugal. Se eu fosse espanhol encontraria em Espanha tudo em ordem para cumprir os meus deveres de Artista. O Sr. é que talvez o não saiba apreciar tão bem como nós. Em Portugal o caso é outro. Não há nada. É necessário inventar o próprio meio da Arte. E é por isso que aqui são possíveis e indispensáveis os avançados ou como nos queiram chamar. Quer saber o mais grave: o nosso grupo inicial está reduzido a quatro: um escritor, Fernando Pessoa; um músico, Ruy Coelho; um pintor, Eduardo Viana, e eu. Morreram, um poeta, Mário de Sá-Carneiro; e dois pintores: Guilherme de Santa Rita e Amadeo de Souza-Cardoso.

De começo havia mais entusiasmo do que sentido mas era o que bastava. Com efeito o grupo tomava dia a dia proporções luminosas com revistas literárias, espetáculos, exposições e criou, enfim, uma certa homogeneidade quando nos faltaram quase de repente os três amigos de que eu lhe falei. Sobretudo, os dois pintores os quais conheci intimamente fizeram muita falta. Talvez mais a mim do que ao grupo. Eu contava sobretudo com eles.

Foi por esse tempo que embarquei para França. Em Paris procurei, é claro, os artistas avançados. Fiquei amigo de vários. Mas, e aqui é que bate o ponto, essa convivência com os artistas avançados de Paris foram apenas amizades pessoais.

Não apareceu nunca o motivo que juntasse no mesmo ideal, a minha Arte e a de cada um deles. Isto é, a Arte só por si conseguia apenas tornar-me amigo de cada um deles; nunca pôde juntar-nos aos avançados no mesmo Ideal. Porquê? Porque o nosso Ideal não era o mesmo. A Arte não vive sem a Pátria do artista, aprendi eu isto para sempre no estrangeiro. As nossas pátrias eram diferentes. E escrevi nesses dias a minha muito querida *Histoire du Portugal par Coeur*. Foi então que eu vi que a Arte tinha uma política, uma pátria e que o seu sentido universal existia intimamente ligado a cada país da terra.

No dia 7 de abril de 1920, meu 27º aniversário, cheguei a Portugal. Vinha à procura de Artistas, de amigos que fossem da minha pátria. Porém, durante a minha ausência de dois anos o grupo vivera separado e Lisboa modificou-se de tal maneira nos modos das gentes que não me foi difícil constatar que aquela onda de insolência que eu vira no estrangeiro entrara também em Portugal como uma epidemia. Uma epidemia que não olhava as portas antes de entrar e tanto ia aos casebres como a palácios.

Para me entreter expus uns desenhos meus feitos em Paris. E quando uma manhã entrei na exposição já alguém antes de mim lá tinha ido e escarrado em meia dúzia de originais. Apesar disso encontrei os meus amigos. O que não encontrei foram os artistas avançados. Não os havia, como aqueles estrangeiros que vi em Paris. Não os havia, porque já tinham morrido. E foi então que senti profundamente a falta dos meus dois companheiros mortos. A falta irreparável. Em todo o quase fora da Arte encontrei gente com quem me entendesse. No regresso a Lisboa eu ficara desligado do conjunto da minha pátria exatamente como estivera no estrangeiro durante dois anos. Entretanto, eu buscava camaradas, artistas compatriotas iguais a mim, companheiros leais sem o que a ideia não caminha nem se multiplica. Efetivamente algumas coragens novas e decididas surgiram, pelo menos, com simpatia do nos-

O TEMPO DO MODERNISMO ～ 175

so lado. Aparecia trabalho novo em Portugal. Dir-se-ia que o mesmo valor do nosso primeiro grupo e com novas vontades ressurgia para a luta travada em terras de Portugal. Mas quando chegou o dia de tornar públicos em conjunto os nossos esforços pessoais, aconteceu a desgraça. Apesar do público, a imprensa e a crítica nos tratarem como se efetivamente entre nós houvesse sólidos compromissos e entendimentos para sustentar uma luta contra os inimigos do Sentimento e do Belo, houve alguém que viu que afinal não havia acerca do novo conjunto senão um deplorável equívoco, um mal-entendido sem remédio. Esse alguém que reparou que as novas afirmações não eram senão uma repetição sem o fogo sagrado do aparecimento espontâneo do grupo inicial, uma paródia ridícula mais digna de inimigos do que de seguidores de uma ideia que teve heróis generosos, esse alguém fui eu!

Talvez V. Ex.ªˢ ignorem que muito mais de uma centena de artistas têm-se, por sua espontânea vontade, incluído nas ideias do nosso grupo inicial e acompanhado de perto a ordem dos nossos trabalhos.

E querem V. Ex.ªˢ saber o que acontece?

É que eu que, desde o primeiro dia em que encontrei os meus companheiros no grupo inicial, nunca deixei de ser leal para com eles e sobretudo para com uma ideia que era a de nós todos, sou considerado pelos novos adeptos como desencontrado, pouco firme e até desleal.

Cabe neste momento responder-lhes à desagradável impressão que podem ter a meu respeito: É que eu sou leal para com os meus primeiros companheiros, à nossa ideia que um dia nos juntou a todos sem combinação nem antecedências; é que eu sou leal sobretudo para com a memória dos meus companheiros mortos, esses que por deixarem um dia de pertencer a este mundo iluminaram ainda com mais claridade a nossa ideia. Se alguém julga que sou desleal para com quem quer que seja, advirto-o que me ignora ou está enganado a meu respeito: eu não faço mais do que ser leal para com a nossa ideia, essa que também tinha a lealdade dos meus companheiros. De resto, nem eu nem os meus camaradas ingressamos jamais noutros grupos onde houvesse ideias que não eram a nossa, portanto, quem não souber avaliar a nossa lealdade, é seguramente porque errou ao julgar que devia procurar-nos. Eu não vou tão longe em chamar desleais a todos aqueles que, incomparavelmente mais numerosos do que nós, vieram ter conosco e tiveram por nós menos consideração e camaradagem do que nós tivemos confiança e generosidade em recebê-los na nossa ideia. Em vez de lhes chamarmos desleais, nós constatamos apenas a verdade: não foram desleais, vieram enganados ter conosco. Nós não acusamos, defendemo-nos de falsas acusações. Porque nós nunca demos a entender em público que acompanhávamos aqueles cuja ideia não era afinal a nossa. Ao passo que muitos dos que nos acompanharam foi apenas para o darem a entender em público.

Seria o máximo da ironia que nós os artistas independentes desta geração tivéssemos também cumplicidade nesta marmelada nacional! Por isso mesmo e para que o público não ignore o que nós sabemos desde os primeiros dias do nosso grupo, os artistas independentes não têm nenhumas afirmações a fazerem em conjunto.

Somos artistas independentes, cada qual tem a sua obra e todos a mesma ideia.

A única razão que nos juntou espontaneamente um dia foi a mesma ideia, e é esta só quem nos junta. Cada um de nós tem a autoridade e a responsabilidade da sua Arte e a lealdade da nossa ideia comum. E desafiamos o público nessas exposições de Arte que todos os anos aí se fazem, quer sejam de modernistas ou dos que não tenham essa pretensão, a encontrar-lhes a ideia comum. Dão-se alvíssaras a quem encontrar a ideia nessas exposições de Arte!

Nem ideia, nem sentimento, nem humanidade, nada, absolutamente que seja comum à Arte e ao povo!

* * *

Vou terminar precisamente com as palavras que escrevi em apontamento para esta conferência:

O fato de haver vários artistas à roda de uma mesma maneira, o fato de haver inúmeros políticos filiados num grande partido, o fato de os crentes de uma religião serem a maioria de um país, não quer dizer que a ideia que os junta vá além desses crentes, desses políticos ou desses artistas. Não são essas ideias capazes de reunir alguns as que faltam em Portugal. Falta-nos apenas aquela única que nos reúna a todos nós portugueses, a ideia comum da Nação, essa é que está à espera que nós a vamos buscar pessoalmente a Alcácer-Kibir, aonde a deixamos há quase cinco séculos, *essa luz que de Alcácer há tanto se derrama**. É necessário a todo o custo desentorpecer o estado atual da Nação onde não há vida possível sem uma das três condições impostas: ser jesuíta, judeu ou maçônico. Não! Não é esse o caminho da honra nacional. A maneira de se criar a ideia comum da Nação não é como parece indicado a de fazer adeptos, ou concordantes. Pelo contrário, é necessário não distrair as raras vontades capazes de fazer surgir, e alastrar-se, a ideia comum da Nação, essa que não tem ainda de ser inventada. É necessário que as raras vontades o sejam em verdade e independentes, generosíssimas e decididas. Tão generosas e decididas como a vida breve daqueles nossos três companheiros do grupo inicial e cuja independência foi a bastante para passarem além das ideias intermediárias que formam os grupos e atingirem a da vontade unânime da Nação. Tão generosas e decididas como a vida breve de tantos outros, os quais não temos a honra de incluir no nosso campo, e que também morreram pelas suas ideias, essas que são o verdadeiro caminho daqueles que afinal vão pelos seus próprios passos incluir-se na vontade unânime da Nação. Tão generosas e decididas como as palavras e obras de D. Sebastião em Alcácer-Kibir:

– Portugueses, façam como eu! Eu sou o Rei! Eu dou o exemplo: dou a vida pela nossa ideia!

Lisboa, novembro de 1926.

---

*   Guilherme de Faria.

O DESENHO

Senhoras e senhores:

Vou falar-vos do desenho e creio poder dizer-vos alguma coisa de novo sobre a mais antiga das expressões. Nenhuma outra forma de pensamento chegou até nós mais próximo do seu aspecto primitivo do que o desenho. Todas as origens se dispersaram pelas infinitas direções do tempo e da geografia, mas as rochas conservam os traços que nem o tempo desfez nem a geografia mudará jamais.

Tem o desenho um sentido universal que o distingue de qualquer outra expressão universal do homem. Se fosse possível reunir os desenhos de crianças de todo o mundo e desconhecendo as respectivas nacionalidades, ninguém saberia, através desses desenhos, indicar as pátrias dos seus autores. As crianças de todo o mundo são iguais na espontaneidade dos traços instintivos do homem. São iguais até que o instinto deixa de ser a única força que as conduz. Em cada criança a natureza procede a uma renovação total como se fosse a humanidade primitiva, ela própria, na pessoa da criança. Depois o ambiente influi sobre ela como a sua ascendência, e é então que ao lado do instinto começa a surgir a consciência.

No desenho há instinto e consciência.

O meu propósito é falar do desenho como força determinada que faz parte da vida de cada um, seja quem for, artista ou negação da Arte.

* * *

Os frades dum mosteiro acordaram em pintar as paredes do seu refeitório. Procuraram um pintor e encarregaram-no dos afrescos. Veio o pintor, encostou uma escada à parede, abriu a caixa das tintas, pôs os pincéis em ordem e, quando tudo estava preparado, foi-se embora, dizendo: – até amanhã. No dia seguinte não apareceu, nem tão pouco em toda aquela semana; nem passado um mês. No entanto tudo estava preparado para que ele começasse a pintar.

179

Passados uns meses, um frade, ao regressar do seu passeio, contou aos seus companheiros que tinha visto na feira o pintor, rodeado duma multidão de curiosos e feirantes. E pareceu-lhe que o pintor tinha esquecido para sempre as paredes do refeitório. Passados três meses, outro frade encontrou-o no campo, sentado numa pedra, mas não quis dar-se a conhecer, não fosse ele julgar que era para recordar-lhe as pinturas. Passados quatro meses, viram-no em plena noite, à luz do luar. Outra vez, num dia de sol, encontraram-no muito longe do mosteiro, por entre as árvores duma estrada. Outro frade, no seu peregrinar, tinha-o visto à beira-mar, com as mãos nos bolsos, sem lápis nem papel, nem aparência de quem toma notas ou apontamentos. Na praia ninguém diria que era um pintor. Passado um ano, os frades tornaram a ver o pintor no mosteiro. Aproximou-se da escada, das tintas e dos pincéis como se os tivesse deixado na véspera. E começou a pintar as paredes do refeitório. Enquanto pintava, não falava com ninguém. E os frades começaram a ver que ele ia reproduzindo os lugares onde cada um deles o tinha visto. A feira, o mar, a noite, a lua, as pessoas, o campo, as árvores, o sol, tudo nascia nas paredes do refeitório pela arte do pintor que durante um ano andou procurando o assunto para as suas cores.

Grande foi este pintor e bons os frades, que não lhe pediram o assunto, mas somente a pintura. Estes bons frades andaram neste caso como sábios, não tirando a escada, nem as tintas, nem os pincéis de onde o pintor os tinha deixado, e apesar dele não ter voltado durante todo um ano. Mas ele voltou. Voltou passado um ano. O ano simbólico desta história antiga.

Mas não esqueçam V. Ex.ᵃˢ que, primeiramente, o pintor andou um ano a ver! Esta é a ordem dos fatos e só falaremos precisamente do que aconteceu ao pintor durante esse ano, pois que em verdade a pintura que ficou nas paredes do refeitório não é o que mais interessa agora.

Os frades encarregaram-no dos afrescos porque sabiam que ele era pintor. Mas, na realidade, só depois de passado um ano, o ano simbólico, o pintor foi pintor, porque, além das tintas e pincéis, ele tinha também o que é principal na pintura, na arte, na ciência e em toda e qualquer posição social do homem: a autoridade pessoal.

Nada há mais moral nem de maior valentia que a autoridade pessoal. Se há no mundo postos ambicionados, só um há de direito para cada um: a sua autoridade pessoal.

Esta velha história, escolhida para iniciar estas palavras, foi intencionalmente escolhida. Nela está claramente apontado o que nos interessa mais do que a própria arte que fica nas pinturas: o caminho do pintor, desde as paredes nuas do refeitório até à pintura dos afrescos, ou seja até que as suas cores deixaram de ser tintas e passaram a ser a sua autoridade pessoal.

Na anedota não se disse o nome do pintor e não se disse porque ele pode ser qualquer, desde que tenha autoridade pessoal.

Giotto, por exemplo, e independentemente da História, está dentro deste caso, com a sua autoridade pessoal. E para mais sabemos que Giotto não viu nunca outros pintores, não soube o que se tinha feito em pintura antes dele, não recebeu lições de arte de pintar e, ao contrário, como acontece na referida história, só viu a paisagem, as pessoas, a natureza, e sobretudo o que tinha dentro dos seus olhos. Desconhecendo toda a ciência e sabedoria da Arte, Giotto foi o iniciador da arte naturalista, representativa da arte europeia, ocidental.

Mas, repetindo, não falaremos da pintura, mas sim do caminho que conduz a ela. A pintura é já o campo da personalidade e nós vamos ainda a caminho desse campo.

E, embora não sejamos os donos da nossa personalidade e por longe que ainda estejamos de o ser, não teremos pressa de possuí-la antes do devido tempo. Nós seguimos o nosso caminho, seguros, mais atentos à nossa autoridade pessoal de hoje do que a uma personalidade que conseguiremos talvez um dia. Em verdade, o que imediatamente nos interessa é a nossa autoridade pessoal. Esta, sim, que já nos pertence hoje mesmo e antes de termos direito a uma personalidade.

Quer dizer, melhor, muito melhor que o valor da nossa arte de hoje é a claridade e a dignidade do nosso caminho até amanhã.

Neste momento em que ficam bem delimitados os diferentes conceitos de personalidade e de autoridade pessoal, meditemos um pouco sobre esta e deixaremos aquela aos que a têm já. Assim como há pouco nos abstivemos de falar de pintura, para ver melhor o caminho que nos conduz a ela, também agora a personalidade nos interessa menos do que a autoridade pessoal daqueles que a buscam. Temos, pois, um caminho até à personalidade: a autoridade pessoal, e um caminho até à pintura: o desenho. Quer dizer, a pintura coincide com a personalidade, enquanto o desenho corresponde à autoridade pessoal. Deve ser este o sentido do que Ingres disse do desenho: *Le dessin est la probité de l'art.*

O desenho não é, como pode julgar-se, simplesmente um conjunto de linhas ou traços, um gráfico representando qualquer coisa existente.

O desenho é o nosso entendimento a fixar o instante.

A célebre frase de Napoleão, dizendo: "vale mais um pequeno *croquis* do que um longo relatório" contém todo o sentido do desenho.

Ao contrário do trabalho, da construção que exige tempo, composição e volume, o nosso entendimento é rápido, claro e simples. A perfeição do entendimento é momentânea e, por consequência, há que fixá-la.

Por isso o desenho é o melhor amigo do entendimento.

É corrente, quando alguém não percebe o que se lhe diz, acrescentar: precisas que te faça um desenho?

E o fato é que este é o processo definitivo.

De uma boa descrição literária se costuma dizer: parece um desenho. Não é indispensável fazer linhas ou traços para desenhar.

Tudo o que contém clareza de entendimento tem a função do desenho.

Mas entendimento não é o mesmo que inteligência. Esta é a ligação e a harmonia entre os entendimentos pessoais.

O povo que não conhece a palavra inteligência tem, todavia, o seu entendimento. Diz a gente do povo de quem sabe muito: que boa memória tem! Quer dizer, memória é o que fica para sempre no entendimento.

Perguntaram a alguém porque desenhava e este respondeu: para fixar a atenção.

Um livro do século XVIII sobre o desenho começa com estas palavras: "o desenho é a única maneira de fixar a atenção."

E a verdade é que não sendo todos desenhadores, todos temos desenhado. Por quê?

É necessário o respeito pelo desenho.

O desenho, se marca a nossa iniciativa, começa por impor-nos uma obediência absoluta, única condição de êxito. E esta obediência não é senão a nossa lealdade para com nós próprios, para com os nossos sentidos, órgãos do entendimento.

Se o entendimento ao abrir o seu caminho parece agressivo perante a inteligência humana, bom é que o pareça para depois provar que o não foi.

É tão pessoal o entendimento que, quando não oferece originalidade, desaparece o autor.

Nós, das raças meridionais, onde a precocidade é espontânea e natural, devemos buscar a compensação no oposto, isto é, na maturidade.

Pascal, que não é da nossa raça, tem autoridade para nos dizer que no melhor livro do mundo, o catecismo, há um erro grave no que se refere à idade da razão. Diz Pascal que a idade do uso da razão é muito posterior. Mas antes de chegar a esta idade e no nobre sentido que lhe atribui Pascal, já a consciência tem o seu papel na função do entendimento. É já a autoridade pessoal de cada um quando, contudo, ainda não é consciente nem desfruta da sua personalidade: É o segredo pessoal.

A atenção pelo desenho em nossas forças iniciais ou instintivas é a base de formação da nossa personalidade futura.

Duas épocas tem o desenho: a primeira, época da atenção respeitando o instinto, a outra, a da correção do instinto procurando a harmonia. Passa de sinceridade primária ou romântica à impassibilidade construtiva ou clássica naquele mesmo sentido em que Ingres definiu a obra clássica: a que não faz rir nem chorar.

O desenho tem o seu valor e o seu limite. O desenho é o meio e o homem a finalidade.

Porém, aqueles que procuram, principalmente, a própria expressão vivem muito mais preocupados com os aspectos da época do que com o valor do próprio entendimento.

Preocupa-os demasiado a palavra modernismo. Seguramente ignoram que a personalidade não se recebe dos outros, mas sim necessita que cada um a liberte de si próprio.

O TEMPO DO MODERNISMO ～ 183

Então, onde fica o modernismo para aquele que procura, todavia, a sua personalidade?

Uma época não é apenas uma questão de tempo mas essencialmente um sentido do novo no eterno.

Tão pouco a novidade é uma impressão recebida do exterior – mas é o próprio fundo da alma que faz sua aparição do sol.

Entretanto, os artistas de hoje vivem preocupados com o estilo caligráfico do nosso tempo, julgando-se descobridores da autêntica novidade.

Isto de ser moderno é como ser elegante: não é uma maneira de vestir mas sim uma maneira de ser.

Ser moderno não é fazer a caligrafia moderna, é ser o legítimo descobridor da novidade.

O pintor Henri Matisse manteve durante anos uma academia, até que um dia e sem dizer nada a ninguém, a abandonou para sempre. Entretanto, os seus discípulos continuavam a esperá-lo para o prosseguimento das suas lições. Intrigados de princípio, depressa compreenderam que o mestre alguma coisa lhes queria significar com a sua ausência.

Um dia um discípulo encontrou-o a pintar um porto de mar.

Por que nos abandonou o mestre?

Porque, depois de tantos anos de academia, não consegui nunca que um só dos meus discípulos fizesse um traço, uma linha que fosse sua.

Tinha razão Henri Matisse. O seu apostolado da arte produzia, afinal, nos seus discípulos um resultado igual ao que ele tão decididamente combatia. E assim a sua experiência levou-o à mesma conclusão de Picasso: "Não há discípulos, há só mestres".

O erro do que estuda não é sofrer as influências dos mestres mas sim ficar preso da influência de um único.

É a nossa admiração pelos vários mestres que melhor pode conduzir-nos ao descobrimento da grande novidade: a nossa personalidade.

O homem moderno não fixa nunca a sua posição, nem antes, nem durante, nem depois da sua personalidade.

Disse Balzac que o mundo se divide em três classes de pessoas: os ociosos, os ocupados e os artistas. Quer dizer que o artista não é nem ocioso nem ocupado. Pois bem, é esta em definitivo a expressão do homem moderno: a de artista.

Não é a ociosidade o que nos apetece, nem a ocupação o que procuramos. Amanhã o mundo saberá o que é.

Madrid, junho de 1927.

DESEJA-SE MULHER
1 + 1 = 1

ESPETÁCULO EM 3 ATOS
E 7 QUADROS

À Sarah Affonso

Primeiro Ato

primeiro quadro

(Boîte de nuit. *Pequenas mesas redondas com os baldes de gelo.*
Um grupo de girls o mais despidas possível dança um número de variedades avançando entre as mesas.

Um criado de cabelo branco empastado de cosmético, farda vermelha, galões de ouro, atende o Freguês que está só a uma mesa.)

O Criado — V. Ex.ª espera mais alguém?

Freguês — Sim. Espero. Espero alguém.

(Termina o número das girls. Aplausos. Saem. Voltam à cena. Saem de novo. Mas o grande êxito é para uma mulher estilizadíssima em grandes decotes no vestido de prata reluzente. Fuma por uma grande boquilha. De todos os lados se aplaude de pé e grita.)

Público — A Vampa! Vampa! Viva a Vampa! Hurra!

O Criado — Aí está ela!

Freguês — Quem é?

O Criado — A Vampa. Chamam-lhe a Vampa. É a mascote de nós todos. Tem cá feito uma falta. É a primeira vez que aparece depois da operação. Fizeram-lhe uma operação. Correu tudo muito bem. Deixou de ser mulher. Dizem que deixou de ser mulher. Tiraram-lhe tudo, tudo, tudo. Vazia como uma casca d'ostra.

Vampa *(De pé numa cadeira, abre os braços a pedir silêncio. Cada frase que diz é seguida de aplausos e gargalhadas unânimes do público.)* — Eh gajada! Obrigado. Obrigado por tudo. Ainda não foi desta. Tiraram-me todos os parafusos a mais. Vamos lá ver como se aguenta a caranguejola. Recomeço o serviço. Aqui me têm. Estou mais levezinha. Sem contrapesos. Vamos levar isto com genica até ao fim. Tive alta e venho mais baixa *(faz com os dedos o gesto do dinheiro.)* Não dá nem para enterro de terceira classe. Obrigado, gajada! Cá estamos p'rás curvas Fixe! Olé, olé!

(Grande ovação e vivas à Vampa. Desce da cadeira e vai recebendo os abraços e os beijos.)

Vampa *(Sobe outra vez para a cadeira. Abre os braços a pedir silêncio.)* — Atenção! Atenção! Notícias da última hora: repouso absoluto, não fumar, não beber, não... não tudo... e o resto também não. Nadinha!

(Estrondosa gargalhada geral. Todos estão cada vez mais excitados. Ela desce da cadeira e continuam os cumprimentos pessoais. Ao passar pela mesa onde o criado atende o freguês, ela senta-se presa por um braço. É o freguês que a segura pelo pulso. Passiva, encara-o longamente, inclinando por fim a cabeça a um lado e outro, olhando-o sempre a buscar entre recordações.)

VAMPA – Nunca te vi.

FREGUÊS – Nem eu.

VAMPA – Sabias que eu existia?

FREGUÊS – Não.

VAMPA – E agarraste-me logo d'entrada.

FREGUÊS – Logo.

VAMPA – E eu deixo-me agarrar.

FREGUÊS – Fica na minha mesa.

VAMPA – Queres que eu fique contigo?

FREGUÊS – Quero, quero.

(Ela senta-se. Ele larga-lhe o pulso. A Vampa que fala em público não é a mesma com um particular. O seu tique pessoal, quando fala a uma só pessoa, é confidencial, amaneirado à fadista, dando a cada palavra importância que por vezes não tem.)

FREGUÊS – O teu nome?

VAMPA – Já o ouviste.

FREGUÊS – Esse, não. Outro.

VAMPA – Tenho vários nomes.

FREGUÊS – Basta-me um.

VAMPA – O meu nome para ti hás de pô-lo tu.

FREGUÊS – Fata!

VAMPA – O que é isso?

FREGUÊS – O nome que eu inventei para ti.

VAMPA – Não há outra mulher com esse nome?

FREGUÊS – Impossível: inventei-o agora mesmo para ti.

VAMPA – Juras?

FREGUÊS – Juro!

VAMPA – Então ficas sabendo: se eu ouvir outra com esse nome...

FREGUÊS – Diz, diz.

VAMPA *(Com a mão em pistola contra ele.)* – Mato-te. *(Dá um estalo com os dedos.)*

FREGUÊS – Sim, sim! Gosto, gosto! Quero, quero!

(Inesperada e repentinamente, ela sobe para a cadeira e depois para a mesa abrindo muitos os braços a pedir silêncio.)
VAMPA – Atenção! Muita atenção! Até nova ordem a Vampa morreu.

(Desce da mesa para a cadeira e fica sentada à mesa. Música, aplausos e o nome de Vampa mistura-se em grande algazarra com serpentinas, balões, confetti, máscaras, baile e monossílabos.)

VAMPA *(Como se não se tivesse levantado da mesa.)* – E com esse nome como é que eu tenho que ser?
FREGUÊS – Como tu és.
VAMPA – Sou uma para cada pessoa.
FREGUÊS – Para mim serás a minha.
VAMPA – A tua?
FREGUÊS – Sim. Ouve. Tenho um segredo para te contar: tenho uma corda.
VAMPA – Uma corda?
FREGUÊS – Uma corda feita por mim.
VAMPA – Feita por ti?
FREGUÊS – Fi-la eu para ti.
VAMPA – Para mim?
FREGUÊS – Eu passo a corda p'la tua cintura.
VAMPA – Pela minha cintura?
FREGUÊS – Dou um nó.
VAMPA – Um nó.
FREGUÊS – E tu ficas minha.
VAMPA – Tua?
FREGUÊS – Sim.
VAMPA – E se eu desatar o nó?
FREGUÊS – Se o desatares não és minha.
VAMPA *(Com a mão em pistola contra ele.)* – E não me matas?
FREGUÊS – Não é preciso. É muito pior do que matar-te.
VAMPA – Pior do que matar?

O TEMPO DO MODERNISMO   ~   189

FREGUÊS – Sim.

VAMPA – O que será?

FREGUÊS – É nem vida nem morte.

VAMPA – Nem vida nem morte?

FREGUÊS – É pior que a morte. Estar vivo e não ter vida. Viver em branco. Nada. Absolutamente nada. Nem a morte. O que há mais neste mundo: nada!

VAMPA – O que há mais neste mundo é nada?

FREGUÊS – Sim!

VAMPA – Onde tens a corda?

FREGUÊS – Aqui. *(Finge tirar da algibeira um cordel que segura pelas pontas. Põe-lho bem diante dos olhos.)* Segura-a tu.

(No mesmo jogo, ela finge receber das mãos dele o cordel seguro pelas pontas e fica a contemplá-lo.)

VAMPA – Linda! Linda corda!

FREGUÊS – E agora...Vais ver, vais ver. *(O mesmo jogo de ir buscar o cordel nas mãos dela.)* Passo aqui p'la tua cintura... *(Jogo de o passar à roda do corpo dela.)* Dou um nó... *(Jogo de dar um nó.)* E pronto! Já está.

VAMPA – Sou tua.

FREGUÊS – És minha.

(Ficam a olhar um para o outro. As suas caras vão-se aproximando uma da outra até ficarem com as pontas dos narizes encostadas. Vem o criado com o menu. Faz correr um biombo que os encobre do público. O biombo vai-se tornando transparente e através fica a única luz em cena na montra de loja de modas com dois manequins de comércio em traje de bodas. O seu único movimento consiste em voltar-se cada um levemente enquanto fala para o outro. Ouve-se uma caixa de música.)

NOIVO – Até que enfim chegou o nosso dia!

NOIVA – O dia que sempre esperamos!

NOIVO – Já hoje ficamos em nossa casa!

NOIVA – A nossa querida casinha!

NOIVO – De manhã dá-lhe o sol de lado. Do outro lado dá-lhe o sol de tarde!

NOIVA – É nosso o sol todo o dia.

190 ～ POESIA É CRIAÇÃO

Noivo – Todo o dia e toda a noite! Todos os dias e todas as noites! Para sempre!

Noiva – Para sempre! São as palavras de que mais gosto nas nossas bocas!

PANO

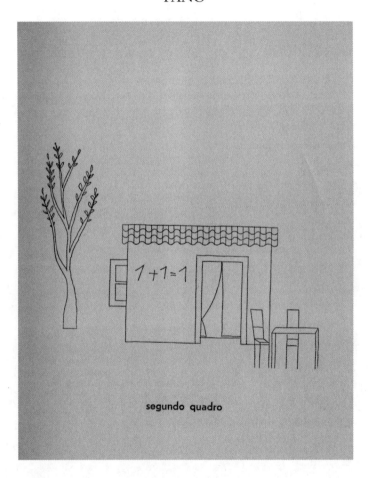

segundo quadro

(*Uma casita isolada no campo. Mesa e duas cadeiras diante da casa. Árvore ao lado. Vampa acaba de escrever na parede em grandes números 1 + 1 = 1. Toca um despertador.*)

Voz (*dentro de casa*) – Não dormiste?

ELA – Não.

VOZ – Que tens?

ELA – Nada.

(*Silêncio.*)

VOZ – Diz lá: aconteceu alguma coisa?

ELA – Nada. O que há mais neste mundo: nada.

(*Silêncio prolongado.*)

"Um mais um igual a um."

VOZ – *(bastante depois.)* Que é isso?

ELA – Isso pergunto-te eu.

VOZ – Sei lá o que isso é.

ELA – Nem eu.

VOZ – Está errado. Um e um são dois.

ELA – Também me parece errado.

(*Silêncio.*)

– Eras tu que dizias a sonhar alto.

VOZ – O quê?

ELA – "Um mais um igual a um"

VOZ – Eu dizia isso?

ELA – Tu mesmo.

VOZ – A sonhar alto?

ELA – Sim.

ELE (*aparecendo à porta.*) – Então já vês. A sonhar alto não somos nós que ditamos o que dizemos.

ELA – Mas tu dizes sempre a mesma coisa. Sempre, sempre a mesma coisa.

ELE – E só me dizes agora?

ELA – Agora só. Dantes não lhe via sentido.

ELE – Sentido?!

ELA – Quando sonhas dizes sempre o que nunca me disseste cara a cara.

ELE – Não te entendo.

ELA – Entendes.

(*Ele sai da porta lentamente para o lado da árvore. Quando ela não o pode ver, tira rapidamente da algibeira um envelope com notas de banco, separa o maço em dois, mete de novo no envelope a metade e guarda a outra na algibeira. Procura num galho da árvore maneira de lá deixar o "envelope" à vista.*)

ELA – No teu sonho sou uma estranha.

(*Ele recolhe de novo o "envelope" na algibeira.*)

ELA – Se consinto, não me querem. Se não consinto, querem-me. Consenti. Dei-me. Estou dada. Dada a quem não me recebe. Para onde querem que eu vá fugindo de mim sozinha? Tu consentiste que eu te quisesse. Não te prendas comigo. Segue no teu caminho. Só te peço não me digas palavras que te mintam.

(*Ele aparece à vista dela caminhando lentamente como antes e as mãos estendendo-se discretamente para ela. Ela faz-se abraçar mais do que ele a abraça. Ele vê pela primeira vez escrito na parede 1 + 1 = 1. Ela ajuda com as mãos para os braços dele a abraçarem mais forte.*)

ELA – Esta sou eu: a que teve a alegria de poder consentir-te. A que tinha medo, medo de estar sozinha e sem consentir dar-se a ninguém. A que te dei foi a única com quem se vive e se sonha alto. Para sempre. Eu não me enganei. Tu, sim.

(*Ela pega-lhe na mão e faz festas a si mesma com a mão dele. Com a mão dela vai buscar aos lábios dele um beijo que traz para os seus próprios lábios. Ele vai sentá-la na cadeira e senta-se a seu lado. Pega-lhe nas mãos e coloca-as sobre a mesa ao lado das suas.*)

ELE (*de cada vez mais sucumbido.*) – Sola sapato
           Rei Rainha
           foram ao mar
           buscar sardinha
           para a filha
           de dom Luís

qu'está presa
p'lo nariz
salta a pulga
da balança
dá um pulo
e vai a França
os cavalos a correr
as meninas
àprender
qual será
a mais bonita
que se há de
ir esconder.

(Ele indica-se como tendo-lhe cabido no jogo. Beija-lhe cada uma das mãos. Faz-lhe descansar a cabeça sobre elas. Vai até à árvore. Tira da algibeira o "envelope" e as outras notas e mete-as outra vez no "envelope". Deixa o "envelope" bem à vista num galho da árvore. Debruça-se Por uma janela lateral para dentro de casa donde tira uma pequena mala e um abrigo. Sai. No lado da casa oposto ao da árvore aparece uma mulher. Dá com os olhos nela sentada à mesa. Vem pé ante pé e com as mãos tapa-lhe os olhos para lhe espevitar a surpresa. Sempre sentada, tateia-lhe as mãos e os braços até encontrar-lhe os seios. Desprende-se-lhe das mãos e volta-se para ver.)

A MULHER — E esta? Diz lá que esperavas! Ainda que fosse no fim do Mundo, Vampa! Ainda que fosse no fim do Mundo, querida Vampa, eu acabava por dar contigo. Deixa-me olhar para ti. Seis meses é de mais, Vampa, é de mais. No hospital só foi dois meses. A mim é que todos perguntam por ti, querida Vampa! Mas deixa-me ver. Que lindo cantinho! Parece um sonho. Um amor! Aqui no fim do Mundo! És danada para encontrar esconderijos. Sempre tiveste dedo para encontrares do melhor. *(Lendo na parede.)* "Um mais um igual a um." Isto é lá dele, não é verdade?

(Entretanto ela levantou-se e deu uma volta à roda da casa. Acaba por encontrar o "envelope" no galho da árvore. Não lhe toca.)

A Mulher – Ele não está? Ainda bem. Vou dizer-te a verdade. Mas jura que não dizes nada a ninguém. Foi ele que descobriu que estavas aqui. Vê-se perfeitamente que não pode passar sem ti. O do Banco! Nunca me lembra o nome. O estafermo está cada vez mais podre de rico. Por tua causa, dá-me tudo quanto lhe peço. Ah! Antes que me esqueça. *(Abre a carteira e tão atabalhoadamente que entorna quanto estava dentro. Procura entre o que caiu no chão, e encontra um pequeno cartão.)* Esta é a minha nova morada. Um prédio novinho em folha. A mobília é tudo o que há de melhor e de mais moderno. Todos quantos a veem, ficam espantados. Todos julgavam que eu não sabia governar-me. Achataram todos.

(Começa de joelhos a apanhar tudo o que lhe caiu da carteira.)

A Mulher – Que queres que eu lhe diga?

Ela – Diz a todos que a Vampa morreu. Para sempre.

A Mulher – Também tu? Enamorada!? Pobre Vampa, o que fizeram de ti. Juro-te que esta não esperava eu. A Vampa! A mascote de nós todas. A que ia adiante de todas. Lembra-te de ti, Vampa! Ele não vê senão a ti. Ele não sabe onde gastar o que ganha. Deixa lá o resto, Vampa, deixa lá o resto. Tudo o que tu quiseres ele faz-te. Não tenhas dúvidas, tudo. Não percas esta ocasião. Não sejas doida. A mim, e é só por tua causa... Vês este anel? Uma esmeralda deste tamanho. A independência.

(A outra volta a sentar-se com a cabeça sobre as mãos, como ele a pôs e a deixou.)

A Mulher – Não há dúvida: está roto o mundo. Não és só tu nesse estado. A "princesa", lembras-te? Aquela loira muito fininha que diziam ter ainda sangue azul. Pois essa mesma. Deixou o secretário da Embaixada, lembras-te? Aquele ricaço das Américas, por um estudante qualquer. Um menor. Por amor, dizem ambos. Claro está, num quartinho alugado. A maior miséria. E aquela que vivia à grande com aquele do Ministério...

O TEMPO DO MODERNISMO ～ 195

(Ela tem um soluço mínimo.)

A Mulher – Mas não te rales. *(Senta-se a seu lado e diz-lhe ao ouvido.)* Eu conheço uma senhora estrangeira, o que há de mais sério. Ela conhece o segredo antigo para a gente ter aquele que quiser. São uns pozinhos brancos. Uma colherzinha na água. Não se conhece nada. E pronto. A sala dela está cheiinha de retratos de pessoas agradecidas. E quando não dá resultado, ela torna a dar o dinheiro.

PANO

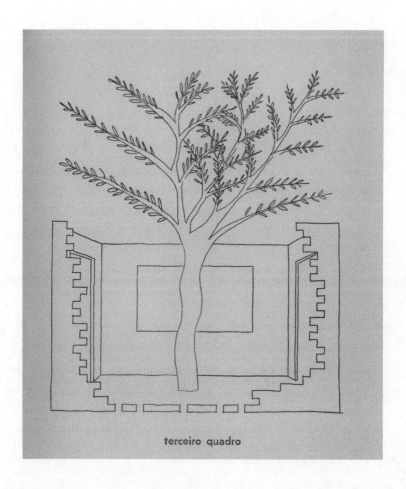

(As quatro paredes mestras de uma casa ao centro da cena. O seu material batido pelo tempo. Nasceu uma árvore no meio da edificação. A árvore é exuberantemente frondosa. Uma jovem sentada a um canto do parapeito ao fundo. Entretém-se numa costura. Ouve-se assobiar. Aproxima-se quem assobia. Entra em mangas de camisa e casaco no braço a personagem masculina que conhecemos nos quadros anteriores. Ao vê-la, deixa de assobiar. Sai fora da edificação e fica espreitando a mulher sentada. O silêncio intriga-o. Ela levanta-se, curiosa donde ele seguiu. Como não o vê por nenhuma parte, dá a volta por fora da edificação. Furtando-lhe as voltas, ele consegue não ser visto. Sempre intrigada, ela senta-se outra vez. Então ele recomeça logo o assobio e aparece diante dela.)

ELE – Bom-dia.

ELA *(bastante depois.)* – Bom-dia. *(Sorri-se.)*

ELE – Faz-me o favor. Sabe dizer-me o nome deste sítio?

ELA – Aqui não é sítio nenhum.

ELE – É a primeira vez que estou em sítio nenhum.

ELA – Para onde é que o senhor deseja ir?

ELE – Para sítio nenhum. Vou de passeio. Ao acaso. Gosto de saber os nomes por onde ando.

ELA – Aqui não tem nenhum nome.

ELE *(olhando a cena.)* – Uma casa. Não se faz uma casa em sítio nenhum.

ELA – Isto esteve para ser um sítio com um nome. O senhor viu aqui uma casa. Chama a isto uma casa?

ELE – Os restos de uma casa.

ELA – Nem isso. Também não. Não chegou a ser uma casa. Ficou a meio.

ELE – Não passou das paredes.

ELA – Ficou parada à nascença. Para sempre.

ELE – Não parece obra recente.

ELA – Nem antiga. O que é velho parece antigo. Mas o antigo não envelhece.

ELE – Esta ficou no começo e envelheceu.

ELA – Envelheceu parada de nascença.

ELE – Ruínas do que não se fez.

ELA – Bastante modernas.

ELE – Por qualquer razão não foi adiante.

ELA – Não foi. Não foi uma casa.

ELE – O veto da fatalidade.

ELA – Sim. Exatamente. Ainda não tinham encontrado as palavras veto da fatalidade.

ELE – Onde seria a casa nasceu a árvore.

ELA – Bela árvore!

ELE – Uma bela árvore e o fantasma do que ficou por fazer.

ELA – Sim. Exatamente. E nunca mais se faz. Nunca mais. Para sempre. Outras se farão. Mas não esta: de alguém determinado. Já lhe disse que esteve para ser aqui um sítio qualquer que teria um nome.

ELE – E ficou sítio nenhum.

ELA – Sim. Exatamente.

ELE – O mundo imenso em sítio nenhum: o inferno. Nada. Absolutamente nada. O que há mais neste Mundo: nada. Nem vida nem morte. Acontece tudo e não há lugar para nada.

ELA – Sim. Exatamente.

ELE – Trazemos o selo de eternos. Feitas ou não feitas as coisas que é nosso fazer, tudo se vai, e fica o nosso selo de eternos.

ELA – Sim. Exatamente.

ELE – E aqui? O que sabe do que aconteceu aqui? Porque foi?

ELA – Não importa o que tenha acontecido depois da luzinha que nasceu para sempre.

ELE – Que bem que o disse: vi a luzinha. Estou a vê-la.

ELA – Conheço bem esta luzinha que aqui ficou parada no ar para sempre.

ELE – Conhece a história?

ELA – Não. Nem eu nem ninguém conhece. Não importa. A história é com ela. Ninguém sabe nada. Inventam histórias. Tudo aconteceu aqui antes que dessem por isso.

ELE – O que importa é ter nascido a luzinha.

ELA – A luzinha amiga. Sem história.

ELE – As histórias apagam as luzinhas?

ELA – As luzinhas chegam ao fim das histórias?

ELE – Responda você!

ELA – Aqui esta luzinha disse-me pode vir fatalidade com seu veto, quando quiser. Quando for, encontra-me sempre luzinha sem outra coerência.

ELE – Nem história?

ELA – A luzinha que nasceu para sempre e para sempre deixou a vida, não conheceu senão esperança. É só esperança que deixa no seu rasto. A esperança vai antes de todas as histórias.

ELE – Não acredita na experiência?

ELA – A esperança não está parada: também tem a sua experiência. Aqui esta luzinha...

ELE – A sua?

ELA – Não. A modelo. Tão amiga. Esclarece tudo. Com a esperança só. Diz tudo. É só escutá-la. Acerta sempre comigo. E tanto que já cedeu a sua vez à minha luzinha.

ELE – E que sabe do acaso uma luzinha?

ELA – Sabe que ele está em todos os caminhos. E também sabe que pode recusá-lo.

ELE – Somos maus juízes dos nossos casos e acasos.

ELA – Pior é não dar por ter vindo o acaso.

ELE – Como se sabe?

ELA – O acaso diz: já, para mais tarde, nunca.

ELE – Uma mulher e um homem encontram-se pela primeira vez. O homem pergunta-lhe o nome do sítio onde estão. Ela responde-lhe em sítio nenhum.

ELA – "É a primeira vez que estou em sítio nenhum."

ELE – "Para onde é que o senhor deseja ir?"

ELA – "Para sítio nenhum. Vou de passeio. Ao acaso. Gosto de saber os nomes por onde ando." Vê, andava ao acaso.

ELE – E o homem viu uma bela árvore e uma casa que ficou por fazer.

ELA – O homem não via. Foi a mulher que o fez ver. Há sempre outros olhos que chegam primeiro às coisas que os nossos.

ELE – Uma mulher sentada a coser.

ELA – Veio um homem a assobiar.

ELE – Acaso?

ELA – Bem sabe que sim.

ELE – A mulher levantou-se para ver onde ia o homem que passou a assobiar.

ELA – E ficou sem saber. O homem escondeu-se.

O TEMPO DO MODERNISMO 199

ELE – Porque se escondeu o homem?

ELA – Porque deixou o homem de assobiar quando viu a mulher?

ELE – Porque se levantou a mulher que estava a coser?

ELA – Porque voltou o homem e disse: bom-dia?

ELE – E a mulher levou tempo a responder: bom-dia.

ELA – Porque o homem devia ter dito bom-dia naturalmente logo da primeira vez.

ELE – Depois de ter dito bom-dia a mulher sorriu-se para ela mesma.

ELA – Porque a mulher disse com os seus botões: afinal não sou eu só a curiosa.

ELE – Quem chamou o outro? O homem ou a mulher?

ELA – O acaso não traz nada de seu: encontra a cada um como está.

ELE – O homem e a mulher andavam acaso à procura um do outro?

ELA – A resposta vem no fim.

ELE – E começa por a mulher ter sorrido para ela mesma.

ELA – Por acaso sorri-me. Mas a história já tinha começado.

ELE – Para o homem a história começou no sorriso.

ELA – Estava atrasado.

ELE – Em vez de dizer que não sabia onde estava, a mulher disse que estavam em sítio nenhum.

ELA – O homem não havia meio de ver onde estava.

ELE – Se não fosse a mulher, o homem passava adiante sem ter visto nada.

ELA – O pobre do homem tomava umas coisas por outras.

ELE – A mulher era um bom cicerone do sítio nenhum e sem nome. Descreveu a bela árvore e a casa que ficou por fazer.

ELA – Até que por fim o homem começou a ver o que tinha diante dos olhos. Já não era sem tempo.

ELE – E o homem viu uma luzinha. Foi a mulher que a mostrou ao homem.

ELA – Era uma luzinha de gente. E outra luzinha que era a da mulher.

ELA – O homem parece que trazia a dele apagada.

ELE – E não estava apagada. Era mal ensaiada. Não esperava que a hora fosse antes do que esperava.

ELA – Há tanto, tanto que a hora tardava.

Ele – E foi parar em sítio nenhum. A mulher quer que o homem veja onde foi parar.

Ela – Para que o homem saiba seguir o seu caminho.

Ele – E o homem fica sabendo para onde vai?

Ela – E o homem que responda.

Ele – O homem diz que não sabe responder.

Ela – Quem há de responder por ele?

Ele – O homem diz que só sabe que ouve a voz da mulher.

Ela – Não é verdade. O homem fala e responde às perguntas da mulher.

Ele – O homem diz que só vê a mulher com quem está a falar.

(Desde quase o princípio do diálogo os gestos da mulher têm vindo num crescendo de coquetterie *à sedução e até à fascinação. Esta iniciativa por ela tomada de se ir insinuando fisicamente com atitudes que a descrevem nua não tem limites de sinceridade na mímica da oferta que ela lhe faz. Mímica magistral como o sabe a mulher quando pela primeira vez. A fascinação provocada no homem é evidente, mas não lhe permite ação nem corresponder à da mulher. Fascinado, radiante, mas sem corresponder precisamente às atitudes da mulher cujos gestos persistentes são evidentemente para que o homem a siga. Esta persistência da mulher prolonga-se sem esmorecimento. Também é sem esmorecimento o entusiasmo do homem enamorado. Ambos atingem o auge do desejo cada um na sua respectiva característica neste quadro. Ela sai absolutamente segura de que ele a segue. Ele parece achar bastante ser desejado. Continua com os gestos de a querer e estende os braços por onde ela saiu. Corre à janela do fundo para continuar a segui-la com a vista. Subitamente levanta vitorioso um braço. Acena para ser visto de longe. Depois perde-a de vista. Abraça-se a si mesmo com paixão, os braços tremendo contra o peito. Respira fundo nas pontas dos pés. Não cabe em si de satisfação. Parece que sobe em levitação. Volta-se para onde ela esteve sentada e fica arrebatado a olhar o lugar como se ela lá estivesse.)*

PANO

Segundo Ato

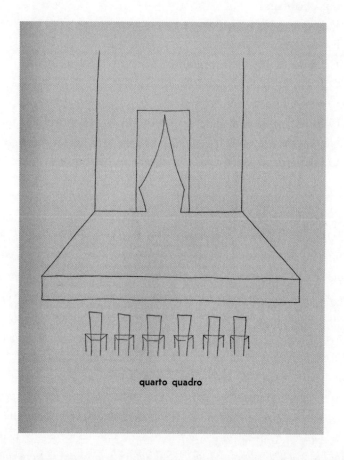

quarto quadro

(*Uma sala com a metade para o fundo elevada em estrado. Cadeiras no primeiro plano, de costas para o público. Entre o estrado e as cadeiras uma personagem de costas para o público. Uma varinha na mão, à laia de batuta de chefe de orquestra. Bate com a varinha no estrado as três pancadas de Molière. Aparece sobre o estrado uma linda mulher com imponente vestido de grande gala. Avança solene até ao fim do estrado e do mesmo modo volta a sair de cena. A personagem bate repetidamente com a varinha no estrado.*)

PERSONAGEM – Então a música?
VOZ DENTRO – Houve um engano.

PERSONAGEM – Que não torne a acontecer. Pronto?

VOZ DENTRO – Já.

(Repete-se com a música o princípio do quadro, as três pancadas de Molière e a linda mulher com imponente vestido. Quando chega ao fim do estrado, a personagem bate com a varinha em vários sítios do estrado de lado a lado da cena.)

PERSONAGEM – Não! Não! Não! Não tem ideia nenhuma do que está a fazer. Não é vestido para andar na rua. É uma grande honra para raras pessoas. É preciso respeitar o que se traz posto por cima de nós. Já disse um milhão de vezes.

(Sai a mulher. Repete-se com a música o princípio do quadro. Quando a mulher vai a meio do estrado.)

PERSONAGEM – Devagar. De-va-gar. Esse vestido não tem pressa. É um modelo solene. Ouviu? Solenidade. Pompa. Pompa, Majestade. Vá começando a volta. Com graça. Foi graça o que eu disse. Sorrisinhos não. Naturalidade dentro da pompa. Nada d'artifícios. Elegância. Distinção. Aristocracia. Alto! *(Bate repetidas vezes com a varinha no estrado.)* Nunca viu... no cinema? Nunca viu no cinema as grandes festas dos grandes milionários das grandes nações? Não reparou nas colossais mulheres desses colossos milionários que têm o mundo nas mãos e a alta finança a seus pés?

ELA – Sou manequim, não sou atriz.

PERSONAGEM – Claro que não é atriz. Vê-se logo. Uma atriz tem que ser milionária toda a noite. O manequim é só um minuto: entrar, uma volta, e sair.

ELA – *Mosiú* não me deixa fazer como eu sei.

PERSONAGEM – Que sabe disto a menina?

ELA – Fui aprovada no exame para manequim?

PERSONAGEM – Foi aprovada por ter as proporções clássicas. Nada mais. Mas o manequim é para dar vida aos modelos que se lhes põem em cima. A menina tem um corpo estupendo. O corpo de mulher mais estupendo que ainda vi em dias da minha vida. Proporções clássicas. Perfeitas. Perfeitíssimas. Uma raridade de séculos a séculos. A menina não fez nada por isso. Saiu assim. Com um corpo fenomenal que vale mais do que a menina.

ELA – Olhe vá à... *(Fecha a boca na primeira letra.)*

PERSONAGEM – Vê como tenho razão? O seu corpo não diz essa palavra. O que lhe vale é o seu corpo.

ELA – Já disse, fui aprovada manequim. Não se me paga para atriz.

PERSONAGEM – Se não fosse o seu corpo, a menina não estaria aqui a vestir o das senhoras das grandes personalidades.

ELA – Aproveitam-se de que uma pessoa ande necessitada.

PERSONAGEM – Eu gosto da menina. Já lhe disse como há de fazer. Quando não se sabe fazer uma coisa ao natural, aprende-se a fazer com técnica. Conte: um, dois, três. Tenha paciência.

(Ela sai de cena. Recomeça o princípio do quadro. Quando ela vai a meio da cena a personagem sobe ao estrado e vai ensinando e ajudando os movimentos.)

PERSONAGEM – Elegância: um, dois, três.
Distinção: um, dois, três.
Aristocracia: um, dois, três.
Não pense agora em si, menina. Tem o resto do dia e a noite toda para as suas misérias. Agora a menina é uma grande senhora. A senhora do maior homem do Mundo. A quinta essência da mulher! Um minuto, caramba! Um minutinho só. Adiante.
Festa: um, dois, três.
Pompa: um, dois, três.
Milionária: um, dois, três.
Grande gala: um, dois, três.
Triunfo: um, dois, três.
Glória: um, dois, três.

(Acaba o passeio. Ela sai. Ele acusa o cansaço de se ter excedido.)

UM GROOM – A freguesa do vestido de noiva.

(O personagem consulta o relógio.)

PERSONAGEM – Que entre.

(Sai o groom. Entra a jovem mulher do quadro anterior.)

PERSONAGEM —Esta casa *A Última Moda* vai atender imediatamente à pontualidade da ilustre noiva.

(Oferece-lhe cadeira. Coloca-se como a princípio do quadro, de costas para o público entre o estrado e as cadeiras. Bate com a varinha no estrado as três pancadas de Molière. Ilumina-se mais a sala. Começa uma música solene. Entra uma mulher vestida de noiva. Anjos seguram-lhe a cauda e o véu. Outros grupos de anjos atiram ao ar pétalas brancas. Bandos de pombos brancos esvoaçam a cena. Tudo é branco. Com a música ouve-se um carrilhão festivo de sinos e um coro de vozes de crianças subindo aos falsetes. Vozes de multidão aos vivas aos noivos. Quando a mulher vestida de noiva chega ao fim do estrado acaba-se de repente a música, os sinos e o coro, e já não há em cena anjos nem pombos.)

A MULHER VESTIDA DE NOIVA *(Fixando um ponto no ar, fala consigo mesmo.)* – "Um mais um igual a um."

(A freguesa levanta-se da cadeira como uma mola e cai desamparada no chão. A personagem olha alternadamente de modo mecânico a freguesa no chão e a mulher vestida de noiva no estrado.)

PERSONAGEM *(fixando a freguesa.)* – Um copo d'água! *(Fixando a mulher vestida de noiva.)* O que é que menina disse? *(Fixando a freguesa.)* Um copo d'água!! *(Fixando a mulher vestida de noiva.)* O que é que a menina disse? *(Fixando a freguesa.)* Um copo d'água!!! *(Bate com a varinha repetidamente no estrado. Fixando a mulher vestida de noiva e batendo repetidamente com a varinha no estrado.)* O que é que a menina disse?

A MULHER VESTIDA DE NOIVA *(sinceríssima.)* – Não disse nada.

PERSONAGEM – Não sabe que é proibido falar com os vestidos?

A MULHER VESTIDA DE NOIVA *(sinceríssima.)* – Não disse nada.

PERSONAGEM —Vai-lhe sair cara a brincadeira.

(A cena encheu-se de outros manequins, cada um com seu modelo vestido, e de costureiras com seus humildes trajes de trabalho. Umas atendem a freguesa no chão, outras rodeiam a vestida de noiva.)

O TEMPO DO MODERNISMO 205

A Mulher Vestida de Noiva *(a quem lhe está mais perto.)* – E os anjinhos? E as pombas?

Uma Mulher – Quais anjinhos? Quais pombas?

Outra Mulher – Aqui nunca houve anjinhos nem pombas.

(Rumores dos manequins e costureiras.)

Personagem – A menina está bêbeda ou é doida?

A Mulher Vestida de Noiva – Bêbeda? *(Começa a rasgar o vestido de noiva.)* Doida?!

(Fica quase completamente nua e espezinha os restos do vestido no chão.) Oiça lá! Porque saiu da sua terra? Por alguma coisa foi. Também lá não se fazem as coisas como você quer? Estrangeiro! *(Apanha do chão os restos do vestido e fá-los em tiras.)*

Personagem – Selvagem!

A Mulher Vestida de Noiva – Estrangeiro! *(Avançam um para o outro.)*

Personagem – Selvagem!!

A Mulher Vestida de Noiva – Estrangeiro!!

Personagem – Sel-va-gem!!!

A Mulher Vestida de Noiva – Es-tran-gei-ro!!!

(Cospe o chão na direção dele. Ele imita-lhe o gesto. De modos diferentes ambos começam a dirigir-se para as saídas de cena e não saem nunca.)

A Mulher Vestida de Noiva *(às companheiras.)* – Por onde é que se sai deste inferno?

(As companheiras rodeiam-na e vão levando-a pelo fundo.)

Personagem *(brandindo a varinha.)* – Polícia, polícia! Autoridade, autoridade! Justiça, justiça!

(E acabava por sair se não fosse a freguesa inanimada no chão. Bate com a mão na própria coxa e explode com os lábios palavra que não pronuncia.)

PANO

quinto quadro

(Hall de modesta pensão. Uma escada sobe para outro andar. No vão descoberto da escada malas e caixotes. Mesa e cadeiras de verga. Jornais e revistas na mesa. Os dois personagens do terceiro quadro sentados à mesa. Parados como estátuas. Ele fixa-a com o olhar sem pestanejar. Ela não o olha senão quando responde. No longo silêncio ouve-se por vezes a respiração de um e de outro.
Campainha. Uma criada vem desligar o número no quadro. Sobe a escada. Inesperadamente a mulher sentada à mesa levanta-se, e ele também automaticamente. Ela quer passar. Ele barra-lhe o passo. Ficam de pé frente um do outro.)

ELE — Peço-te.
ELA *(voz sereníssima.)* — Sentinela à vista.

ELE – Já sei. Acabou-se tudo. Mas espera.

ELA – Que mais há depois do fim?

ELE – Não sei qual seja a minha cobardia: se deva deixar-te, se deva matar-te!

ELA – É o único que ainda poderás de mim: matares-me. Precisamente o contrário do que de mim querias. Querias-me para a vida. Para sempre na vida e na morte. Ter-me-ás para sempre apenas na morte. Não era deste modo que também me queiras na morte. É tudo quanto ainda podes de mim. E este final será tudo e o único que houve entre nós.

(A criada desce a escada e sai por onde veio a primeira vez. A mulher senta-se outra vez. Ele também.)

ELA – Um de nós morreu. Um de nós morreu um para o outro. Escolhe: eu ou tu. Se me matas, já estavas morto para mim. É um estranho quem me mata. Um desconhecido. Um intruso. Um morto quem me tira a vida.

(Pausa)

ELA – Dois desconhecidos podem frente a frente ficar encontrados no primeiro dia. Nós não: mesmo frente a frente não há já encontro possível.

ELE – Não há já encontro possível, nem comigo nem com ninguém. É a ti que a tua intransigência não deixará viver. Ficarás eternamente sozinha na vida e na morte, condenada a estranhos, a desconhecidos, a intrusos, a mortos que mataste. Ficarás eternamente sozinha com todos, pública e in-ti-ma-mente!

(Ela levanta-se bruscamente. Ele também.)

ELA – O que seja. O que for será. Se acaso passa por ti o meu destino, ponto final. A tua parte cumpriu-se. Como gente que sou, tenho direito a recusar acasos que não desejo. *(Dando passos atrás para se lhe dirigir melhor.)* Sou eu mesma a surpreendida: primeiro desmaiei. Ignorava tanto da minha fragilidade. Foi-se-me a luz quando nada tinha que iluminar. E, ao despertar, o sangue corria à vontade por minhas veias e artérias. Nada mais do que isto: o sangue corria esplêndido por minhas veias e artérias. Nem tu nem eu. Nenhum rasto nosso. A liberdade. A liberdade que eu não tinha gostado.

Ele – Nada soubeste que não te tivesse contado antes.

Ela – Sim. Contaste. Mas de maneira que mo pudeste contar. O que não contaste antes foi esta liberdade que me trazes e eu não pedi. Contaste histórias da alma julgando serem do corpo. Julgando que separavas.

(Esboça o gesto de seguir o seu caminho. Por automatismo ele intercepta-lhe o passo. Pausa.)

Ela *(sem o olhar.)* – No primeiro dia que nos vimos perguntaste onde estávamos. Respondi-te: em sítio nenhum. Era verdade. Cá estamos de novo em sítio nenhum. Sítio nenhum por toda a parte o inferno. *(Dá uma pequena volta para respirar fundo, já que não pode passar.)* Se no primeiro dia não fui logo tua foi porque estavas ausente. Andavas ao acaso mas com ideias preconcebidas. Eu não estava ausente. Agradeço-te hoje. Era a minha dádiva. A ti. A minha dádiva à vida. A ti. A dádiva da minha vida à vida. A ti. A única dádiva que podemos é a de nós mesmos. A minha era a ti. Como eu me dava no primeiro dia nunca foi igual depois. Deixas-me igual em sítio nenhum. Os nossos destinos não eram com o outro.

(Ela faz o gesto de forçar passagem. Ele insiste em impedi-la.)

Ele – Verás: serei vingado. A vingança será para sempre o teu novo amor. Quando vier não o destrinçarás do amor que mataste. Queres singular e encontrarás plural. Sempre meio vivo e meio morto, nada que satisfaça. Tu mesma capaste em ti a tua perfectibilidade. Castrada de amor, não de sexo. A ânsia de amor não morrerá em ti, e em ti o amor ficará sempre adiado.

Ela – Ameaças?! Pragas?! Vais demasiado longe.

Ele – É o termo: demasiado longe. Verás: não sou eu que me vingo. Nem to desejo. É a suscetibilidade mesma do sentimento que se chama amor. Nem suscetibilidade minha nem tua. Do sentimento. Do amor. Há no amor uma virgindade mais suscetível

do que a nossa. Que tem veto. O veto da fatalidade: quem não
é vassalo d'amor, menos será seu juiz. Em amor não há senão
vassalos.

ELA *(muito alto.)* – Está dito tudo entre nós.

*(Força e consegue passagem. Sobe a escada e sai. Ele imóvel. Entra um jovem
casal. Vêm abraçados. Ele furta-lhe beijos e diz-lhe segredos ao ouvido. Ela
aceita tudo mas faz-lhe sinal de estar ali gente. Ele de nada se importa. Sobem
a escada. Ele a furtar-lhe beijos e com segredos ao ouvido, ela deixando-o fazer, mas com pudor de estar ali gente. Saem. Começa uma rádio num quarto.
Subitamente, a personagem ficou imóvel, dirige-se para onde entrou em cena o
jovem casal e sai. Ato contínuo aparece ao cimo da escada a mulher do princípio
deste quadro. Desce precipitadamente e para no meio de repente. Depois desce
um degrau, e outro, e mais outro, e depois precipitadamente de novo até ao fim
da escada. Para no fim da escada. Sobe uns degraus lentamente. Para e volta-se
para onde a escada desce. Desce um degrau, volta-se e sobe três. Volta-se, desce
uns degraus depressa, volta-se e sobe-os devagar. Agarra o corrimão com ambas
as mãos. Deita a cabeça para trás. Depois atira-a para diante. Cai-lhe sobre as
costas das mãos. Levanta-a com o gesto de recuperar-se. Com ambas as mãos
no corrimão ora sobe ora desce os degraus com ânimos opostos. Está a meio da
escada. Entra em choro convulsivo, tapa os olhos com as mãos, sobe precipitadamente a escada e sai.)*

(Entra a criada. Vai fechar a luz na cena. Sai.)

A VOZ DA MULHER – Vai. Vai. É uma criança. E tu outra criança. Não
estraguem o que já começou. A luzinha de ambos nasceu. Não
deixem que morra à nascença. Quem há de ser por ela senão os
dois? Mas não fiz nada para que isto acontecesse. Ele sim. O da
experiência. Se fosse por mim que tivesse acontecido, era o fim.
Acabava-se tudo. Sem perdão. Precisamente o que o homem não
pode é que a mulher seja tão livre como ele. Perdoo-lhe ser homem. Vou. Mas consentiu que me despedisse dele. Deixou-me
ir embora. Não perdoo. Se tem experiência que o mostre: não
se deixa fugir a mulher que se deseja. Vou. Vou fazer o papel do
homem. Vou buscá-lo. Foi longe de mais, foi longe de mais. Disse

o que não se diz. Nada ficou por dizer. Não se me apaga dos ouvidos o que não se diz e ele disse. Eu também sou difícil. Não podemos nada. Já, já não. Amanhã. Que ele sofra também. Apanho-o ao sair de casa. Amanhã. Sabe bem que é ele quem amo.

PANO

Terceiro Ato

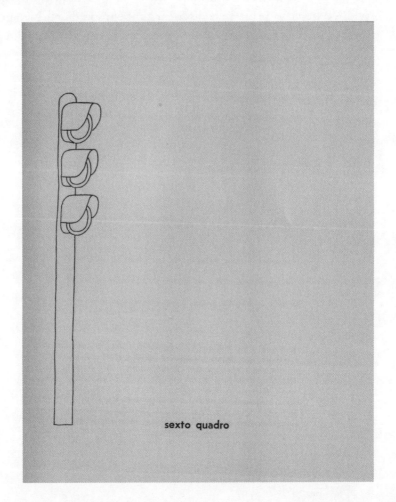

sexto quadro

(Um poste de viação* com os três olhos: amarelo, vermelho e verde. Polícia sinaleiro** com bandeiritas de várias nações no peito e nos antebraços. O protagonista, de gabardina e maleta, dirige-se ao sinaleiro com um cartãozinho.)

SINALEIRO *(Lendo o cartãozinho.)* – Knorr. On écrit Knorr. On pronnonce Pfaff. *(Ensinando o caminho.)* Devant vous. Em frente. Primera a la

---

* Semáforo (N. da R.).
** Guarda de trânsito (N. da R.).

derecha. Ali right. Depois a la esquierda, sinistra, gauche. En marchant toujours devam vous, en facé: PFAFF. C'est-à-dirc Knorr. On pronnonce PFAFF, on écrit Knorr.

(Toca o apito e faz o sinal de trânsito. Atravessam a cena em sentidos contrários dois grupos de transeuntes, todos a pé-coxinho, segurando um pé com a mão. Quando acabam de passar os grupos desapareceu o sinaleiro e o poste de viação. Fica em cena o protagonista voltado na direção que lhe disse o sinaleiro. Atrás do protagonista, um anjo da guarda como nas estampas de infância e com casaco curto. Faz com enfado os mesmos movimentos do protagonista. Este decide-se por onde disse o sinaleiro, mas antes de sair para. Hesita um passo. Hesita outro. Decide-se pelo lado oposto. Antes de sair para. Hesita um passo. Hesita outro. Fica a dar voltas na cena. Umas rápidas, outras lentas. Para desolado. O anjo da guarda seguiu-o sempre copiando-lhe os movimentos.)

ANJO DA GUARDA – Triste ideia: sair da sua terra para sítio nenhum no estrangeiro! Quanto mais longe mais perto ficas do que queres fugir. E eu que ando aqui numa dobadoira a ver o que o menino resolve. Tão certo como um e um serem dois, tu já não mudas, vais direitinho assim até ao fim. E eu sempre a dizer-te, tintin por tintin, como hás de fazer. Tão simples, tão simples! Sempre tiveste a tua vontadinha. Lá uma coisa que tu só é que sabes. Ora sozinho ninguém vive. E eu para aqui sozinho atrás de ti: nem confidente, nem secretário, nem gerente, nadinha! Bem se sabe que o segredo é alma do negócio, mas comigo, caramba!... Encheram-se as medidas. Já li umas dez vezes o resto da tua vida. Não te sirvo para nada. Não sou enfermeiro nem sentimental. Digo-te agora o que ando por dizer-te desde a tua maioridade: adeus! Governa-te sozinho.

(Finge dar passos que se vão afastando. O protagonista impassível. Em face disto, o anjo da guarda decide, destroçado, sair pelo fundo. Antes de sair olha atrás. Pé ante pé volta ao protagonista e dá-lhe um beijo na cabeça sem a tocar. Sai chorando convulsivamente. Aparece o sinaleiro que faz o sinal de passagem. Atravessam em sentidos contrários a cena dois grupos nos quais cada um vem lendo o seu livro. Quando acabam de passar, fica só em cena o protagonista atrás de uma pequena

O TEMPO DO MODERNISMO ⟿ 213

mesa com uma casa e a esfera terrestre. Na frente da mesa um cartaz: 1 + 1 = 1. O protagonista agita uma campainha de badalo mas não tira som. Começam chegando os curiosos em redor da mesa. Um deles é soldado.)

SOLDADO – Olha o que está aqui! A minha querida casinha! *(Indica uma janela.)* Aqui é o nosso quarto. Meu e dela. Tudo ao gosto dela. Tem um gosto de gente fina. *(Indica outra janela.)* Aqui é o quarto dos *petizes.* Vamos ter um casal. Gostava que vissem! Vão sair ao pai e à mãe. *(Indica o cartaz.)* Então isto também aqui está? Lá isso não! *(Tira o cartaz e esconde-o atrás das costas.)* Este é o nosso segredo. Não é para vistas. Como raio veio isto a parar aqui? *(Palpando as algibeiras.)* É muito meu! *(Tira de dentro do dólman no peito um cartão que abre em harmônio e onde se lê de um e outro lado 1 + 1 = 1. Mostra ao público.)* A prova! Cá está a prova! É meu!

(Ouve-se uma corneta tocar a sentido. O soldado larga o cartaz e o cartão e põe-se em sentido. A corneta toca a marchar. O solado marcha e sai.)

O PROTAGONISTA *(Discursando para os curiosos.)* – Como ia dizendo... O único problema deste Mundo é o caso pessoal de cada um de nós. Neste Mundo tudo é meio, tudo, e único fim do homem. Todavia, o único ser deste Mundo que erra o seu fim é o homem.

1º CURIOSO – O que é que ele vende?

2º CURIOSO – Não vês que não há aqui nada para vender?

1º CURIOSO – Então para que é?

2º CURIOSO *(Importante.)* – É para dizer as verdades!

(O protagonista vê passar de largo a Vampa em sonâmbula, vestida como no segundo quadro, trazendo nos braços abertos, seguro pelas mangas, um vestido de noiva. O protagonista despe rapidamente a gabardina e com ela faz de biombo para esconder Vampa dos curiosos. Enquanto ela erra sonâmbula pela cena, ele acompanha-a sempre nesta atitude. À passagem o grupo dos curiosos sussurra murmúrios.)

VAMPA – Tu sonhas alto. Quando dormes, dizes coisas que nunca me disseste cara a cara. Dizes sempre a mesma coisa. Tu consentiste que eu te quisesse. E eu quis. Para sempre. Eu não me enganei. Tu sim. E nem sequer o ponto final. Pegaste-me o sonhar alto.

Digo sempre, sempre a mesma coisa. Sem ponto final. Para sempre. *(Sai.)*

O Protagonista *(Volta a falar aos curiosos.)* – Como íamos dizendo... Um dia acontecerá à humanidade o mesmo que já acontece a cada um, que estamos sozinhos em nossos sonhos, sozinhos entre empregados do mundo! Para subsistir temos que pagar profissão a troco de vocação. Um dia a humanidade será toda de profissionais, de especialistas, de funcionários, e já a ninguém nascerá vocação. Já não será necessária. Não há já sítio nem ocasião para ela.

Hoje já não resta da vida senão a avidez de viver. Viver a todo custo. Viver não importa como. Todos voltados para a humanidade. Todos de costas voltadas à vocação.

A palavra humanidade ressoa estremecida nas bocas sentimentais. Como se da humanidade dependessem vocações. Como se não fosse das vocações que depende a humanidade. A avidez de viver a todo custo, não importa como, é própria de empregados do mundo, de funcionários do mundo, é própria da humanidade. Não é própria vocação. Esta palavra que não se usa, que ninguém entende, que não tem sentido. Esta palavra única da colaboração. Entende-se colaboração de profissionais, de especialistas. já não entende a de vocações. Hoje é de mentecaptos pronunciar a palavra vocação.

Pois bem, minhas senhoras e meus senhores, a humanidade não é unidade senão com cada vocação: um igual a um mais um. Unidade igual a humanidade mais cada vocação.

Minhas senhoras e meus senhores, é humanidade que pedem? Pois aí a têm: o deserto inundado de arranha-céus e as ruas transbordando de gente fugida de sítio nenhum. Não é gente que cresceu e se multiplicou. São contas multiplicadas e das quais sobra gente. A maior catástrofe da História: mataram o homem!

(Frenéticos aplausos dos curiosos.)

1º Curioso – Que disse ele que todos gostaram?

2º Curioso – Disse, e muito bem, que mataram o homem.

1º Curioso – Ah! coitadinho. E quem era o homem?

2º Curioso – Dizes muito bem: quem era. *(Importante.)* Não homem nenhum. Eu, tu, ele, nós, vós, eles, todos somos o homem. Mataram todos!

(Começa um coro dos curiosos na toada da classe de tabuada.)

Um e um, um.
Um e um, um.
Um mais um igual a um.
Um e um, um.
Um e um, um.
Um mais um igual a um.

(Ao mesmo tempo que os braços dos curiosos vão subindo sobem também nas pontas de todos os dedos a casa e a esfera terrestre muito maiores do que estavam sobre a pequena mesa.)

PANO

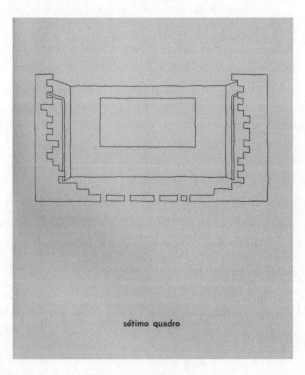

sétimo quadro

(A mesma cena do terceiro quadro. Sem a árvore. As mesmas personagens do terceiro quadro. No primeiro plano ele, com a gabardina e a maleta do quadro anterior, espreita, protegido pelo muro da edificação, uma mulher de pé voltada para o fundo diante da janela. Ela faz para longe e na mesma direção sinais que parecem os mesmos que ele fez no terceiro quadro depois de se despedirem. Talvez mais quentes e ainda mais felizes que os recordados. Pela sua mímica alguém se aproxima a passos largos. Já abre os braços para o receber. Debruça-se no parapeito com os braços avidamente estendidos para o fundo. Subitamente, volta-se para a cena, passa as mãos espalmadas sobre os olhos, controla-se, e insignificante senta-se no sítio do parapeito onde ao começar o terceiro quadro fazia costura. Abre o saco e fica na costura. Longo silêncio. Num rompante inesperado a cabeça dela sobe-lhe e ela deita a correr vertiginosamente na direção, mesmo onde ele está espreitando-a. Ele não se move. Ela passa as mãos espalmadas pelos olhos e encara-o sem expressão alguma.)

ELA – Que estavas no estrangeiro.

ELE – Disseram-te?

ELA – Em tua casa. No último dia que estivemos juntos. Seguiu para o estrangeiro. Destino desconhecido.

ELE – Voltaste aqui?

ELA – A primeira vez hoje desde que ambos estivemos.

ELE – Eu também. Cheguei de madrugada.

ELA – Já estavas quando eu cheguei?

(Afirma com a cabeça.)

ELE – Parece-me que esperavas alguém.

ELA – Bem vês que não.

ELE – E vieste.

ELA – Assombra-me ver-me aqui. Nada decidi. E vim.

ELE – E eu. De bem longe. Por aí fora. Para não faltar ao que não combinei.

ELA – Que vive em mim e decide o que eu não decido? O que não desejo decidir? O que nunca decidiria? Acabe-se este encontro de fantasmas que ninguém convida. Acabe-se esta lucidez involuntária, que não é viável, que finge vontade nossa sem meu consentimento. Decido eu: não quero ter aqui vindo. Não quero!

ELE – E vieste.

ELA – Que poderes ocultos me raptam?

ELE – Poderes ocultos que tu mesma levantas.

ELA – Que semeei eu? Que me transborda da vida e não me pertence?

ELE – Tu matas e não deixas morrer. Matar é ficar satisfeito. Tu queres que viva a tua ideia porque me matas. Tu queres morto o que não serviu a tua ideia. Ideia e o que não serviu ficaram emaranhados no teu caminho. Deixa morrer o que não serviu. Se fores capaz.

ELA *(Mostrando-lhe as costas da mão esquerda.)* – Já não espero ninguém.

ELE – Esse não é o meu anel.

ELA – Não é o teu.

ELE – Perdoa. Não fui eu quem falou. Foi o fantasma. O que não morre e está morto. E volta à procura do que não foi feito. Encontra as próprias cinzas. Sopra. Sopra com força a brasa que arde e não morre. E a brasa não morre, arde sempre e não repega fogo.

ELA – Tenho um filho! Antes dele não houve nada na minha vida. A fêmea foi mãe e nasceu-lhe a mulher.

ELE – Admirável mulher! Porque vieste hoje?

ELA – Não vim eu. Veio a minha fragilidade. A que me fez desmaiar um dia. A que me fez buscar-te depois de despedidos. Não são brasas: em cinza que quero. Daqui não quero senão ponto final. Na minha fragilidade tenho couraça de mãe. Si-i-i-i-im! Tenho um filho!

ELE – Está na tua mão o ponto final. Também eu não tenho paz. Também vim hoje aqui. Deixa morrer o que mataste. Não tragas tu na tua luzinha também o que para sempre ficou por fazer. Deixa que em ti morra em paz o que tu mataste. Sem o quereres, guardas ressentimentos que acendem ódio e ressuscitam fantasmas. Cumpre com a tua luzinha. Basta-te com o que te basta. Não lhe acarretes enganos e mal cumpridos. Desejo-te, fêmea, que tenhas por fim nascido mulher. Sê tu as tuas próprias palavras. Mas dá-me a minha paz. Mata-me, de verdade, para ti, para sempre. Não guardes contas que não se fecham, quando é fechadas que desejas as tuas. Não mandes fantasmas ao fim do Mundo convidar para dia certo em sítio nenhum. Eu deixei-me matar lealmente, como é morte, para sempre. A minha vida com a tua fico por aí. Nunca te mandei fantasmas com recados que assustam. Deixei-te livre. Sem sentimentos póstumos. Mas também tenho fragilidade. Fragilidade d'homem. Fragilidade de mulher é relativo a homem. Fragilidade d'homem é sempre cobardia. Vim hoje aqui. Não para fogo que recomeça sempre mal. Mas por minha paz. A minha paz, mulher, ser a tua. Vim por certeza que já não me diz interesseiramente respeito: tua paz. A tua paz será a minha. Quando tudo te corra bem, alguém ter encarcerados fantasmas que te visam. Quando tudo te corra bem, alguém vive a tua paz para sempre. Abnegadamente. Sem a intrusa presença Sem a imprevisível presença.

ELA *(Empurrando-o, violentamente com as mãos, pelo peito.)* – Mas deixa-me passar! *(Empurra-o constantemente sempre mais violenta, ele abre-lhe passo constantemente.)* Deixa-me passar! Tira-te da minha vida! Sai da minha vista! Deixa-me passar! Já viram isto?! Sentinela à vista! Toda a vida sentinela à vista! O meu íntimo devassado! Sai do meu caminho, espantalho! Ninguém te chama aqui. Quem te mandou cá? Não necessito d'ajudas. Sei muito bem o meu caminho. Já te disse por última vez: deixa-me passar! Deixa-me passar! Só estás presente quando não te chamam. Estavas ausente quando eu me dava a ti. Escrevias números na Lua. Sim. Ausente. Estavas ausente quando me despedia de ti. Como um desconhecido, como um estranho, deixaste-me ir embora. Deixaste que eu te fugisse. Consentiste em que eu te deixasse. Estavas ausente nos dois momentos mais decisivos da vida: quando eu me dava e quando eu te fugia. Deixa-me passar!
Pesa sobre ti um letargo de quem repete o que faz, um letargo que não te deixa acertar o teu tempo com o tempo. A tua espontaneidade chegou-te antes de ti. Estavas ausente quando chegou a tua espontaneidade. Chegas sempre antes ou depois dos teus momentos decisivos. Deixa-me passar! Deixa-me passar, fantasma!

(Empurrando-o sempre, acaba por querer empurrar também diante dela as paredes da edificação. Sai obstinadamente pelo lado oposto ao da entrada dele no terceiro quadro.)

Ele percorre com a vista o conjunto da cena e demoradamente, um por um, cada lugar na edificação. Repara que ela deixou o saco da costura. Fita o saco profundamente. Maquinalmente, como sonâmbulo, abre-o. Tira primeiro uma roca de bebê, depois tira uma pistola. Mete-os de novo no saco.)

VOZ DELA– *(Longe.)* Deixa-me passar!

ELE – *(A meio da cena, concentra os seus pensamentos para explicar-se.)* Buscava mulher, a fêmea inspiradora. Encontrei o que gostava.

A tua presença provocou em mim o sentimento inédito que buscava. Fiquei transposto. Outro. Como desejava. Senti logo que não me sentia. Já não era só mundo o que havia em mim. Todo o meu ser se multiplicava até aos confins do universo. Eu já escapava às leis de tempo e espaço. Sonho e realidade era tudo um.

Senti-me sem inimigo, para sempre. Fiquei seduzido por sentimento que buscava e afinal excedia em muito o melhor do meu desejo. Fiquei possuído por aquele sentimento que liga entre si todas as coisas e todas as pessoas, e não talvez duas pessoas apenas. O que eu buscava e tu mo inspiraste não foram contas hereditárias que não se saldam, animais conflitos milenários que impedem fêmea e macho de serem mulher e homem. Fiquei logo isento de lutas de sexo. Tu, mulher, não reconheces o sentimento que tu mesma me inspiraste. Assombra-te o sentimento que em mim inspiraste. Tu que tinhas para o mundo uma altura que não sabes ter para a vida! Eu deixo-te passar e estou-te reconhecido, mulher. Tu deste-te e não te tive, mas deixaste-me inteiro o que eu buscava.

(Sai pelo fundo galgando a janela.
Pausa.
Entra uma rapariga com sobretudo de homem, trombeta de varas e velha caixa de rufo a tiracolo sobre as costas. Segue-a um homem de gasta peliça, coco e um gramofone de campânula em corola vegetal. Observam a cena. O homem deixa o gramofone no primeiro plano voltado para o público.
Uma cortina vem coincidir com a suposta parede da edificação mais próxima do público.
A rapariga, o homem e a edificação desaparecem por detrás deste pano. Música de abertura de espectáculo de circo com pratos, tambor, bombo e cornetim. À transpa-

rência deste pano é um mar de ondas rudimentarmente articuladas em movimento inquieto. Por um sistema de várias cortinas transparentes subindo sucessivamente, torna-se cada vez mais nítida a visão por transparência. Cessa, extinguindo-se, a música de abertura e começa no gramofone a valsa alemã "Sobre as Ondas". Aparece navegando um barco que para no meio do mar. O barco chama-se à proa 1 + 1 = 1. Traz um marinheiro. Bigodes retorcidos, grossas suíças, cabelo negro encaracolado a sair em cachos do boné com o nome do barco na fita, camisola às riscas vermelhas horizontais, grosso casaco de bordo com divisas e cachimbo que fuma como chaminé de indústria. O marinheiro deita ao fundo do mar uma âncora de prata reluzente enroscada pela palavra Esperança. Tira de dentro do barco um embrulho de papel de seda verde. Desata-lhe os cordéis. Desembrulha com carimbo e conhecimento. É uma rede de Pescar semeada de estrelas de Natal. Lança a rede pela borda e espera sentado. Começam os empuxões na rede. Levanta-se e iça a rede.

Vem nela uma sereia. Cabelos de oiro compridos, soutien para os grandes seios, corpo de escamas verde-escuro e duas caudas de peixe com as barbatanas.)

SEREIA – Irra que estás a magoar.

MARINHEIRO – Desculpa *Madame*. Foi sem querer.

(A sereia está içada por fora à altura do barco.)

SEREIA – Ajuda, estúpido! Faz força senão aleijo-me. Besta, faz-me
subir!

MARINHEIRO –Vai já *Madame*: Upa!

*(Põe a sereia dentro do barco enleada na rede. A sereia tem gestos espalhafatosos
a querer libertar-se da rede.)*

SEREIA – Jeito não é para ti! Cada vez mais cavalgadura!

MARINHEIRO – Queria ver a *Madame* cá de cima puxar por mim. Ah!
ah! ah!...

*(Por cima da rede faz carinhosas festas na sereia. Ela defende-se como fera e
acaba por agarrá-lo. Pouco a pouco a rede vai cobrindo também o marinheiro.
Ambos lutam encarniçadamente dentro da rede. Depois de grande balbúrdia só
o marinheiro está dentro da rede. Livre, a sereia espreguiça-se animalmente e
vai dirigir-se à proa.)*

  – E a tapona?

SEREIA – Ah, é verdade. Esquecia-me.

(Volta atrás e bate desalmadamente no marinheiro.)

MARINHEIRO – Com mais força.

SEREIA – É toda a que tenho. Ontem refilaste.

MARINHEIRO – Mas não é tapona a sério, é só para vista.

SEREIA – Nunca estás contente. Rastaparta!

MARINHEIRO – Se não queres há mais madamas.

*(A sereia vai deitar-se de costas à Proa, as duas caudas de peixe sobre cada
borda do barco. Os peitos arfando fundo e agitadamente como vagas de oceano.
Dá um grito lancinante. Cai enrodilhada no fundo do barco. Ouve-se gritar
um recém-nascido. Do fundo do barco sobem o marinheiro liberto da rede e a
sereia trazendo ao colo um serzinho humano com duas caudas de peixe. Acaba*

o gramofone. As ondas param. Sereia, marinheiro e sereiazinha imóveis. Entra correndo o fotógrafo com um pano a cobri-lo metade e à máquina com o tripé. Ajeita o tripé no primeiro plano para o barco. Levanta alto o braço e dispara o relâmpago magnésio.)

PANO

FIM

Madrid, 1928.

O PÚBLICO EM CENA

ATO ÚNICO

(Ao subir o pano, estão dispersos pelo palco vários homens e mulheres. Todos falam desordenadamente para dominarem o barulho e fazerem-se ouvir. Os que reparam que o pano vai subir, procuram os bastidores, para fugirem de cena, ou vão para determinado local, como se lho tivessem previamente indicado. Uma mulher distingue-se de todos pela imperiosidade com que procura disfarçar aquela inesperada subida do pano. Acabava de deixar-se pôr uma joia no decote por uma senhora de idade que lhe dirigia estas palavras: "Vês tu! esta sim, esta é que diz muito bem como este vestido!" Ao dar-se conta de que o pano sobe, ainda se lhe escapa esta interrogação: "Mas quem foi que deu ordem para subir o pano?!" A senhora de idade foge muito pesada para fora de cena, e ela começa imediatamente a dirigir o restabelecimento da normalidade, com gestos cada vez mais escondidos. Em seguida, com um movimento rápido, para tornar-se senhora de si, avança até ao público, para dirigir a palavra à plateia. Entretanto, homens e mulheres foram ocupando determinados lugares que lhes haviam sido previamente indicados. Uma vez formados em duas filas homens e mulheres, é quando ela avança até ao público para lhe dirigir a palavra. Aplausos do público e dos que estão em cena, e ela agradece para diante e para trás.)

A MULHER – Minhas senhoras e meus senhores. É pela primeira vez que hoje me dirijo a esta sala sem ser por aquelas palavras sacramentais: "Respeitável público!" Efetivamente é hoje a primeira vez que acontece não ser o público quem se senta nos vários lugares desta sala de espetáculos. Hoje, o público subirá aqui à cena, e vós, senhores autores dramáticos, ocupareis hoje aí os vários lugares do público. Sede bem-vindos a esta vossa casa! Sim, porque se de alguém é o teatro, esta arte de pôr a todos em comunicação nos mesmos sentimentos, é bem de vós, senhores autores dramáticos. E eu tive a ideia (perdoai-me), eu tive a ideia de vos reunir a todos aqui nesta sala, foi por inspiração que me veio esta ideia à minha cabeça, foi por amor ao teatro, a quem tenho dado o melhor da minha vida... *(Aplausos.)* Vós, senhores autores dramáticos, andais tão estreitamente ocupados nessa vossa altíssima missão de imaginar assuntos que entretenham o público durante o preço de cada entrada, que, por vezes, alheais- -vos (o que é natural), involuntariamente já se vê, de realidades que afinal só são visíveis através da bilheteira. Desgraçadamente, não é novidade para ninguém, o teatro está em decadência. O público abandona cada vez mais o teatro e prefere os outros espetáculos. Temos feito por nossa parte todo o possível para trazer de novo o público ao teatro. Mandamos limpar a casa toda de alto a baixo. Por dentro e por fora tudo foi minuciosamente modernizado. Atendemos criteriosamente ao gosto que corre atualmente, tendo sido por nós chamados os melhores técnicos das várias especialidades. Nem o mais pequeno pormenor foi esquecido para tornar esta gloriosa casa digna também dos dias de hoje. Um dos mais famosos *barmen* da Europa civilizada foi por nós contratado à custa de incalculáveis sacrifícios. Todo o capítulo de higiene foi visto e revisto, pensado e repensado, ten- do surgido no subsolo deste edifício um dos mais interessantes problemas da arquitetura de esgotos da atualidade, diga-se de passagem. *(Aplausos.)* E, quanto a conforto, não tivemos mãos a medir: ele foi cortinas, reposteiros, camarotes, camarins *(aplausos dos que estão em cena)*, tudo numa palavra. Substituímos por fo- fos e elegantes assentos modernos às velhas cadeiras dos nossos antepassados que foram testemunhas de tantas noites de glória, refiro-me, é claro, aos antepassados porque não me sinto com competência para fazer símbolos com cadeiras. E por último as faustosas librés dos nossos porteiros e demais empregados, desenhadas lá fora pela maior sumidade mundial em figurinos, e executadas também lá fora, donde vieram por via aérea para não faltarem à inauguração da remodelação deste glorioso tea- tro. *(Aplausos.)* Pois o público sabe isto tudo e não vem. É esta a voz da bilheteira: O público não vem. Francamente, não esperá- vamos tamanha ingratidão para os nossos onerosos encargos. Foi então que me lembrei de V. Ex.ᵃˢ, senhores autores dramáticos. Sem a vossa parte a dizer com os gastos que tivemos no arranjo desta casa, a bilheteira continuará estéril. Ponho toda a minha fé na parte de V. Ex.ᵃˢ. E já o algures um grande da nossa terra: "Onde está a inteligência está o dinheiro. Mede-se o valor do artista pelo dinheiro que ele ganha. E a prova é que os pobres são todos uns imbecis". E não é verdade: quando a bilheteira não dá lucro como devemos avaliar o autor que nessa noite se representa? A resposta a esta pergunta pertence a V. Ex.ᵃˢ, senhores autores dramáticos. E foi para vos facilitar a resposta que eu tive esta minha ideia de vos juntar a todos aqui. Porque S. Ex.ᵃ o público dignou-se aceitar o meu convite para subir a esta cena. Estou certa que darei por bem empregados todos os meus dissabores a este respeito. Vós tereis ocasião de o ver tal qual ele é atualmente. Confesso a minha surpresa: não esperava encontrar nada daquilo! Porque o público é afinal como nós, vamos tendo várias idades e nunca voltamos atrás. Mas o público mudou. Mudou muito. Já nem sequer se parece com ele mesmo. Tive de fazer um grande esforço para acreditar que era ele próprio. Ora a verdade é que ele é quem paga, e quem paga tem todo o direito de ser servido. Foi por isto do pagar que eu acabei por reconhecê-lo. *(Aplausos.)* Para terminar: neste momento em que vou apresentar em cena S. Ex.ᵃ o público aos senhores autores dramáticos e à minha querida companhia teatral, *(Indica os que estão em cena.)* faço votos para que torne a ser eloquente a linguagem da bilheteira. Tenho dito. *(Aplausos prolongados. À medida que se vão extinguido os aplausos começam a ouvir-se umas cornetas acompanhadas por tambores e uma voz agrandada por um microfone anunciando cada vez mais perto.)*

"S. Ex.ᵃ o público!... S. Ex.ᵃ o público!... S. Ex.ᵃ o público!... *(Os que estão em cena compõem as suas atitudes, as mulheres fazem nuvens ao porem pó de arroz, os homens apertam um nadinha os nós das gravatas, e a que esteve falando passa revista a todos, preparando o conjunto e corrigindo pormenores. Dois porteiros em grande libré desviam a cortina e vê-se uma guarda de honra de grande aparato. Um arauto anuncia com uma alta voz)* – S. Ex.ᵃ o público vai entrar em cena!"

(Aparece ao fundo, enquadrado por toda a cerimônia da entrada, uma personagem cujo aspecto não indica nenhuma classe social, e é mais apagada que a de qualquer outra em cena. Caracteriza-a, em todos os seus gestos e palavras, a simplicidade, a ingenuidade, e o não sair nunca do seu lugar moral de público, esteja onde estiver. Em vez de entrar, procura em todos os seus bolsos qualquer coisa que não há meio de encontrar. A mulher que esteve a falar vai ao seu encontro.)

A Mulher *(ao púbico.)* – V. Ex.ª procura alguma coisa em que eu possa ajudar?

O Público – Espere um pouco se faz favor. Não vê que eu estou à procura dele? *(Reparando na mulher.)* Ah é a senhora que esteve em minha casa!

A Mulher – Sim senhor, eu mesma.

O Público – Desculpe, julguei que era a arrumadora. *(Cumprimenta-a, estendendo-lhe a mão e tirando o chapéu da cabeça.)* Como tem passado? Cheguei a horas? Mas espera: a mim não me entregaram nenhum bilhete! Desculpe, caio agora em mim. É o costume. É o costume de nunca confiarem na minha pessoa, e pedirem-me sempre o papelinho para verem se eu paguei a entrada. Vou contar esta logo ao jantar. Vão fartar-se de rir comigo. É a primeira vez que sou convidado a ir ao teatro sem pagar. Quando a senhora esteve lá em casa, desculpe, mas a mim cheirou-me a pouca vergonha. Por engano, claro está, por engano. Lá em casa é que ainda estão em que tudo isto é pouca vergonha. *(Como ela não tem palavras que façam diálogo com as do público, sorri-lhe com o papel de quem o recebe com simpatia.)*

A Mulher – Queira V. Ex.ª dar-se ao trabalho de entrar nesta sua casa. *(Indica-lhe a cena.)*

O Público – Trabalho? Ah sim, é o que se costuma dizer aos convidados. É a primeira vez que sou convidado. Tenho visto muito, mas nunca sou eu pessoalmente de quem se trata no que eu tenho visto. *(Entra, acompanhado pela mulher.)*

A Mulher – É escusado apresentação para pessoa tão conhecida. Tão conhecida e tão célebre! *(Indicando-lhe os que estão em cena.)* Esta é a companhia teatral que eu dirijo em pessoa. Os meus camaradas, atrizes e atores.

O PÚBLICO – Já viajei uma vez com uma companhia de teatro. Nunca os vi representar porque não nos apeamos na mesma estação.

(O público veste-se de escuro, e quando se volta, traz marcada a claro nas costas uma cadeira com o assento no seu respectivo lugar. Atores e atrizes dobram-se todos pelos rins à sua passagem por diante deles acompanhado pela diretora, e tornam a pôr-se direitos com os peitos no ar. A atriz mais jovem sai da forma e dirige-se à diretora.)

A ATRIZ MAIS JOVEM – Eu trouxe-lhe bombons. Foi uma ideia absolutamente minha. Ele gostará dos meus bombons?

A DIRETORA – É o que se vai saber, meu anjo!

A ATRIZ MAIS JOVEM – Também ainda tenho outra ideia absolutamente minha, não a li em parte nenhuma, mas é para mais de aqui a bocado. Ai ele é tão simpático! *(Volta para o seu lugar.)*

A 2ª ATRIZ *(Sai do seu lugar e coloca-se diante do público, recitando.)* –
Um e um são dois e um três
neste dia inolvidável
em que o público respeitável
vem à cena a primeira vez.

Esta ideia foi genial
é assim mesmo que se faz
zás, pás, trás, catrapás-pás-pás
e viva o público em geral.

O CORO DOS ATORES E ATRIZES – Zás, trás, pás, catrapás-pás-pás e viva o público em geral.

(A 2ª atriz volta para o seu lugar.)

O PÚBLICO *(à diretora.)* – Como se chama esta senhora?

A DIRETORA – É a 2ª atriz.

O PÚBLICO – Que raio de nome! Gostei mais da voz dela que dos versos.

A DIRETORA – Os versos são do 1º ator.

O PÚBLICO – Se calhar gosto mais dos versos que da voz dele.

228 ∼ POESIA É CRIAÇÃO

(*A diretora toca um apito e um servente traz uma cadeira que deixa ao meio da cena e retira-se. Uma atriz sai da forma e limpa domesticamente com um lenço minúsculo as costas e o assento da cadeira. A diretora oferece a cadeira ao público para se sentar. Este senta-se, mas a atriz mais jovem vem aflita dirigir-se ao público.*)

A ATRIZ MAIS JOVEM – Ai, ainda não, ainda não! Falta isto. *(À diretora.)* É a tal segunda ideia absolutamente minha. *(Tira uma pequeno embrulho que traz guardado entre os seios, desembrulha-o, e é uma almofadinha que ela mesmo lhe põe debaixo do rabo para o público se sentar em cima. Aplausos de toda a companhia, sensivelmente comovida.)*

UNS – Que linda ideia!

OUTROS – Ideia formosa!

UM SOZINHO – Doce e suave inspiração!

UMA SOZINHA – Faço minha a ideia que ela teve.

O PÚBLICO – O maior defeito do teatro, para mim, são os assentos. Ainda me lembro ao princípio lá nas bancadas da geral. Nem todas as peças que se representavam me faziam esquecer que o assento era de pau. E primeiro que eu chegasse aos *fauteuils* tive de comer muito pão com queijo. Mas esta almofadinha parece mesmo feita para mim... *(Todos felicitam a atriz mais jovem.)* Se o meu rabo fosse a metade do que é. *(Todos censuram a atriz mais jovem.)* Precisamente quando a senhora esteve lá em casa nasceu-me uma borbulha e só posso sentar-me de lado. De modo que esta almofadinha alivia-me o rabo todo, exatamente como se eu não tivesse borbulha nenhuma. *(Novos aplausos à atriz mais jovem.)* Não haja dúvida de que não está nada mal pensado uma almofadinha para estes casos.

A DIRETORA *(Sem saber o que há de dizer.)* – Ou é dos meus olhos, ou V. Ex.ª está agora um pouco mais nutrido desde a última vez.

O PÚBLICO – Desde a última vez?! Essa não é má. Eu sempre fui assim desde que me conheço. Deve ser dos seus olhos. Com borbulha ou sem borbulha eu nunca me vi mais gordo. Eu tive sempre a mesma medida dos lugares que me dão para assistir aos espetáculos, nas plateias, nos camarotes ou nos galinheiros. Desde muito antes do circo romano que eu conservo esta minha estatura limitada pelos ombros dos meus vizinhos. O que me quer cá parecer é que a senhora me anda a confundir com outro.

A Diretora – Então eu não estive na sua própria casa?

O Público – Mas podia julgar que era a casa do outro. Ora vamos lá a saber se a senhora sabe com quem está a falar. Como é que eu me chamo?

A Diretora – V. Ex.ª é o Senhor Público?

O Público – Tire lá o V. Ex.ª e o senhor, isso é amabilidade. De resto, nunca foi costume chamarem-me assim. Dessas cerimônias todas só pegou a do respeitável. Mas eu não me ralo. Chamo-me simplesmente público. Mas qual deles?

A Diretora – Qual deles?! Então não há só, um público?

O Público – Isso também eu queria. E assim seria o certo. Mas já me tem acontecido querer ir a qualquer lado e não poder lá entrar por se ter apresentado o outro primeiro do que eu.

A Diretora – O outro público?

O Público – Sim minha senhora. Tenho passado por verdadeiras vergonhas. Parece-lhe bonito isto de ouvir dizer aos porteiros: "O senhor não pode entrar porque o senhor já está lá dentro?" Mas de quem é a culpa? Minha ou de quem me confunde com o outro?

A Diretora – É estranho!

O Público – Também me parece. Por mais parecidos que sejam dois gêmeos, há sempre uma borbulha para os diferençar.

A Diretora – Há então mais do que um público?

O Público – Não há não senhora! Faça favor de ver como é que fala! Depois queixam-se de que não vai ninguém ao teatro. É bem-feita! Eu é que não posso sujeitar-me a que tomem outro por mim.

A Diretora – Dá-me licença que lhe faça uma pergunta?

O Público – Dou licença, sim senhora, faça-a lá. E eu também cá tenho uma pergunta para lhe fazer.

A Diretora – Foi aqui neste teatro que lhe aconteceu isso de não poder entrar por já cá estar o outro?

230 ∾ POESIA É CRIAÇÃO

O Público — Sim senhora, foi aqui neste teatro. E neste teatro mais vezes que nos outros. Até que decidi não pôr cá mais os pés.

A Diretora — E há quanto tempo?

O Público — Há mais de dez anos.

A Diretora — Oh!

O 1º Ator *(a outro ator)* — Tenho cá dentro do peito uma coisa que me diz que este é que é o outro.

O Outro Ator — Mas se isso é assim como tu dizes, qual é o bom? O mau ou o outro?

O Público — Quando me convidaram a vir aqui ao teatro eu até julguei que era para tratarmos deste meu caso com o outro.

O 1º Ator *(ao outro ator)* — Vês tu: o outro é que é este.

O Outro Ator — Mau! o bom ou o outro?

O 1º Ator — O que deixou de cá vir.

O Outro Ator — Bom! mas esse é o mau?

O Público *(à diretora)* — Ora agora vamos lá à minha perguntinha. Vamos lá a saber: o que é que a senhora deseja de mim?

A Diretora — O que eu desejava, o que nós todos desejamos é que V. EX.ª, Senhor Público, nos dissesse francamente o que melhor lhe apeteceria que lhe déssemos como espetáculo.

O Público — Pronto, já está! A senhora está a responder-me a sério, não é verdade? Sim, nem podia ser doutra maneira. Pois sabe o que eu lhe digo? Que essa não está má! Bem digo eu que a senhora me toma pelo outro. Já lhe disse que me chamo público. Por conseguinte, não sei absolutamente nada do que me apetece. Só sei que às vezes apetece-me distrair. Como? Não sei.

A Diretora — Então quem o há de saber?

O Público — Quem? A senhora está a falar a sério?! Eu vou a qualquer parte onde haja alguma coisa para ver. Se o que eu vir não é o que me agrada, aborreço-me. Mas se me agrada, ainda fico com mais curiosidade. E isto é que é o importante: que a minha curiosidade não se aborreça. Ora, isto está muito longe de ser eu mesmo a pedir o que me apetece.

A Diretora — Mas quem pode adivinhar o que lhe apetece ao público?

O 1º ATOR *(ao outro ator)* – Eu não te dizia? Este é que é o outro. Nem sabe o que lhe apetece a este!

O PÚBLICO – Minha senhora, se o público soubesse o que lhe apetece não arriscava o seu dinheiro a ir aos espetáculos que lhe dão.

A DIRETORA – E nesse caso como é que se divertia?

O PÚBLICO – Nesse caso, sabia divertir-se, e é tudo. Saber divertir--se não pertence ao público. O público apenas se diverte ou se aborrece. Nem uma nem outra é por seu saber.

A DIRETORA – Mas eu fico na mesma: a quem cabe afinal saber divertir o público?

O PÚBLICO – Já lá vamos. Primeiro gostava de saber se a senhora, efetivamente, ignora o que me pergunta, ou se deseja as provas da minha identidade?

A DIRETORA – Suponhamos que sejam as duas ao mesmo tempo.

O PÚBLICO – Aceite. Respondo: saber divertir o público é a missão de todo o espetáculo. Mas quem sabe divertir não é aquele que faz parte do espetáculo, mas sim aquele que o imaginou. Entende--me?

A DIRETORA – Sim, perfeitamente.

O PÚBLICO – Não entende tal. É muito mais simples do que a senhora julga: eu, o público, vou a um espetáculo, os atores divertem-me, mas o que sabe distrair-me é o que os atores dizem ou fazem, ou seja, o autor que eles, atores, representam; a imaginação do autor que os atores tornam presente.

A DIRETORA – É exatamente o que eu já tinha compreendido há bocado.

O PÚBLICO – Sem autores não há arte. Com bons edifícios, boas companhias teatrais, mas sem autores, não há Arte, só são possíveis exibições. Eu, público, não me faço ilusões a este respeito sobre a minha pessoa. Eu sei que a minha vida, o melhor da minha vida, está nas mãos dos autores. Eu serei alguém se os autores o souberem dizer por mim. Eles é que sabem dizer o que eu quero. O querer é meu, mas o saber dizê-lo pertence-lhes todo. É a minha voz que está nas mãos deles. E de que me servirá o querer se não sei sequer dizê-lo quanto mais fazê-lo?

232 ～ POESIA É CRIAÇÃO

A Diretora – Se os autores o ouvissem...

O Público – Se não me ouvissem é que seria mau sinal para eles. Infelizmente há autores que parece que não é a minha voz a que está nas suas bocas!

O 1º Ator – Aposto singelo contra dobrado que este não é o outro.

O Público *(à diretora)* – Vou fazer-lhe a minha última pergunta: a senhora o que é? Não pretendo saber o seu nome ou a sua vida, gostava só de saber como se apresenta aos outros, ao mundo.

A Diretora – Eu? Eu sou... já lhe disse, sou a diretora da minha companhia teatral e ao mesmo tempo a primeira atriz.

O Público – Pois nem como diretora de companhia nem como atriz a senhora tem necessidade de estar a falar com o público. É engano seu. Comigo ninguém tem nada que falar. Entendam-se com os autores: são eles que falam por mim. E uma vez mais lhe digo: não julgue que em Arte se podem substituir os autores. Pelo contrário, se querem Arte, se querem dinheiro, mais dinheiro ainda do que cabe na vossa própria ambição: dinheiro tão certo que não necessitem de pensar em dinheiro, eu digo-lhes o segredo: deixem os autores levar intacta até ao público a sua imaginação de autores! O filão de oiro da Arte, da Arte que vale oiro, e que todo o oiro do mundo não será bastante para a servir, está em cima da mesa de trabalho de cada autor! Deixem que os autores encham de ouro-metálico, ouro-dinheiro, ouro-sonante, as vossas mãos, pelo processo deles e no qual vós não acreditais! A imaginação dos autores é o único segredo do mundo que faz nascer, correr e sem perigo de secar a fonte de ouro!

O MEU TEATRO

A Fernando Amado
que pôs em cena duas peças minhas:
sinto-me pago em artista e em amigo.

Teatro é o escaparate de todas as artes.
Todas as artes são todas as peças da mesma coisa.

Perguntaram-se se teatro não era a mais fácil das artes. Respondi: não há artes mais fáceis. Qualquer delas é facilidade. Teatro é facilidade ali, à vista de todos.

Arte é tornar fácil o difícil. O difícil é o espontâneo. Este vem no fim. Pois quando foi primeiro não estava lá o próprio.

O demônio da arte é faculdade de tornar arbitrária a ordem dos fatores "antes" e "depois": depois primeiro que antes, antes e depois ao mesmo tempo, e uma vez embaralhados ambos, pôr de novo depois no mesmo que antes.

Antigo antes de novo, novo e antigo ao mesmo tempo, e novo no mesmo que antigo.

A amplitude do significado de teatro é tal que não suporta categorias. Apenas esta: o teatro de fulano.

Nenhuma outra arte tem grafologia tão rigorosa. É impressão digital do autor. Cadastral.

Nenhuma outra arte faz fotografia tão parecida com autor anônimo.

E por isso mesmo, a sociedade está melhor julgada em teatro do que aparenta. Vê-se a sociedade ao espelho tal-qual (o que não é arte) e vê-se melhorar a imagem no espelho, melhor primeiro que no sujeito (e isto é arte).

Não se pode teatro senão no que já estava textual na íntegra. E isto não é teatro. Falta-lhe o jeito que melhore tal-qual.

Melhorar: pôr em cidadela, isto é, livre, livre de problemas.

O jeito: o esquecido.

Teatro é o simulacro a escâncaras da anarquia da liberdade sem cabimento no nosso planeta.

Ao que devo a minha intromissão em teatro ao falar arte?

Quando morre um companheiro ou melhoro em autor, como tardara melhorar em vida na sua companhia. Obrigo-me a ressuscitá-lo, para continuá-lo, a ele, não apenas a mim, que não continuo sem ele.

Esta minha confissão do segredo de criação de arte, quando posto em teatro fica mais tremenda com a presença viva do ator no ressuscitado.

Quanto ao modo de linguagem em teatro, tenho receita: o atraso mental, o despropósito de alienados, o espontâneo de crianças e de primários, a sabedoria de palhaços tornar unânime o público, e sobretudo a visualidade popular no relato sucinto de notícia. E se se quer, pode levar o visto de universitário.

Em mim a vocação de teatro está truncada. Por isto: jamais seria capaz de nada em teatro senão sobre o que fosse feito por mim, não só como autor, também como ator e também como organizador do espetáculo. Francamente, nada mais saberia de teatro que o que nele fizesse. Feito por mim. Com uma exceção: Ésquilo. O único gênio possível em teatro fê-lo Ésquilo. Depois dele ficou a genialidade teatro.

Ésquilo está possesso do humano, e por isto, não pode senão "falar--se": não tem particular além do humano. Assim o gênio é desumano. Sem colóquio. Evidentemente o gênio teatro havia de dispersar-se em genialidade particular.

Vi a tempo esta circunstância passar em mim, e parei no teatro. Limito-me ao exercício próprio da arte teatro na qual a rebusca do espontâneo está premente de imediato, mais tremendamente que em qualquer outra arte.

Assim como é indicado agora vir do romanceado para o teatro, não é possível aqui a inversa, ir do teatro para o romanceado.

Isto significa que o teatro se aparta do modo literário talmente há de cumprir *in loco* o gesto público de arte. Nenhum modo literário logra a fidelidade da mímica recuperada. Esta é de existência transfinita. Apenas o concreto finito, a forma, lhe é paralela.

Perguntaram-me se tinha modo meu para julgar teatro. Respondi que sim: tapo os ouvidos e se no fim do espectáculo fico a saber contar a história, bate certo.

Nenhuma arte se confirma senão em artesanato.

Artesanato é a arte do executante.

Toda a arte é executante.

O executante em primeiro lugar é o autor. Prevê o artesanato. Isto é, não há artesanato sem autor. E vice-versa.

A importância do ator no artesanato de teatro é tal que: numa exposição de tapeçarias onde era de assunto representado arbitrário, perguntei ao organizador: era capaz de expor o cartão desta tapeçaria desacompanhado da sua reprodução em artesanato? Respondeu: de maneira nenhuma.

Era a resposta que eu esperava: a firmeza do artesanato estava ali passivo e sem julgamento ao autor do cartão. Não era artesanato. Era tear. Muito parecido com o cartão do autor. Mas sobejava-lhe o muito.

Há uma característica comum a todas as artes e a qual parece exclusiva de teatro: a necessidade.

Arte é necessidade: a necessidade arte. E se profundarmos o vasto todo da palavra necessidade veremos que esta, mais do que "um a fazer-se" é um "ter de fazer-se". É neste "ter de fazer-se" que passa inteiro o articulado de arte. E por isto é necessidade de arte toda a necessidade, leve esta a um articulado de obra dos sentidos, leve esta a outro modo desta mesma tensão, o modo sempre finalidade sem registar intermédios. Ambos os modos são arte. Ambos são a necessidade arte. E o segundo, mais próximo constantemente de poesia que o primeiro.

Se toda a arte é necessidade, teatro não é senão necessidade. Em arte a obra não distrai a necessidade. Em teatro menos que em qualquer obra.

Considero em *O Meu Teatro* o meu melhor exemplo no exercício da peça *Deseja-se Mulher*, como desnudamento da necessidade em cena. Sobre o mais simples dos *sueltos* jornalísticos, não passa neste nenhuma intriga. Deste modo fica mais evidente que toda a ação está constantemente negada. Se não estivesse constantemente negada a ação não permitiria apurar a necessidade. Ora *Deseja-se Mulher* é exclusivamente necessidade. Nenhum dos personagens entra em intriga, o que em cada um faz mais flagrante a necessidade ser mais ou menos dignidade.

Esperei em vão que a crítica o anotasse: não há competição em *Deseja-se Mulher*.

Se teatro se propõe satisfazer necessidade de protagonista ou doutro intérprete está perdido em arte, isto é, em humanidade.

A arte não pode generalizar soluções, ou seja, não pode uniformizar uma. Única solução não na há em arte. A não ser quando única seja a individual. O teatro atinge o fim do seu poder de arte ao largar por último o intérprete na sua única ação individual, mas sem insistir em qual esta seja, e ainda em como seja. Resume-se a sentido de ponteiro de bússola. É-lhe absolutamente interdito tocar em justeza de ação individual, de opinião individual, de íntimo individual. A única opinião discutível é a comum.

A ignomínia vai até pretender fazer de teatro apologética de religião, de política ou outra. Não é de maneira nenhuma este o modo de respeitar religião, política ou outra.

O respeito é não tocar opinião, nem a própria, e olhar o sentido do ponteiro na bússola.

Nunca houve no mundo autoridade sobre o que empurra cada um de nascença.

Um dia em Paris apresentou-se no *atelier* uma jovem modelo. Tinha entendido mal o anúncio e desnudou-se completamente para outro efeito. Ao informar-se do caso logo se cobriu com os vestidos sem tempo de os vestir.

A arte atingia-a no seu íntimo incomparavelmente mais do que aquilo que ela havia entendido no anúncio.

É esta não-ação da arte o que desnuda completamente qual seja a ação do íntimo individual, esta que mais ninguém a saberá senão a do íntimo individual mesmo.

A não-ação em teatro parece contradição.

Não-ação é o que distingue teatro dos espetáculos cinema e televisão.

Não-ação, à Ésquilo: o teatro. Deixar a ação incólume para cada um.

III. O DESENHO DA INOCÊNCIA

CIVILIZAÇÃO E CULTURA

Uma mesa cheia de feijões.

O gesto de os juntar num montão único. E o gesto de os separar, um por um, do dito montão.

O primeiro gesto é bem mais simples e pede menos tempo do que o segundo.

Se em vez da mesa fosse um território em lugar de feijões estariam pessoas. Juntar todas as pessoas num montão único é trabalho menos complicado do que o de personalizar cada uma delas.

O primeiro gesto, o de reunir, aunar, tornar uno, todas as pessoas de um mesmo território, é o processo da CIVILIZAÇÃO.

O segundo gesto, o de personalizar cada ser que pertence a uma civilização é o processo da CULTURA.

É mais difícil a passagem de civilização para cultura do que a formação de civilização.

A civilização é um fenômeno *coletivo*.

A cultura é um fenômeno *individual*.

Não há cultura sem civilização, nem civilização que perdure sem cultura.

(Aqui há uma ilustração cujo desenho representa uma balança perfeitamente equilibrada com a civilização num dos pratos e a cultura no outro.)

FIM

Justaposição disto mesmo a Portugal: uma civilização sem cultura. As exceções, inclusive as geniais, não fazem senão confirmá-lo.

ODE A FERNANDO PESSOA

Tu que tiveste o sonho de ser a voz de Portugal
tu foste de verdade a voz de Portugal
e não foste tu!
Foste de verdade, não de feito, a voz de Portugal.
De verdade e de feito só não foste tu.
A Portugal, a voz vem-lhe sempre depois da idade
e tu quiseste acertar-lhe a voz com a idade
e aqui erraste tu,
não a tua voz de Portugal
não a idade que já era hoje.
Tu foste apenas o teu sonho de ser a voz de Portugal
o teu sonho de ti
o teu sonho dos portugueses
só sonhado por ti.
Tu sonhaste a continuação do sonho português
somados todos os séculos de Portugal
somados todos os vários sonhos portugueses
tu sonhaste a decifração final
do sonho de Portugal
e a vida que desperta depois do sonho
a vida que o sonho predisse.
Tu tiveste o sonho de ser a voz de Portugal
tu foste de verdade a voz de Portugal
e não foste tu!
Tu ficaste para depois
e Portugal também.
Tu levaste empunhada no teu sonho a bandeira de Portugal
vertical
sem pender pra nenhum lado
o que não é dado pra portugueses.
Ninguém viu em ti, Fernando,

senão a pessoa que leva uma bandeira
e sem a justificação de ter havido festa.
Nesta nossa querida terra onde ninguém a ninguém admira
e todos a determinados idolatram.
Foi substituído Portugal pelo nacionalismo
que é maneira de acabar com partidos
e de ficar talvez o partido de Portugal
mas não ainda apenas Portugal!
Portugal fica para depois
e os portugueses também
como tu.

ACONTECEU-ME

Eu vinha de comprar fósforos
e uns olhos de mulher feita
olhos de menos idade que a sua
não deixavam acender-me o cigarro.
Eu era eureka para aqueles olhos.
Entre mim e ela passava gente como se não passasse
e ela não podia ficar parada
nem eu vê-la sumir-se.
Retive a sua silhueta
para não perder-me daqueles olhos que me levavam espetado.
E eu tenho visto olhos!
Mas nenhuns que me vissem
nenhuns para quem eu fosse um achado existir
para quem eu lhes acertasse lá na sua ideia
olhos como agulhas de despertar
como ímã de atrair-me vivo
olhos para mim!
Quando havia mais luz
a luz tornava-me quase real o seu corpo
e apagavam-se-me os seus olhos
o mistério suspenso por um cabelo
pelo hábito deste real injusto
tinha de pôr mais distância entre ela e mim
para acender outra vez aqueles olhos
que talvez não fossem como eu os vi
e ainda que o não fossem, que importa?
Vi o mistério!
Obrigado a ti mulher que não conheço.

244

ELOGIO DA INGENUIDADE OU AS DESVENTURAS DA ESPERTEZA SALOIA

*Le génie et l'enfance ont une admirable
ressemblance: c'est la naïveté!*

*Les hommes n'ont donc pas remarqué
que le contraire de l'art c'est la ruse? Pour
n'avoir pas encore fait cette remarque, il
faut vraiment qu'ils soient bien vieux.*

ERNEST HELLO

Aquele que recorrer ao dicionário para que este lhe diga o que sabe sobre a palavra ingenuidade, talvez, como eu, fique surpreendido com o que consta acerca do significado e história da palavra *ingênuo*.

Tendo sido escrito o título da presente palestra antes da minha visita ao dicionário, não poderei deixar de reconhecer que apenas a intuição me levou a intitular desta maneira o que eu desejava esclarecer.

Ao escrever *Elogio da Ingenuidade ou As Desventuras da Esperteza Saloia*, a intuição não me falhou, mas devo dizer-lhes que o meu intuito nestas palavras era premeditado.

Para melhor esclarecimento dos que me ouvem passarei a contar--lhes lealmente o que pensava antes de encontrar o significado da palavra *ingênuo* e o que aprendi depois de o ter encontrado.

A minha primeira ideia, intuitiva e premeditada ao desejar fazer o elogio da ingenuidade era a de entrar ato contínuo no terreno e atmosfera próprios da poesia, nesse único terreno e atmosfera onde a poesia, e por conseguinte, os poetas não encontrarão nenhuma espécie de atritos para a sua voz e expressão.

Isto é, o elogio da ingenuidade dirigia-se única e exclusivamente aos poetas e absolutamente a mais ninguém.

Só depois de conhecer o significado e história da palavra *ingênuo* é que francamente eu desejaria que aqueles que não são poetas, mas que de qualquer maneira tratam com eles ouvissem também estas pala-

245

vras, para saberem em que altura vivem os poetas por cima do trato de quem quer que seja. Contudo, repito, o elogio da ingenuidade continua a referir-se única e exclusivamente aos poetas e absolutamente a mais ninguém. Na própria continuação do título *As Desventuras da Esperteza Saloia*, estas desventuras e esta esperteza saloia referem-se ainda a desvantagens e prejuízos que apenas a poetas e absolutamente a mais ninguém dizem respeito.

Haverá talvez alguém que creia que estas desventuras e esta esperteza saloia se referem às deles; não. Dizemo-lo claramente, não é à esperteza saloia deles e às suas desventuras que nos referimos, não, é às dos poetas.

Por conseguinte, a vós poetas, única e exclusivamente me dirijo, e aos outros, que nos escutem ou que se vão embora.

Antes de mais nada é necessário dizê-lo bem alto para que bem o ouça cada qual isoladamente: Não é o bastante frequentar os poetas ou a poesia para se ficar poeta. Não. Nós bem sabemos onde hão de ir buscar simulado prestígio, aqueles que não o saibam encontrar nos seus lugares pessoais, ou que não se satisfaçam com o que tenham encontrado. Não, a poesia não concorre com ninguém nem com nenhuma outra expressão da vida.

Não concorre porque vive. Ou vive ou morre, não lhe cabe nunca a vez de concorrer.

Dentro da poesia, cada poeta que se realiza é tão representante da poesia como aquele que ainda vai longe de se realizar. Isto é, dentro da poesia, cabem todos os valores, realizados e a realizar, desde o momento que sejam valores. A poesia nutre-se com os seus próprios valores, e não se adianta nem se atrasa com amigos e inimigos da poesia, nem com pseudoconcorrências entre valores, os quais se concorrem entre si é precisamente porque não representam valores, inconfundíveis e inteiros.

Não há criatura humana que neste mundo não tenha nas suas reservas pessoais as probabilidades de realizar em si próprio o poeta; simplesmente, estas probabilidades são geralmente afogadas pelo próprio, único culpado da morte do seu poeta, morto por desgosto de o ver fazer coroas de louros que não são da sua propriedade legítima.

246 ~ POESIA É CRIAÇÃO

É tão fácil deixar morrer o poeta como substituí-lo por um filisteu.

Estas minhas palavras são para eu próprio provar aos que me ouvem que o assunto do *Elogio da Ingenuidade ou As Desventuras da Esperteza Saloia* não mete terceiros entre poetas. Tenho usado do meu melhor possível para que determinada gente deixe de ter ou fazer confusões com a minha pessoa, mas tendo-me sido inútil neste sentido todo o meu cuidado, hoje só tenho esperanças verdadeiras a este respeito na data do Juízo Final. Entretanto, enquanto for vivo, eu continuo na minha, como não podia deixar de ser.

* * *

Até este momento falei-vos em poesia e poetas e a alguém pode parecer estranho o emprego de tais palavras a propósito desta exposição de pintura e escultura. Foi expressamente que, para este momento, preferi as palavras poesia e poetas às que seriam indicadas para este lugar, arte e artistas. Foi expressamente porque onde não haja afinal senão valores plásticos de pintura e de escultura, isto é, onde estejam ausentes as letras e as rimas, já ninguém possa encontrar os poetas senão entre os que se serviram de cores ou da pedra. Se eu lhes chamasse artistas, corria o perigo de que os que me ouvem os pudessem confundir com os presentes pintores e o escultor e não vissem precisamente neles os poetas a que me desejo referir.

Neste meu elogio da ingenuidade, a pintura e a escultura estão ambas exatamente em terceiro lugar. Em segundo lugar estão os artistas que da pintura ou da escultura se serviram para expressar o que de Poesia desejam fundar em realidade.

Mas em primeiro lugar estão precisamente os poetas, esses que têm o dom de descobrir os próprios fundamentos da vida, e ainda antes mesmo de que a vida tenha podido assentar na realidade.

Não é eventualmente hoje e neste lugar que eu ponho a poesia primeiro do que a arte. A poesia, livre de toda e qualquer arte, onde ainda ou já não se sinta a expressão da arte que a serviu, faz parte íntegra do recôndito mais puro da pessoa humana. A arte é um estratagema para a poesia.

O DESENHO DA INOCÊNCIA ～ 247

Poderemos pôr em marcha todas as técnicas magistralmente, mas se se perde o contato imediato com a Poesia, bem hão de todos e cada qual esperar-lhe pela terrível volta!

* * *

Antes de ver no dicionário o significado da palavra *ingênuo* escrevi o título *Elogio da Ingenuidade ou As Desventuras da Esperteza Saloia*, isto é, tinha intuitivamente encontrado uma força vital de puro sentido poético, origem e sangue da própria luz, terrível e bela como tudo o que vive.

Pela vida fora, constantemente me foi dado observar que a ignorância é portadora de uma intenção que ultrapassa a da sabedoria. Ora esta veemência característica da ignorância, isto é, do estado imediatamente anterior às primícias do conhecimento, perde sensivelmente parte da sua potência à aproximação do conhecimento, e chega a desaparecer completamente depois do conhecimento, donde resulta que o conhecimento foi, afinal, tardio, ineficaz e estéril. Contudo é conhecimento.

Todo o saber é descontado no viver. Pelo conhecimento pode-se quando muito orientar-se a vida, mas nenhum conhecimento serve para viver.

Já outro tanto não acontece com as forças contidas na ignorância. Estas forças contidas na ignorância são verdadeiros luzeiros dos caminhos individuais. A ignorância de cada um é incomparavelmente mais respeitável do que todo o conhecimento que lhe possa ser fornecido. Porque o conhecimento é fornecido e a ignorância tem como limites o próprio mistério individual. Na passagem da ignorância para o conhecimento pode perder-se, afinal, o principal, o próprio.

Bem o ouvides, eu não faço a apologia da ignorância nem o desprestígio da sabedoria, tão somente me refiro que nas idades da ignorância existe uma força vital que não parece trespassável para as da sabedoria.

Há um ditado que diz "se a juventude soubesse e a velhice pudesse..." ora juventude é bem sinônimo de ignorância e velhice de sabedoria. O que importa é que as energias da ignorância não se estiolem na sabedoria. Ou melhor, que o conhecimento não seja tão usurpador que só se deixe trocar pelo total das energias que animam cada pessoa em estado de ignorância. Por mim, eu vejo vida na ignorância e morte no conhecimento. O conhecimento é coletivo, por conseguinte anônimo, ao passo que na ignorância estão ainda aquelas forças, as quais, se não revelam, pelo menos iluminam em volta a presença de cada qual neste mundo. Entretanto desejo apresentar-vos dois exemplos que talvez indiquem melhor o que provavelmente não chegaria a levar ao vosso conhecimento.

Todos sabem que existe na Europa ocidental uma arte que fez o seu aparecimento na Idade Média com a construção das catedrais góticas, iluminando as janelas com vidros de cores e transformando inteiramente os templos em visões reais da história sagrada e outros aspectos da vida quotidiana como se de fato sejam assuntos da mesma pertença. Esta arte conhecida por vitral, e que é uma arte independente da pintura como de qualquer outra expressão de arte, tem por função aproveitar a diferença de luz da atmosfera livre para um recinto fechado na intenção de ajudar a concentrar-se cada um coletiva e individualmente.

Desde o século XII até aos nossos dias, a arte de vitral seguiu determinado caminho mantendo a sua função. Porém, apenas a função foi mantida. A sua intenção, desde os séculos XII e XIII para cá, foi-se apagando a pouco e pouco até ficar exclusivamente reduzida a uma função.

Isto é, quando nos séculos XII e XIII apenas se conhecia uma elementaríssima química de cores e de fornos de cozedura do vidro, os artífices desenhadores de vitrais supriam todas as faltas da técnica principiante com a sua alma de primitivos autênticos. Subordinados, por um lado, ao clero e aos mestres da obra e por outro lado postos diante de uma técnica inteiramente por fazer, os vitralistas dos séculos XII e XIII estavam condenados a ter que tirar tudo de si próprios. Uma enérgica simplicidade, um grande caráter, um colorido ousado, silhuetas poderosíssimas, tais são as características que nos oferecem imediatamente os vitrais do século XII.

Depois, com o andar dos tempos, a química esmerou-se, a técnica tornou-se infalível, mas os vitrais foram simultaneamente perdendo o seu vigor, a sua força o seu caráter. Tinha-se criado a arte do vitral mas perdera-se a poesia dos seus ousados e ignorantes precursores!

O outro exemplo é ainda tão nítido como este que acabo de vos mostrar, é o dos esmaltes de Limoges. Se a alguém já foi dado cotejar um esmalte de Limoges do século XI com outro do século XIII pode certamente reparar em que a alma falante dos esmaltes de Limoges do século XI foi totalmente substituída pelos brilhos químicos do século XIII.

Trouxe estes dois exemplos, não para provar que a técnica mata a poesia, mas porque presumo que a poesia, sendo pura criação, há de constantemente criar também os seus próprios meios de expressão.

Quando Max Jacob diz: *Aujourd'hui faire du génie avec des allumettes*, é evidente que ele crê em que com fósforos também se podem criar novos meios de expressão. Sobretudo, ele dá toda a importância ao gênio, e os fósforos, na sua frase, são sinônimos de todas as artes e técnicas.

* * *

Até aqui nada mais tenho feito do que chamar a atenção dos poetas para o momento em que é possível a poesia. Provavelmente terão reparado exatamente em que suponho o estado de ignorância mais propício para a poesia do que o estado de conhecimento. Mas não é assim perfeitamente exato. O conhecimento só impede o estado de poesia durante o período de recepção que cada um faz para esse conhecimento. Uma vez ciente de um conhecimento, isto é, uma vez esquecido todo o estratagema intelectual indispensável à recepção ou entendimento de qualquer conhecimento, este pode ser remetido em sua essência para aquela força vital que em nós agia antes, no nosso estado de ignorância. O importante é não perdermos nunca de vista o nosso próprio élan inicial. E não só não o perdermos de vista como sustê-lo constantemente por meio do conhecimento, conhecimento não em período de recepção, mas já dispensado de todo o processo técnico e intelectual indispensável para a recepção. É como quem diz: de fato, um conhecimento só nos serve depois de ter passado há bastante tempo por nós.

É este precisamente o fenômeno que se dá com a poesia e a arte. O que se deseja dizer é a poesia; a maneira que se emprega para dizer é a arte.

A arte é um processo intelectual, é um conhecimento em estado de recepção; mas só na poesia é que se encontra o élan de cada qual.

Se o único modo de expressão da poesia é de fato a arte, não quer isto dizer nunca que a arte alguma vez se sobreponha à poesia. Quem fala são sempre as pessoas e nunca a voz que as pessoas têm. Mas a maior parte da gente facilmente se ilude julgando que progride, quando afinal nada mais fazem do que irem lentamente perdendo-se de vista a si próprios. Melhor fora que assim o tivessem feito deliberadamente, porque o ímpeto da deliberação arrastaria afinal consigo o próprio que a tem.

A posição do poeta é a de reaver-se consecutivamente. A sua ignorância é sua, a sua ingenuidade é sua, todas as condições em que foi gerado são suas, e após toda a experiência e conhecimento, a posição do poeta é ainda a de reaver-se, reaver a sua ignorância, reaver a sua ingenuidade, reaver todas as condições em que foi gerado.

Só assim, só por este autêntico egoísmo é que cada qual pode encontrar em si o poeta, isto é, aquele que perdeu para sempre todo o sentido imediato do imediato. Porque o poeta não tem nunca nada a dizer que seja imediato. Não é imediato porque é para sempre, para qualquer momento em que o ouçam, para todo o instante em que o escutem. Ao perder para sempre todo o sentido do imediato ganhou o título de príncipe para sempre. Mais do que os príncipes de sangue hereditário que fazem suceder o mesmo título através de várias gerações de vários indivíduos, o poeta guarda no seu nome pessoal o título de príncipe até ao fim do mundo.

* * *

O poeta não vive a realidade, ou melhor, aquela aparência a que os outros mortais chamam a realidade. Para o poeta a realidade não está localizada em determinado segmento da linha do tempo. Para o poeta a realidade e toda a extensão L T da linha do tempo. Exatamente como o disse Santo Agostinho: "a eternidade e um instante é a mesma coisa".

Por isto mesmo o poeta não está com determinada sociedade, ou com qualquer das idades da sociedade. O poeta está sempre só, ou seja, com a humanidade, com a humanidade inteira, desde o princípio até ao fim do mundo.

O poeta representa com o santo os únicos casos humanos onde a realidade não se sobrepõe ao homem.

* * *

Chegou finalmente a altura de irmos ao dicionário para ver o que quer dizer *ingênuo*.

INGÊNUO – (do latim *ingenuus*, nascido livre) – O sentido corrente de ingênuo é o que deixa ver livremente os seus sentimentos, que é natural, que é simples, que é *naïf*.

O seu sentido corrente já nós todos o sabíamos, quanto mais não fosse pelas ingênuas em teatro. Mas o que mais nos interessa é o seu primitivo significado em latim. A história da palavra *ingênuo* faz aparecer pela primeira vez esta palavra no direito romano para designar a condição do que não tenha sido nunca escravo. Foi buscar-se no latim a palavra que formasse o sentido exato desta condição e nasceu então a palavra *ingenuus* que quer dizer "nascido livre".

Claro está que estávamos então nos tempos da escravidão. Terminada esta, a palavra *ingênuo* ainda se mantém no seu sentido original nos feudos da Idade Média mas adaptada às novas condições sociais. Depois, terminada a escravidão e o feudalismo, a palavra *ingênuo* foi perdendo sucessivamente o seu significado original até ficar reduzido a sinônimo de naturalidade, de simplicidade, de *naïveté*.

Em todo o caso esta naturalidade, esta simplicidade, esta *naïveté* do ingênuo estão estreitamente relacionadas ainda hoje com um sentido social. Isto é, o ingênuo deixa de ver livremente os seus sentimentos, a sua naturalidade, a sua simplicidade, a sua *naïveté* porque ignora os preconceitos e o seu funcionamento. Ele está livre de preconceitos e por isso é ingênuo. Exatamente paralelo aos ingênuos primitivos que estavam livres por nascimento das duras leis da escravidão.

Antigamente quem nascia livre, livre morria, e quem nascia escravo podia ganhar ou merecer a sua liberdade. Hoje todos nascemos ingênuos e quase todos morremos envenenados.

* * *

Vós todos que me ouvis sois testemunhas de que eu não faço o elogio dos ingênuos mas sim o da ingenuidade. É só a ingenuidade que representa em si o estado de pureza em que é possível a vida do poeta. Aquele que nasceu livre não ignora nem combate os preconceitos, não perde o seu tempo com estas realidades forçosas dos outros, e, pelo contrário, esclarece a sua própria ingenuidade, torna-a simpatia ou repulsa, amor ou ódio, e, com ingenuidade, com simpatia e com amor, com repulsa e com ódio, constrói realidade poética, essa a cuja luz nenhuma outra realidade resiste.

* * *

Voltaire escreveu *Candide* e não se conhece outro nome melhor do que este para o que hoje significa a palavra ingênuo; contudo, Voltaire também escreveu *L'Ingénu*. É bem significativo que Voltaire ao escrever estes dois romances premeditava sentidos distintos para cada um deles. Conheço de leitura apenas *Candide* mas já me foi dado conhecer o entrecho de *L'Ingénu*. É um jovem que desconhece francamente os preconceitos, e esta sua ignorância dos preconceitos acarreta-lhe certa notoriedade de ordem simpática mas também e de cada vez mais uma série de desventuras. Uma mulher sábia na maneira como funciona a sociedade instrui o ingênuo perfeitamente nesse sentido. Mas as desventuras em vez de cessarem continuam na mesma e em progressão geométrica.

Eu não sei, porque não li ainda *L'Ingénu*, se Voltaire compara as desventuras do ingênuo com as do mesmo depois de deixar de ser ingênuo. Mas se assim não for não atinjo a razão que levou Voltaire a conduzir este seu romance da maneira como afinal o realizou. Eu creio que as desventuras daquele que perdeu a ingenuidade são bem mais amargas do que as mais violentas decepções que possa sofrer um ingênuo.

Pelo menos, tão tremendo como ficar-se um simples ingênuo por toda a vida, é perder a ingenuidade para todo o resto da vida.

As verdadeiras desventuras da ingenuidade são afinal as lições que a vida fez expressamente para cada um de nós. Porque nós, o que sabemos, não é o que outros nos ensinaram, mas apenas o que nós mesmos aprendemos por nós, à custa da nossa ingenuidade.

O ingênuo de Voltaire nunca foi vítima da sua ingenuidade, antes pelo contrário, esta concedeu-lhe notoriedade e simpatia, no entanto, quando perdeu a ingenuidade, ele próprio foi a apagada vítima da sua esperteza saloia.

É este o maior perigo que corre o ingênuo: o de querer ser esperto. Tão ingênuo que cuida, coitado, de que alguma vez no mundo o conhecimento valeu mais do que a ingenuidade de cada um.

A ingenuidade é o legítimo segredo de cada qual, é a sua verdadeira idade, é o seu próprio sentimento livre, é a alma do nosso corpo, é a própria luz de toda a nossa resistência moral.

Mas os ingênuos são os primeiros que ignoram a força criadora da ingenuidade, e na ânsia de crescer compram vantagens imediatas ao preço da sua própria ingenuidade.

Raríssimos foram e são os ingênuos que se comprometeram um dia para consigo próprios a não competir neste mundo senão consigo mesmos. A grande maioria dos ingênuos desanima logo de entrada e prefere *tricher* no jogo da honra, do mérito e do valor. São eles as próprias vítimas de si mesmos, os suicidas dos seus legítimos poetas, os grotescos espantalhos da sua própria esperteza saloia.

Bem haja o povo que encontrou para o seu idioma esta denunciante expressão da pessoa que é vítima de si mesma: a esperteza saloia.

A esperteza saloia representa bem a lição que sofre aquele que não confiou afinal em si mesmo, que desconfiou de si próprio, que se permitiu servir de malícia, a qual como toda a espécie de malícia não perdoa exatamente ao próprio que a foi buscar. Em português a malícia diz-se exatamente por estas palavras: esperteza saloia.

Parecendo tão insignificante, a malícia contudo fere a individualidade humana no mais profundo da integridade do próprio que a

254 ~ POESIA É CRIAÇÃO

usa, porque o distrai da dignidade e da atenção que ele se deve a si mesmo, distrai-o do seu próprio caso pessoal, da sua simpatia ou repulsa, da sua bondade ou da sua maldade, legítimas ambas no seu segredo emocional.

Porque na ingenuidade tudo é de ordem emocional. Tudo. O que não acontece com as outras espécies do conhecimento onde tudo é de ordem intelectual.

Na ordem intelectual é possível reatar um caminho que se rompeu. Na ordem emocional, uma vez roto o caminho já nunca mais se encontrará sequer aquela ponta por onde ele se rompeu.

O conhecimento é exclusivamente de ordem emocional, embora também lhe sirvam todas as pontas da meada intelectual.

Ora o essencial no emocional é o expressar-se. É então quando vem a arte para servir o seu único fim: o Homem. E se a arte deixasse perder de vista o seu único fim, era impossível a poesia.

Temos pois que o intelectual está exclusivamente ao serviço do emocional. E é neste serviço feito pelo intelectual ao emocional que nasce a Graça, palavra latina por excelência e que tem tanto de poética como de sagrada. Se não é nos ingênuos que a Graça se encontra é sem dúvida na ingenuidade que ela está.

A Graça é pura essência emocional sem nenhuma cicatriz intelectual.

A Graça é a chegada triunfal do conhecimento ao Homem determinado. É o prêmio do esperar. É a transfiguração do indivíduo em pessoa.

A Graça é a luz e o vértice da poesia. A Graça é o rumo dos poetas!

* * *

Para terminar estas palavras, as quais, como antes disse, se destinam exclusivamente aos poetas e absolutamente a mais ninguém, desejo lembrar aqui o nome de um homem que não tendo sido poeta foi contudo o melhor entendedor de que tenham fatalmente de existir sempre poetas.

Esse homem tão conhecido de todos os que me escutam chamou-se MECENAS.

Era um simples cavaleiro romano que se serviu do seu crédito junto de Augusto para encorajar as artes e as letras. E pelo que as crônicas rezam, o termo encorajar está aqui empregado com propriedade. Porque Mecenas não pensou nunca proteger coisas ou pessoas onde não cabe nenhuma espécie de proteção. Pelo contrário, Mecenas teve a honra em vida de cumular de benefícios Virgílio, Horácio e Propércio, Mecenas teve a honra de nunca ter orientado as obras de Virgílio, de Horácio e de Propércio; nada mais fez, e esta é a honra de Mecenas, do que ter tornado possíveis as obras de Virgílio, de Horácio e de Propércio. Mecenas teve a honra de deixar à posteridade as obras íntegras de Virgílio, de Horácio e de Propércio sem que o seu nome Mecenas as atinja sequer numa vírgula do texto. Em nome da humanidade inteira, obrigado Mecenas!

Lisboa, maio de 1936.

PREFÁCIO AO LIVRO DE QUALQUER POETA

> *Je trouve les livres trop longs*
> Voltaire, *Temple du goût.*

O POETA não pode deixar à posteridade tanto texto quanto é necessário para um livro de venda. O número de páginas de um exemplar de Poesia força o autor para fora da sua ação, ou condena-o a repetir-se indefinidamente em páginas paralelas. É um negócio.

Na ânsia de sair do sem-nome, o Poeta sonha vir a cair na contabilidade das edições, ou noutras tão evidentes razões alheias à Poesia, as quais o serviram bem a tempo naqueles dias que, uma vez passados, já não contam para nada.

A pontualidade com que a Imprensa acode ao autor que nasce não tem servido senão para matar Poetas. A engrenagem moderna cilindra o Poeta e imprime-lhe a escrita. Raptado o ato poético, fica a letra redonda.

A não ser que se tenha por poesia apenas o que fica impresso (e o prestígio atual da Poesia fica por aqui), está do avesso o serviço da Imprensa à Arte.

Ora, em Arte, não só não é crime o negócio, como é indispensável que a Arte represente de fato fortuna. Fortuna em todos os sentidos. Simplesmente: fazer fortuna com a Arte não é o mesmo que Arte para fazer fortuna. Só o primeiro é bom negócio.

Uma nação pode sentir orgulho em ver aumentar a sua produção poética; porém, a Poesia surpreender-se-á com tamanha popularidade!

Se bem se entendesse a Poesia, se Ela fosse comum a toda uma geração, haveria legitimamente um Único Poeta. Os outros seriam os bem--servidos.

A Poesia é ato vitalício; não é um estado momentâneo de levitação. Neste caso, teria tantos direitos como nós, em Poesia, por exemplo, a cobra em pé, enroscada em si própria!

257

Em vez de terem a Poesia como ato vitalício, fazem-na profissão perpétua. Exatamente como se a Poesia fosse coisa de encaixar na sociedade. Mais juízo têm os Estados, os quais não conhecem a profissão de Poeta.

Entende-se por ato vitalício de Poesia a vocação humana de autor da Realidade terrena. Culto externo da Realidade terrena igual ao culto interno da Realidade terrena. Coerência máxima de "ser" o autor da Realidade terrena com o "fazer" a Realidade terrena.

Ninguém se sabe atrasado senão quando descobre a Realidade. A Realidade somos nós. Nem mais nem menos. Basta de Realidade que se meta pelos olhos dentro! Agora é a vez de Ela ficar espantada conosco Poetas!

Já ninguém distingue Poetas senão pelos versos. A atitude poética, o ato vitalício de poesia, são ilegíveis. Piores os que fazem versos. Há os que levaram a ciência dos versos e a persistência de os fazer tão longe da Poesia que ficaram os autores dos seus próprios funerais. A sua memória foi apagada por suas próprias mãos. Ninguém repete o que eles escreveram se o não decorar. Isto é, não foi por a sua voz ter feito nascer asas em Nós!

Toma-se por Poesia o que não é senão incontinência da incubação da Arte. As desabitadas metamorfoses do Poeta provocam no iniciado uma tal excitação dos sentidos, uma tão profunda crise pela surpresa da própria convicção, que a linguagem, por fazer, jorra assim mesmo, instancável, e mais forte que todos os hábitos. Contudo, é precisamente a hora de se estar prisioneiro às suas próprias ordens até a Liberdade vir pessoalmente com o seu mandado de ação.

Pois a produção poética que se publica é, exatamente, a correspondente àquele antetempo de todo o Poeta. Justamente no momento de escutar voluntariamente o silêncio, é o próprio quem o perturba; precisamente durante a confecção do "seu" segredo é que ele próprio "se" tagarela, "se" indiscreta, "se" intrusa!

Parece Arte, parece sinceridade, isso de querer mostrar tudo. É legitimíssima esta explosão automática do batismo de sangue da Poesia. Mas, Poetas! Enquanto esperanças, tudo nos ajuda; passada a esperança, exige-se-nos tudo.

Aquele que sente a vocação da Poesia, logo se crê obrigado a passá-la para a escrita. Porém, há diferença entre o que foi realmente nosso e o que não passa de glosa de outro autor. Ao segundo caso é francamente preferível o plágio nu. A cópia fiel ainda é a melhor passagem para o original.

Não esquecer que a Natureza fica sempre mais longe de Nós do que os livros, os quadros e todas as suas produções de Arte. É necessário pedir à Arte uma apresentação para tratar por tu a Natureza.

Felizmente para a Arte, não é assim tão fácil distinguir o aventureiro do Poeta. Sempre que haja dúvidas a este respeito, a coisa corre bem para a Arte. A simulação de criador de Arte é tão legítima como o advento do verdadeiro Poeta.

Ai dos Poetas se não houvesse os aventureiros! Os aventureiros são os únicos que alinham com o Poeta para a largada. Assim se explica que o Poeta se apresente denodadamente como os aventureiros, e estes como Poetas consumados.

O Poeta é o do grande fôlego. Tem o dom impagável de não saber julgar os seus competidores.

O aventureiro é um furioso didático, cai sempre no que já estava feito. O Poeta é por excelência o autodidata; é Ele a Realidade.

O aventureiro é um libertador, o Poeta é o liberto nato. O Poeta é o único que nunca esteve na "bicha"* da Liberdade. A Liberdade é Ele, a Poesia!

Não é distinto dos outros senão aquele que é natural com todos.

---

* "Fila" (N. da R.).

O comunicativo é dom de nascença, trabalho secular que floresce intempestivo, caso imprevisto, sem aviso prévio. A Natureza levou séculos a maquinar uma das suas. Parece geração espontânea: Poeta!

Que expliquem a Poesia, isso é lá com eles, explicadores e explicandos. Conosco, apenas não nos perdemos da Poesia. Sigamos a linguagem sem chave gramatical. Apologia da Arte sobre o joelho. Ter tempo apenas para a mnemônica do momento. Basta que a decifremos nós. Outros virão. Adiante!

A perfectibilidade está na série de momentos e jamais num único momento: a coerência! Não sacrifiquemos a coerência às obras-primas.

Os Poetas pactuaram. Com quem? Não se sabe. Pactuaram. A Poesia ficou incólume. Nenhum pacto com o que não seja a Vida toda. A Poesia é o mundo inteiro na mão; todo o jeito que se lhe der é perder o mundo inteiro.

Poesia é a vocação humana de não pôr a parcialidade na Vida.

Porque será a recitação a maneira menos indicada para comunicar Poesia?

A Poesia não aceita intermediários. É direta. De homem para homem. Ato puro. Filha do momento. Ficou para sempre. Esse instante já ninguém lho tira. É inútil porem-se de permeio.

Poesia que faz brotar admiradores, está seca. Está feita para estontear.

A Poesia é a linguagem dos Iguais dispersos no Tempo. Os iguais não se admiram entre si; confiam-se, ou melhor, são iguais.

Não fazer nada senão por pura simpatia. A simpatia é bastante. Nem amigos nem assuntos onde não esteja inteira a nossa simpatia. A simpatia tem, de fato, uma aparência agradável e é a única maneira de nos tornarmos invisíveis até chegados Nós.

O direito à mentira é a melhor arma da defesa pessoal.

Mentira sem simpatia é a imbecilidade. Mentira e simpatia é a Poesia.

A mentira é o único processo para convencer os outros de que somos como eles nos querem. Como se vê, os culpados são os mentidos, os que não acreditam em mentiras.

Mas a verdadeira mentira é o sonho. O sonho é a grande prova do fenômeno pessoal da individuação: no sonho atingimos o que ainda não somos!

E sem simpatia, como hás de sonhar?!

Se não tens simpatia ficas condenado a julgar os outros, o que é o repto que te fazes a ti mesmo. Porque o tempo da simpatia está contado: dura a vida inteira. Os lapsos não têm perdão. Não há comércio entre avatares.

A Poesia "conhece" e não "sabe".

O saber é pouca coisa para quem conhece. O saber desencanta o mistério. O conhecimento vive cara-a-cara com o mistério.

É conhecimento verdadeiro, a ingenuidade, e esta não serve a quem busque saber. A ingenuidade é o resultado de nos termos abandonado asceticamente à nossa simpatia. É por simpatia que surgem as faculdades mágicas do mistério exatamente em Nós.

O saber é apenas sistema para o conhecimento. Se se é tão curioso de aprender, porque não se é também de desaprender?!

> Justo é que se entenda:
> Não cabe no coração
> altura de perfeição
> se não se esvazia de fazenda.
> *St.ª Teresa de Ávila*

Reaver a inocência: ex-libris de

José de Almada Negreiros
Pintor

Lisboa, 31 de julho de 1942.

MOMENTO DE POESIA

Se escrevo ou leio ou desenho ou pinto,
logo me sinto tão atrasado
no que devo à eternidade,
que começo a empurrar pra diante o tempo
e empurro-o, empurro-o à bruta
como empurra um atrasado,
até que cansado me julgo satisfeito.
(Tão gêmeos são
a fadiga e a satisfação!)
Em troca, se vou por aí
sou tão inteligente a ver tudo o que não é comigo,
compreendo tão bem o que não me diz respeito,
sinto-me tão chefe do que está fora de mim,
dou conselhos tão bíblicos aos aflitos de uma aflição que não é minha,
que, sinceramente, não sei qual é melhor:
se estar sozinho em casa a dar à manivela da vida,
se ir por aí e ser Rei de tudo o que não é meu.

VER

Ver é como olhar, a conjugação natural perfeita dos cinco sentidos, porém, em ver, esta mesma harmonia é de sabedoria refletida. Por conseguinte olhar é primeiro anterior a ver e depois posterior a este, ao passo que ver é primeiro posterior a olhar e passa logo a anterior a este. O olhado e o visto isto hão de forçosamente ser ambos o mesmo, mas o olhado passa pelo especulado (visto) para regressar ao olhado espontâneo do natural. Não é a Natureza que pode ser natural. O natural é liberdade pura da Arte e da Ciência. O que se olha depois de visto é o natural. E sobrenatural é o que não tem ligação com o natural mas tem-na com a Natureza, como o natural também não pode perder a sua ligação com esta. E há ligação porque são dois: natural e Natureza, ou, sobrenatural e Natureza. Mas natural e sobrenatural não são dois, não podem fazer ligação: são idades distintas de um mesmo homem, ou, cada uma a idade única de um mesmo homem. Vário é o Homem e não o natural e o sobrenatural que sejam opostos um do outro, mas cada um destes o único oposto da Natureza.

> *Tinham olhos e não viam, tinham ouvidos e não ouviam.*
> ÉSQUILO, *PROMETEU.*

Anterior ao natural e ao sobrenatural a Natureza só. Isto é, antes do natural e do sobrenatural nada era visível. Era tudo, por conseguinte, invisível e olhava-se. Não era o natural nem o sobrenatural que eram invisíveis. Era-o a Natureza. Ora a Natureza estava criada em perfeita Harmonia consigo mesma e incapaz de lhe faltar o natural e o sobrenatural do Homem. De modo que o natural e o sobrenatural não sendo da Natureza foram tirados do próprio homem. E foi tirado de dentro do próprio homem o visível, os olhos de ver para pôr como óculos, nos olhos de olhar. E o visível era a Natureza, quer dizer: o que estava dentro do homem e lhe foi tirado por ele mesmo e agora se via, era afinal a Natureza. Ou a Natureza se escoava inteira para dentro do homem pelos seus olhos, ou ao invés, era ele mesmo que a expelia pelos seus olhos a Natureza inteira em redor de si até infinito, ou eram simultâneas estas duas torrentes. E parece que sim: que esta simultaneidade das duas torrentes faz o olhar, e do olhar o ver, e o ver perfectível. Mas o ver pertence ao natural e sobrenatural, é meio do caminho, é apenas meio do caminho, e falta ainda levar ao fim o do princípio, o que estava antes de ver, o legítimo ter olhos e não ver, esse que aqui chegou pela primeira vez um dia, ingênuo, à Natureza e que pode muito bem ser da raça numerosa a infinito dos que aceitam como bagagem única da sua mudez à sua legítima ingenuidade.

Se o visível não está distinto do invisível no olhado anterior a visto, também o não está no olhado posterior a este, mas no segundo o visível e o invisível foram antes apartados pelo visto e ambos ficaram a ser olhados um e outro no seu todo único.

Invisível não é só o que ainda não está visível, é também o que nunca será visível mas cuja posição pode ser contornada perfeitamente pelos mesmos limites do visível como o cheio e o vazio num todo, isto é: o invisível é a descoberta feita pelo visível.

No olhado primeiro, anterior a visto, no ingênuo, o visível e o invisível estão confundidos um com o outro, e se a sabedoria refletida do visto os distingue, isto não é ainda tudo, falta ainda que o ingênuo, tal qual, seja levado a fim, que não fique vencido e convencido pelo exato do visível, que o ultrapasse e entre nas contas onde o visível e invisível são um e o mesmo, como quando chegamos pela primeira vez à Natureza, ingênuos: com a sabedoria sagrada que não prevê a sabedoria refletida por não a necessitar.

Sabedoria refletida porque nela a Luz é a Sabedoria mesma, a sagrada, esta que cada pessoa recebe inteira unicamente pela sua legítima ingenuidade, precisamente a que tem olhos e não vê, a que tem ouvidos e não ouve.

Não é por conseguinte o único absolutamente nosso, de cada um, a nossa legítima ingenuidade, o que não pode ser transformado ou substituído em nós sequer por nós mesmos. A sabedoria refletida não é a de transformar ou substituir a ingenuidade pessoal, é, pelo contrário, a de fazer incidir a Luz sobre o nosso caso imprevisível como é imprevisível qualquer outro caso humano.

1. O "SENSÍVEL", O "ESTÉTICO" E O "LÓGICO"

Quando, como hoje, o "sensível" e o "lógico" se ferem mutuamente, ou se apartam um do outro desconhecendo-se inteiramente, o caso é profundamente significativo e tem uma explicação: o "lógico" que ainda funciona já não diz respeito ao "sensível" que já vigora.

Quer isto dizer que a Lógica, que é única mas depende do sentir de cada época, nunca é nem poderá ser tão pontual como o "sensível" no advento de cada nova Idade do mundo humano.

O "sensível" é anterior à Lógica: primeiro "conhece-se", depois "reconhece-se".

Precisamente hoje vivemos uma época em que a novidade está no "sensível"; toda a curiosidade do mundo está posta no novo "sensível", é a vez legítima do novo "sensível"; e das duas, uma: ou o lógico se dá conta disto ou não quer dar-se conta do que é legitimamente da humanidade.

Escusado seria dizê-lo, o novo "sensível" não pode ainda representar conhecimento, é novidade absoluta, ninguém hoje sabe como será, mas é já o verdadeiro início para todo o conhecimento, é crença, e fé nas faculdades instintivas do homem na sua nova Idade. Enfim, é a alegria, a qual quem a tem não a saberá explicar, mas tem-na, e com ela se comunica com outros.

Hoje temos o recurso daquelas Idades da História nas quais o sensível criou o conhecimento "logicamente" antes que a ciência filosófica tivesse onde exercer-se, para fixar o conhecimento, reconhecê-lo e demonstrá-lo. Não é preciso mudar a História: há sempre outra maneira nova de a ler. Não é difícil tomar posição depois que vimos o processo lógico ter a soberba de querer por sua vez anteceder o da estética. Agora podemos ter a certeza de que a especulação erudita nunca será bastante para iniciarmos o novo caminho. Falta-lhe a criação de hoje. Mas quem não tiver sido antigo ainda não pode ser novo hoje.

Como se vê, não se discute a anterioridade da Estética à Lógica. Em vez de "estético" está a palavra "sensível". Cremos que antes do "estético" já existia o "sensível". A Estética (em grego: sentir) já é uma ciência, a ciência do "sensível". E em ciência não há prioridade de nenhuma ciência sobre outra.

É claro, por conseguinte, que se separa o "sensível" do "estético", fazendo entre estas duas palavras a mesma distinção que fazem a alma do espírito. Ora a alma pode viver sem espírito; o espírito é que não pode existir sem alma.

Quando Mestre Gil Vicente põe no *Céu ao Parvo*, o pobre de espírito, e no Inferno àqueles que têm pelo menos mais espírito do que o Parvo, sabe bem que se o espírito não está à altura da alma é preferível ter só alma.

Mestre Gil Vicente fala-nos em "sensível" como artista; não fala em "estético" como cientista. E tudo isto se passa entre o céu e o inferno, ou seja no sagrado.

2. Os dois imediatos

A grande aflição das gerações atuais está em que a História as traz metidas exatamente entre o fim de uma Idade e o início de Outra. As gerações atuais encontram-se a braços com dois imediatos a cumprir. Dois imediatos quotidianos: estabelecer uma ligação que não é possível entre ambos mas que acontecem na História serem contíguos.

Em face destes dois imediatos a posição do homem atual é dupla: cumpre com o que está e obedece ao que vem a chegar; não pode deixar de servir o que ficou mas não lhe sobra nada de todo o seu tempo para o que há de vir; não pode raptar-se a um fim fatal e inglório de que há de participar forçosamente quando afinal todas as suas esperanças estão postas na luz nova que já raiou.

Não há espécie de heroísmo em querer contrariar estes dois imediatos: um há de morrer e o outro há de nascer. E também não há espécie de heroísmo em querer favorecer qualquer deles: para um é tarde demais, para outro é demasiado cedo. O que morre tem direitos adquiridos, o que nasce ainda não tem o hábito desta memória.

Mas é de memória que se fala: esquecer o que está e recordar a novidade que aí vem. Recordar porque é idêntica, novidade porque não é igual. As Idades são idênticas e desiguais.

O complicado será dizer à mocidade que exerça a sua memória de preferência no que não assistiu ao que assiste. É complicado que se tenha de dizer à juventude que o imediato que intimamente mais lhe interessa e que representa a tradição da continuidade humana é precisamente a memória do mais antigo que há. Nem a mocidade nem a juventude de hoje estão aptas a entender que é este afinal o uso próprio da memória.

Da memória aos fatos a responsabilidade é nossa, das gerações; contudo, o pior é quando os fatos se desligaram da memória. E é este o caso atual da humanidade: os fatos desligaram-se da memória humana. Tem a palavra o "aprendiz de feiticeiro".

Mas não só os fatos, sobretudo as ideias que os geram andam desligados da memória humana. Podemos concretizar estas palavras com exemplos na História:

Houve no século XVI um fato, um feito, "o feito português" (Camões, *Lusíadas*), que havia de ter reflexo mundial um dia. Este feito foi o da circum-navegação por Fernão de Magalhães. Este feito foi imediatamente mundial, mas apenas hoje, passados mais de três séculos, começamos a sentir as primícias das verdadeiras consequências desse ato de gênio. Estas consequências referem-se a que este feito de ordem mundial não influiu, apesar disto, nas ideias do tempo nem nas que lhes sucederam até hoje, ideias estas que resistiram a este feito enquanto puderam e mesmo quando já o não podiam, até que chegado aos dias de hoje este feito apresenta-nos resultados concretos da comunicação de todos os povos da terra entre si, uma verdadeira surpresa para ideias que nada mais fizeram do que resistir-lhe e durar.

Depois do rapto de Helena que um dia indicou o caminho à História, não houve até hoje outro fato como este tão nítido do caminho que a História viria seguir. Dois raptos históricos e ambos com o mesmo sentido imperativo: fazer a comunicação dos povos entre si.

E que sentido tem posto a Europa no mito do Rapto de Europa senão este que acabamos de indicar: não criar tesouros que se destinem a poucos, ainda que estes poucos formem um continente, para não suscitar a cobiça de bárbaros e, sobretudo, porque o verdadeiro tesouro humano é o repartido por todos na ordem mundial.

Poderá ainda haver lugar para alguma coisa no mundo antes de ficar possível a colaboração entre todos os povos da Terra?

Estas perguntas não são feitas ao português, o qual é de todos o povo mais firme na ordem mundial.

Três raptos xenófilos dirigem a Europa ao mesmo destino mundial, um rapto histórico com a lição da fatalidade do povo isolado; um rapto geográfico a lembrar à Terra que não deixe de ser mundial; e um rapto mitológico de aviso permanente que diz não bastar montar a vaca para que o seu leite seja só de quem a monta.

Nós devemos tanto à Grécia Antiga que o nosso próprio nome de Europa foi ela quem no-lo pôs. Por conseguinte, o autor deste livro gostaria de ser o que não é, o indicado para mostrar ao mundo: o sentimento profundo dos gregos Antigos: a xenofilia.

Pode haver fatos formidáveis, ideias transcendentais, podem ambos ensoberbar-se a ponto de assombrar a terra inteira, mas de uns e de outros, embora de todos reze a História, só os da memória humana fazem passo.

Aqui se entenderá melhor a existência dos dois imediatos: um, o das ideias e fatos que resistem ao outro que faz passo na História. Há mais de três séculos que começou um dia este equívoco dos dois imediatos e quanto mais tempo vai desde esse dia, mais violentas se apresentam as ideias e os fatos por eles gerados, porque não há transcendência que lhes valha, nem técnica de organização que os aguente. Este equívoco atravessou toda a Idade chamada Moderna, por isso mesmo ficou no ar. Este equívoco continua hoje, avolumadíssimo pelo tempo, e cai sobre nós cujo heroísmo consistirá em suportarmos a não-ligação dos dois imediatos que se acometem e sem possibilidade de luta sequer, um serviço que excede as possibilidades humanas: mas assim mesmo, excedendo as possibilidades humanas, coube-nos a nós também e acrescentado com a respectiva consciência do caso e da sua não-solução.

Assim se explica que hoje a avidez de ir é incomparavelmente maior do que a avidez de estar. Já se não sabe fazer uso da memória. Se se deseja ir é para estar, logo: só se deseja estar. Isto é para ficar ou voltar. Voltar ou ficar é para estar.

Essa avidez de ir é hoje bem significativa da impossibilidade de estar. É um perene, um vitalício ir sem um estar. O mundo tornou-se

268 ~ POESIA É CRIAÇÃO

um empecilho para nós, um empecilho para o mundo. Estamos vergonhosamente quites.

Mas está prestes a terminar este eclipse da humanidade por causa dos dois imediatos. A constância do Sol remeterá tudo outra vez aos seus lugares. Deixem a humanidade ter a sua memória, deixem-na ter só um imediato, o do seu tempo, deem-lhe inteiro o quotidiano e vereis que ela pode e sabe estar! No dia em que os direitos adquiridos pelas parcelas da humanidade não se sobrepuserem aos direitos adquiridos por todos os legítimos herdeiros da humanidade, logo nesse dia, voltará a memória à humanidade, essa sua memória cuja voz é teórica e antiga e por isso mesmo não fará atrito com a sua presença atual!

3. MEMÓRIA DO HOMEM E HISTÓRIA – TRADIÇÃO ORAL E TRADIÇÃO ESCRITA

Dão-se como subentendidos, como se fosse desnecessário rememorá-los, os primeiros fastos da humanidade.

Todos soubemos um dia o Gênesis da Religião e nunca mais tocamos no assunto. Desde então avançamos História adentro sem olhar para trás, e acostumados cada vez mais a estarmos há muito neste mundo já não temos tempo para parábolas e lendas.

A prova da falta de memória é não sentir a necessidade de recordar. Lançaram-nos pra frente, pro futuro e nós vamos pra diante, pro futuro, mas como a luz ficou afinal atrás de nós, julgamos que vamos bem ao vermos crescer as nossas sombras. Outros foram para o outro lado porque a luz ficava por detrás daqueles; mas quanto mais andavam menos viam e não davam porque a luz se lhe fosse indo também como àqueles, por trás das costas, pois nunca deixou de estar no mesmo lugar donde uns partiram para diante e os outros para trás.

É a altura de o dizer: os primeiros dias do mundo já não se passaram em sítio determinado do mundo mas no mundo inteiro. Estes primeiros dias do mundo são o ato inicial, o da primeira memória e sem o qual a memória humana ficará, pelo menos, injustamente mais curta que o tempo. A luz que alumiou os primeiros dias do mundo deu a volta a toda a redondeza da Terra antes de Fernão de Magalhães, logo no dia primeiro, e já era a mesma luz que hoje nos alumia. Só com uma diferença: é que para o primeiro homem a luz foi a novidade, enquanto que para nós que temos a mesma luz, não sentimos a mesma novidade.

Que outra novidade quererá agora o homem e que seja melhor do que a própria Luz?!

A gente instruída, a gente erudita, a gente culta, são os mais prontos a ter por barbarismo a linguagem das parábolas e das lendas. Esquece ou ignora toda a gente que é na linguagem das lendas e das parábolas que se exerce o "sensível" e o "sagrado" na sua melhor comunicação com o maior número, dando a alma e deixando o espírito para outros.

Se o homem hoje tem curiosidade de si, não esqueça que esta curiosidade começou no primeiro dia do mundo, donde vem o seu sangue legítimo que atravessou todos os altos e baixos da História e que a memória de tudo isto está na tradição oral através de parábolas e de lendas, às quais hoje talvez só os analfabetos e os pobres de espírito as entendam.

A realidade que isto representa é a de que a tradição oral foi desde um dia abandonada em favor de outra da mesma espécie, a qual consistia em recolher na escrita a mesma tradição oral que sempre bastou ao "sensível" e ao "sagrado". A nova garantia expôs o "sensível" de maneira inédita e fatal. Primeiro expô-lo, isto é, pôs mão no mistério, tirou-lhe o seu segredo, o qual, apesar de ser o do maior número é segredo, o mais íntimo possível; segundo, as vantagens de perpetuidade da escrita não substituíram aquela presença e aquela atualidade sem tempo de que era portadora a tradição oral. O Tempo para medir épocas é da tradição escrita. A tradição oral não a tinha, media tudo pela vida do homem.

Hoje somos um resultado da tradição escrita: vivemos por épocas e deixamos de viver dia a dia o homem, o da tradição oral. Por mais desejos que tenhamos hoje (e temo-los todos!) de viver a vida do homem, a nossa medida do tempo é outra: é a época!

A História passou a valer mais do que o homem. E como a História apenas tem datas e não tem memória, as datas não servem de nada ao homem para encontrar a sua memória.

270 ∾ POESIA É CRIAÇÃO

Façamos o que fizermos não podemos deixar de voltar ao ponto de partida, aos primeiros dias do mundo, aos primeiros dias da Luz. A humanidade perdeu a memória e em vez dela ficou com uma cadência e tão constante que chega esta a parecer lealdade para com o ponto de partida.

Uma coisa nos ensina a História: que houve várias Idades.

Ora estas Idades tiveram um ponto de partida comum. Desta maneira entende-se como é a memória do homem: a interpretação de uma única Origem feita pelas várias Idades.

A continuidade do homem não se afeta com que as Idades não se casem entre si; a permanência da Origem é garantia para que possa cada Idade tomar confiadamente a sua vez de criação sem se medir pelas Outras.

Encontramos a memória do homem: a Origem é o ponto de partida comum às várias Idades.

4. A Novidade – o Caos e a Ordem

Ora, o ponto de partida foi a Novidade. O primeiro passo na Novidade foi o homem ter visto que havia o Caos. O segundo passo foi ter aberto caminho para opor-se ao Caos.

A este caminho aberto para opor-se ao Caos, chamou-lhe Ordem. E a Ordem levantou uma a uma as suas Leis para opô-las uma a uma às Leis do Caos, pois o Caos tem as suas Leis, porque é um Todo, uma unidade, como o prova o fato de ser "uno", exatamente como "una" pretende ser também a Ordem. Se o Caos não fosse "uno", a Ordem não poderia opor-se-lhe: qualquer esmagaria o outro. A oposição é um equilíbrio absoluto: necessita de duas unidades contrárias e iguais.

A descoberta da presença do Caos e a invenção da Ordem para se lhe opor, são ambas a mesma Novidade.

E é isto o que representa em realidade a presença do Homem no mundo: o segredo de perseverar, o segredo de criar e manter uma continuidade por todo o tempo do Tempo, uma continuidade na qual todos se comuniquem e sejam necessários para conseguir até ao fim a permanente oposição ao Caos. Sem tocar o mais ao de leve no mistério que estas palavras encerram, é nisto, e nisto apenas, que consiste a Novidade.

O DESENHO DA INOCÊNCIA ~ 271

Desde o primeiro homem até hoje não houve outra além desta, e a Única, e incomensurável, sem fim e sem sucessora enquanto houver o homem. Tudo quanto através dos séculos for novo no mundo, pertence intimamente a esta novidade, à Novidade.

Está certo o que diz o pintor Eugênio Delacroix: "O novo existe e é, afinal, tudo quanto há de mais antigo".

Aqueles que não forem capazes de criar ou, pelo menos, verificar o novo do seu próprio tempo, estão tragicamente apartados do seu verdadeiro compromisso humano. São os maiores ignorantes do mundo: ignoram a Novidade, a Única!

5. Novidade e Originalidade – o eterno retorno

Nada há mais frágil e mais genial ao mesmo tempo do que a Ordem. Genial por querer medir-se com o próprio Caos, a Ordem tem a fragilidade de não poder deixar de passar pela mão do homem que a criou. Por isso o terror do Caos não foi diferente do de que se desvirtuassem as Leis da Ordem. E para que fossem seguidas, ditaram-se Regras. As Regras faziam a polícia das Leis para maior segurança das Leis. E acontecia o contrário: cumpriam-se as Regras e desvirtuavam-se as Leis. Eram tão medidas as Regras desta censura que elas próprias já se intitulavam leis. De modo que, Leis e leis, já se não sabia quais as de letra grande, quais as de pequena. E o Caos estava agora desdobrado num satélite com os servidores da Ordem.

Satélite que não tirava nem punha ao Caos, e à Ordem era apenas o cancro.

Afinal o ponto de partida, a chegada do primeiro homem ao mundo, é mais virginal, mais sagrado, mais intangível, menos separável do homem do que o homem se tinha apercebido. Nem todo o homem é poeta e só a Poesia tem este dom de exercitar-se na virtude de chegar ao mundo sempre pela primeira vez a cada instante.

Ocupado com o terror do Caos e a fabricação da Ordem, afigurava-se ao homem na sua genial tarefa que o ponto de partida já estava vivido. Aprendeu então o homem à sua custa que a nenhuma unidade se pode privá-la do princípio, pois jamais se saberá onde e como começa. E era preciso voltar ao princípio. Outra vez ao princípio. O eterno retorno.

Outra vez ao princípio é trabalho dobrado: desfazer Regras e voltar às Leis, sair do desfeito e entrar no que se torna a fazer. A isto mesmo se chama Revolução (do latim *Re-volare*: tornar a voar).

E que melhor exemplo quererá o homem, o homem da Terra, do que o próprio exemplo da Terra girando à roda do Sol desde que o mundo é mundo para o homem, sempre na mesma volta desde que nasceu, milhões e milhões de vezes o mesmo caminho, novo em cada volta, sem vício de cada vez?!

A Europa conhece várias Idades suas que recomeçaram a vida do homem pelo ponto de partida da Novidade: os Gregos, a Idade Média, a Renascença, e a nossa época, dos dias de hoje, que inicia agora o recomeço idêntico ao das outras três Idades. Vamos regressar à Novidade, à Única, à Imortal Novidade, para criarmos o "novo" nosso. Ela lá nos espera, como esperou os gregos, a Idade Média, a Renascença. Ela lá está, Intacta com o seu Caos e a sua Ordem. Intacta, pois não a atinge a interpretação que cada Idade fizer da Ordem. Esta, a Ordem é que está subordinada à Originalidade de cada época na interpretação da Novidade.

A Novidade é Única, Sagrada e Imutável. A Ordem é a da imaginação, a criadora do novo, a criadora das Idades. A Originalidade é a de cada Idade. Cada Idade tem a criação do seu novo na interpretação que faz do Original: a Novidade. O sinônimo de Novidade é Origem.

6. Memória e Imaginação

Novidade e Originalidade estão representadas respectivamente nas duas principais faculdades instintivas do homem: a memória e a imaginação.

Primeiro o homem viu, depois imaginou. Depois de assistir impotente e longamente à confusão do Caos, imaginou a sua defesa entre os Elementos.

Não acrescentamos mais instintos, mais faculdades instintivas ao homem, além destas duas: a memória e a imaginação, porque elas serão bastantes para levarem o homem em todos os casos até ao fim.

Se nos colocarmos exclusivamente no mundo "sensível" não têm lugar outras faculdades instintivas do homem senão estas duas. Outros instintos que se proponham a mais para o homem serão de uma ou de outra destas duas faculdades mas pertencem legitimamente a sistemas organizados pela Ciência.

Não nos esqueçamos de que o "sensível" volta sempre a todo o instante ao ponto de partida, à Novidade, à Origem. É o próprio do "sensível" não se apartar da Origem a todo o custo. Pode mesmo dizer-se que, se não houvesse outros recursos, o "sensível" não se deslocaria do ponto de partida e permaneceria primário.

Porque, quanto mais vive a humanidade, quanto mais se multiplicarem as gentes, mais o homem comum ficou no ponto de partida, na Origem. Por isso o homem não dispõe só da memória, a qual, por si apenas, é negação; o que se pretende é trazer o homem comum através dos tempos, e por isso o homem tem segunda faculdade nata, gêmea da memória, a imaginação.

A memória e a imaginação têm a sina de não poderem desacompanhar-se: a imaginação é o cego da memória, e a memória o moço de cego da imaginação. A memória não tem iniciativa, a imaginação tem-na mas é cega de nascença. A memória tem olhos e a cega imaginação tem querer: a Vontade.

A imaginação diz à memória para onde deseja ir, e a memória leva-a por onde se pode ir e até onde se pode. A memória é simples e a imaginação não cabe dentro de si. A memória trata a imaginação de senhora, e a imaginação é que não pode deixar de tratar de igual para igual a memória. Se a memória não pode levar a imaginação aonde esta deseja, não haja dúvida, é capricho, fantasia, quimera, utopia (em grego: não + lugar). A memória está sempre a chamar à ordem a imaginação porque não cabem no terreno e ficam no ar os castelos que a cega tem a mania de fazer. Esquece muito à imaginação que as únicas medidas que tem é a memória que lhas traz. Mas pode francamente apetecer à imaginação o que quiser porque a memória conhece bem todos os caminhos e, por conseguinte, também os que não têm saída. Não é desonra o erro de tomar um caminho sem saída, mas às vezes a imaginação inventa uma fé para o caso. E esta fé que tem temporariamente o mesmo poder da fé verdadeira, é capaz de tingir de cabo a rabo o mundo inteiro com a sua cor. Tão difícil de tirar uma nódoa tamanha: só imaginação.

Feito este diagnóstico, a cura está na própria saúde do homem: trazer bem atadas uma à outra a memória e a imaginação.

7. A CEGUEIRA DE HOMERO

A tradição grega representa a Homero, autor da *Ilíada* e da *Odisseia*, "velho e cego, errante de cidade em cidade, cantando os seus versos".

Hoje, parece sem discussão, depois do notável trabalho de Frederico Augusto Wolf neste sentido, que Homero não existiu em pessoa, ou melhor, que a *Ilíada* e a *Odisseia* são a recolha dos cantos mais populares dos antigos poetas cantores da primitiva Grécia.

E em verdade, uma vez encontrada esta solução, parece-nos extraordinário que o não tivesse sido antes. Mas o mais profundo ficou por descobrir. E esta descoberta foi feita neste livro que tem por título *Ver*.

Uma vez que não seja Homero uma pessoa única (e já Frederico Nietzsche havia tido o grande acerto ao dizer que "a questão homérica era um juízo estético e não uma questão histórica"), contudo continua de pé a representação em imagem de Homero na tradição grega: "velho e cego, errante de cidade em cidade, cantando os seus versos". Além disto ainda acrescenta que "sete cidades da Grécia disputaram o seu nascimento".

Aceitamos que Homero não seja uma pessoa única, mas neste caso, por que "velho e cego"?

O "errante de cidade em cidade, cantando os seus versos" parece referir-se também a um personagem único. Mas quando "sete cidades da Grécia disputam o seu nascimento", a certeza de tratar-se de um personagem único é evidente.

Recordemos no capítulo anterior que tem por título "Memória e Imaginação", as seguintes passagens: "As duas faculdades instintivas do homem são a memória e imaginação. Primeiro o homem viu e depois imaginou. Depois de assistir impotente à confusão do Caos, imaginou a sua defesa entre os Elementos". "O homem não dispõe só da memória, a qual, por si apenas, é negação; por isso o homem tem segunda faculdade instintiva, gêmea da memória, a imaginação. A memória e a imaginação têm a sina de não poderem desacompanhar-se: a imaginação é o cego da memória, e a memória o moço-de-cegos da imaginação. A memória não tem iniciativa; a imaginação tem-na mas é cega de nascença. A memória tem olhos e a cega imaginação tem querer: a vontade!"

Estas passagens do capítulo anterior fazem-nos meditar naquelas que a tradição grega nos deixou de Homero. A cegueira é comum à imaginação e a Homero. Mas por que velho? E fácil responder:

É velho porque é o autor da *Ilíada* e da *Odisseia*, os cantos mais populares dos "antigos poetas-cantores da primitiva Grécia". É velho porque todos estes "antigos poetas-cantores da primitiva Grécia" têm todos uma só personagem e um único nome: Homero (Wolf). Estes cantos mais populares dos "antigos poetas-cantores da primitiva Grécia" foram iniciados por Homero desde o primeiro dia da primitiva Grécia. Desde o primeiro dia da Grécia que o poeta-cantor Homero vem "cantando os seus versos", sempre os mesmos versos que variam segundo os tempos e variam para todos os tempos. "Errante de cidade em cidade", todas as cidades da Grécia escutam o mesmo canto feito para todas as cidades da Grécia ao mesmo tempo.

É velho porque é antigo, da primitiva Grécia e ainda vive, e mais do que qualquer outro antigo é o primitivo, e mais do que qualquer primitivo é ele o primeiro grego nascido, e tanto como o primeiro grego nascido é ele o primeiro europeu nascido, e tanto como o primeiro europeu nascido é ele o primeiro homem do mundo, o que nunca morre, o imortal, o que vive todos os dias, para sempre, até mesmo depois de ter desaparecido a Grécia Antiga: o Homem!

Mas por que cego?

É cego porque a sua cegueira é a noite obscura dos terrores pânicos do homem.

É cego porque canta uma luz que os da memória nunca viram.

É cego porque a imaginação lhe deu o dom de imitar o que só imaginado se poderá ver.

276 ~ POESIA É CRIAÇÃO

É cego porque a imaginação deu-lhe a Vontade que cega e as garras do domínio da vida.

É cego porque a Vontade custa o maior preço, e o maior preço na Grécia eram os olhos. Exemplo: Édipo.

É cego, enfim, porque é cego tudo quanto, a bem ou a mal, se mete de permeio entre a vida e o homem.

Por outras palavras: Homero é cego porque é o Meio. O Meio que liga a Origem ao Fim. O Meio é o espírito, o transportador do espírito, desde a Origem, o Princípio, até ao Fim que é sempre o Homem; o espírito é abstrato, atua sobre formas mas não tem forma; envolve a forma, enche-a, mas não a substitui, revela-a.

Homero é o espírito transformador da forma, o Meio que liga a Origem ao Fim: é a abstração atuando sobre a forma como um fluido envolvente e osmótico com o poder de guardar incólume, ilesa, intacta, indelével, a forma e iluminá-la

É mais difícil responder porque é cego, pois havemos de entrar na própria vida grega para o sabermos.

É necessário ver os gregos não como divinos que o não são, mas na sua genial natureza divina: uma ambição titanesca, aprendida na cruel voracidade dos titãs e uma sobre-humana capacidade de sofrimento, filha também, como a sua ambição, da interminável noite dos terrores pânicos. Estava tão para além das capacidades humanas esta titanesca ambição, que a ambição grega não era a de cada grego, era a de todos os gregos a um tempo, como uma só pessoa: "Entre nós outros nenhum será o melhor; se algum o é, que o seja noutra parte e entre outras gentes." Estas palavras são gregas.

Ora a maior ambição do mundo é tirar o homem das trevas para a claridade; e é a maior ambição a portadora do maior sofrimento. Exemplo: Cristo.

Os gregos tiveram esta ambição mas, à grega, todos os gregos à uma, como uma só pessoa.

A esta ambição de todos os gregos a um tempo, como uma só pessoa, chamaram-lhe Homero, e viveram este Ídolo, um ídolo feito com os próprios gregos, sem estátua, sem imagem, indeterminadamente velho e cego, não parecido com nenhum velho e cego, ou com todos ao mesmo tempo, sem silhueta, titanesco.

É este o fio de Ariana. Homero é o fio de Ariana, o sagrado para a saída do Labirinto.

Os gregos, criando desta maneira um personagem com o nome de Homero e no qual estavam legitimamente incluídos todos os gregos, assistiam por esta forma ao desenrolar da sua Vontade comum. O personagem criado nestas condições viveria todo o tempo que durasse a vida de todas as várias gerações da Grécia, dos seus inúmeros criadores, os quais seriam sempre, um por um, todos os gregos desde o primeiro dia da Grécia até onde fosse.

Dissemos há pouco que o único do espírito grego que entrou em pessoa no Universal foi Cristo.

Chama-se isto o gênio da continuidade.

Continuidade sim, mas no seu mais profundo sentido, o gênio da continuidade. Homero é a continuidade grega desde o primeiro dia da Grécia e levada como tudo o que é grego, com o selo do gênio; gênio de não tirar nem pôr um átomo ao Todo, que vive e se eleva, gênio capaz de chegar inteiro às previsões mais longínquas, como somos testemunhas passados dois mil anos: gênio imortal e glorioso que vem hoje, passados dois mil anos, pôr nas nossas mãos a sua mensagem vivida, a mensagem grega, com todos os símbolos que não têm senão da leitura única, que não tem interpretação.

Na Grécia, tudo, seja a Pátria, a Religião, o Estado, a Ciência, o Lar, a Educação, os Jogos, tudo quanto se refere ao espírito, tudo o que não pode ser representado em figura senão em símbolo, absolutamente tudo leva sem lá estar posto o nome comum Homero e a sua função é também Homero. E aqui temos como um povo inteiro consegue estar sempre patente para si próprio durante todos os dias da sua existência desde o primeiro dia da sua mais remota origem e assistir-se, ao seu próprio espetáculo, diante de um espelho fiel e Leal como nenhum.

Esta ambição comum, a de todos os gregos, estava metida num único personagem que respondia ao nome de Homero. Porque Homero não se ficou na autoridade da *Ilíada* e da *Odisseia*; tudo o que foi

278 ~ POESIA É CRIAÇÃO

realizado pela Grécia, tudo, foi ideado e imaginado por Homero, isto é, os gregos todos, um por um, todos os gregos desde o primeiro dia do nascimento da Grécia, todo o povo grego em colaboração num corpo único, o seu próprio corpo, o verdadeiro e legítimo criador do Olimpo, o fazedor dos deuses e dos espíritos imortais, o dador dos nomes dos deuses e dos espíritos imortais, e de tudo o que a humanidade tem para sair das trevas das noites titânicas e conhecer-se a si mesma e ser digna da claridade sereníssima de Apolo.

Homero não é por conseguinte um simples aedo cantor-poeta e rapsodo, nem só o conjunto de todos os poetas-cantores e rapsodos, porque é ele a própria Rapsódia, a Rapsódia chamada Grécia e feita com todos os multíplices mundos que formam o Uno grego, o Todo grego, esses multíplices mundos os quais cada um deles forma uma continuidade determinada, uma determinada rapsódia. Esta interpretação dos mundos multíplices e nos quais está viva a circulação do sangue grego por veias, artérias e capilares, dando-nos a impressão que o fenômeno grego se está realizando íntegro, total no interior de uma esfera é o significado de Homero.

Por conseguinte, Homero não é Deus nem deus com D grande nem com d pequeno, mas Deus com D grande está em Homero e é a esfera de Homero.

Quando a tradição grega diz por último, de Homero que "sete cidades da Grécia disputaram o seu nascimento", aqui o número sete tem o significado de sagrado.

O que é o sagrado?

Dissemos há pouco que o único do espírito grego que entrou em pessoa no Universal foi Cristo.

Homero não é um personagem divino, mas de natureza divina; e isto representa a lealdade grega, a honra grega de não guindar-se em deus a si mesma: dar ao povo grego o Olimpo, mas não pôr no Olimpo o grego.

"A espantosa rivalidade de dois poderes que não podem entrar em colisão um com o outro" (*A Luta de Homero*, Nietzsche). Entre os deuses que desciam do Olimpo para se aproximarem e os gregos que se acercavam do Olimpo, estava o Fim a atingir, o Homem. O Homem seria o encontro final dos deuses com os gregos.

O homem é da Terra; da Terra é o sensível e também o sagrado.

Homero é cego porque a sua cegueira é o sinal indelével de ter nascido na interminável noite dos Titãs, essa noite que Homero não quererá jamais ver repetida. É cego mas tem os melhores olhos do mundo, os da Grécia.

É cego para não perder de vista nem um instante o sensível e o sagrado, o da Origem; o único que Homero trouxe consigo da Origem, para o trazer sempre consigo, e levá-lo sempre consigo até ao fim: o sensível e o sagrado. É cego para não deixar de ver senão que não se separe nunca este bloco vital e inseparável: o sensível e o sagrado. Para Homero é primordial e sem perdão que este bloco vital e inseparável se deixe sequer tocar; a sua cegueira é guarda fiel deste ovo das gerações da natureza divina: o sensível e o sagrado: a alma inteira num corpo sem espírito.

Homero é cego e foi ele quem descobriu a vida interior do homem projetando depois para fora do homem por sobre o mundo a vida interior do homem para que finalmente se visse. Foi Homero, foi a Grécia, foi o povo grego quem inventou, num único personagem, a linguagem do espírito para a alma.

Homero é sinônimo de Grécia, é sinônimo de povo grego, é sinônimo de mundo intermediário, de estético, de Todo, de Uno, do macrocosmos e do microcosmos, e de todas as medidas que o estético descobriu para medir a vida e o mundo, a alma e o espírito. Estas medidas são a segurança dos séculos e estão bem guardadas na Teoria, na Teoria grega.

E agora ficamos sabendo porque "sete cidades da Grécia disputaram o nascimento de Homero". Sete é o número sagrado.

Neste momento não posso deixar de meter-me no meu livro para dizer que descobri o que nunca procurei: a personalidade de Homero.

A "inacessibilidade" de Homero foi destruída: está decifrado o enigma da personalidade de Homero!

Mas assim como não procurei tenho a consciência de que achei e mais do que possa parecê-lo. Afinal é este livro que responde ao apelo lançado por Frederico Nietzsche em 1870 para a decifração deste enigma que assim nos vem até hoje desde antes de Cristo, passados dois milênios.

A genial descoberta de Nietzsche na oposição Apolo-Dioniso pode agora ser esclarecida e servir plenamente com a descoberta da personalidade de Homero feita neste livro que tem por título *Ver* e foi começado com a pretensão de dar ao estético o lugar principal nos poderes humanos que dirigem a vida dos povos.

Quem me conheça sabe que nunca procurei outra coisa. Como se vê, encontrei melhor do que supunha, mas não mais do que procurava. Isto quer dizer que não entregarei esta descoberta da personalidade de Homero nas mãos da Ciência, porque ela está legítima nas mãos da Arte que a encontrou.

Já Frederico Nietzsche havia visto perfeitamente que "o problema da ciência não podia ser resolvido no campo da ciência".

O mais está neste livro.

POESIA É CRIAÇÃO

Dez minutos antes da leitura por Alberto de Lacerda de poemas de outros poetas da nossa língua

Muitas coisas são pavorosas; nada, sem embargo, sobrepassa o homem em pavor.

Sai, por cima da espumante maré a meio da invernal tempestade do Sul, e cruza as montanhas das abismais e enfurecidas ondas.

Fatiga a indestrutível calma da mais sublime das deusas, a Terra, pois, ano atrás ano, ajudado pelo arado e seu cavalo, a remove numa e noutra direção.

O caviloso homem enreda a debandada de pássaros e caça os animais do deserto e os que vivem no mar.

Com astúcia subjuga o animal que pernoita e anda pelos montes.

Salta à cerviz de toscas crinas do corcel, e domina-o; e com o madeiro submete a jugo ao touro jamais dominado.

O homem encontra-se no som da palavra e na omnicompreensão, pressurosa como o vento, e também no denodo com que domina as cidades.

Assim mesmo, pensou como fugir, sob as flechas do clima, de suas inclemências e das inóspitas geladas.

Por todos os lados viaja sem cessar: desprovido de experiência e sem saídas chega ao nada.

Em nenhum caso pode impedir, por fuga alguma, um único embate: o da morte; mas tem a felicidade de esquivar com habilidade a enfermidade cheia de misérias.

Circunspecto, porque domina mais além do esperado, a habilidade inventiva, cai às vezes na perversidade, outras, saem-lhe bem empresas nobres.

Vive entre a lei da terra e a ordem jurada pelos deuses.

Ao predominar sobre o lugar, perde-o, porque a audácia do homem sempre o faz considerar ao ser como não-ser.

Quem ponha em obra isso, que não comparta o meu lar comigo, nem que o meu saber tenha nada em comum com o seu divagar.

Acaba-se de ler o primeiro canto do coro de *Antígona* de Sófocles (versos 332-375), na *Introdução à Metafísica* de Martin Heidegger traduzida em castelhano por Emílio Estiu.

Escreve o tradutor:

Na *Introdução à Metafísica*, Heidegger encontra no primeiro coro de *Antígona* a concepção donde o homem é designado o mais pavoroso, o que inspira terror pela sua violência.

"Deixa" que as coisas sejam o que são; mas anteriormente tem que obrigá-las a que se revelem, a que descubram o ser que têm.

O "deixar" não é mera passividade, senão o termo de uma ação violenta.

Ao homem é-lhe impossível uma atitude passiva radical, já que a prepotência do ser o arrebata do conformismo consigo mesmo, evitando que seja como as coisas são. Por necessidade está destinado ao desocultamento ontológico.

Os poetas e os pensadores são os assinalados pelo signo da insatisfação: não se resignam a ficar dentro do já desoculto, do familiar e do ordinário.

Por isso constituem um perigo para os amantes da estabilidade e eles – como dizem as últimas palavras do texto de Sófocles citado por Heidegger – não estão dispostos a conviver com semelhantes homens.

Estas duas leituras preparam-nos por onde vai sendo a coisa que queremos: Poesia.

Para já, Poesia e Poetar (há as duas palavras) são duas coisas. Nós queremos apenas uma: a primeira.

Poesia é criação.

Poetar é fazer versos.

Não é de modo algum condição de criação caber em versos.

Como não é sequer de modo algum condição de Logos ser discurso ou palavra.

Mas há a afinidade, a simpatia, e até a oculta subjugação nos versos pelos modos do criar.

Os versos são um modo de perpetuação de um dos modos da criação que se chama Poesia.

Por conseguinte, Poetar = fazer versos, e sobretudo o hábito de poetar, podem muito bem ser uma maneira de chamar a si e revelar o Poeta. E não há aqui o menor vislumbre de conselho ou desaconselho.

Se um não sabe dizer-se por onde é Poesia, não haverá jamais quem lho diga: Poesia é senão por onde é para cada um.

A condição para criação é única: pessoal. Intransmissível.

A condição do ato de criação é única também: Transmissível.

"As coisas são o que são", e ver-se-á Poesia dizer o Transmissível ser igual ao Intransmissível, isto é, o homem ser igual ao homem; a linguagem ser de igual-a-igual, e é o que se pede: "as coisas são o que são".

Não é pouco os gregos terem-nos deixado apenas a seta por onde vai Poesia, vinda do oculto do ser, lá onde não é possível linguagem, o único que o homem percebe. Percebe e nunca o satisfaz.

Mas a linguagem, ao homem, pode-o.

O homem perde-se e a linguagem faz-se.

Não há dúvida nenhuma: fica a Poesia.

Quando não havia linguagem o homem foi o autor da mais bela criação da Poesia: os nomes. Os nomes: a língua.

Depois o homem quis saber como isto foi, o dos nomes, o da língua.

O homem insiste em não dar por concluída a sua mais bela criação da Poesia. Há seguramente mais ocultamento do ser no oculto que permitiu o seu desocultamento em linguagem.

Desde os grunhidos pânicos até aos nomes das coisas o homem ficou seguro de ter deixado escapar-se o essencial.

Desde este escapanço, o pavoroso escapanço, o homem ficou condenado a criar. Ficou condenado à Poesia. Ficou condenado a criar o seu próprio lugar. O seu "onde". Tinha roubado o Fogo donde o Fogo estava no seu lugar.

Mas o prepotente oculto, onde não há linguagem, é assim mesmo acessível a cada homem, apenas acessível a cada homem. E apenas depois de cada uma destas acessibilidades pessoais ao oculto, será possível a linguagem da comunicação homem-a-homem, será possível o novo lugar para o Fogo.

Sabe-se por onde passa Poesia. A passagem. O "onde" é que não está. Sabe-se que fica entre dois "ondes": o "onde" do oculto e o "onde" do desocultado, o que ainda não está.

A Poesia passa sem aonde.

Não importa, o perfil do homem ficou traçado, para sempre: a obra.

Há milênios que o homem edifica a sua obra não importa onde, em toda a parte, desde o primeiro dia da Antiguidade que é menos antiga que o homem.

É afinal a obra do homem que há de um dia dizer aonde é o "onde" da obra.

Há milênios que a obra se vai fazendo, continuamente ultimada nos seus mais geniais remates, mas sem onde Antes ou Depois, chamados Passado ou Futuro, pois o único "onde" da obra fica fora do Tempo e do Espaço, no eterno presente do homem, tal-qualmente é captado por cada acessibilidade individual no oculto do ser, instantaneamente, num relâmpago.

E o pânico continua. "Nada sobrepassa o homem em pavor."

Apesar de ainda não-aonde, a obra está vista. Vista na sua totalidade. Vista na sua unidade. Não podemos entrar na obra concluída. Estamos atrasados milênios a nós-mesmos. Estamos como no primeiro dia da Antiguidade quando não captamos do oculto do ser senão a nossa capacidade de criação de Poesia com a diversão do seu espetáculo de obra que tanto nos entretém e distrai há milênios.

Mas diga-se a verdade: seremos incapazes de captar e transpor o todo do oculto do ser para o legítimo da obra do homem, para o nosso eterno presente, tal qual ele está instantâneo no oculto do ser?

A resposta é esta: incapazes ou não, estamos em via única, como os astros.

Não é o próprio de Poeta cantar a Poesia. Quando adveio a novidade da criação chamada Poesia, esteve bem que se festejasse o acontecimento. Mas agora, a criação compromete-se a um resultado: o mesmo do seu advento. Mãos à obra.

Poesia, criação, obra, é tudo do mesmo novelo: Poesia, a Bela, tem um filho único, chama-se homem. E para que este não erre por aí sem "onde" onde ser, a mãe "do mais pavoroso" espetou todas as suas sibilinas agulhas mágicas no mais recôndito e profundo das entranhas viscerais do Poeta, para o dementar de todos os outros "ondes".

Dez minutos: tempo cumprido.

CRONOLOGIA

1893 – José Sobral de Almada Negreiros nasce a 7 de abril em S. Tomé.

1896 – A mãe morre.

1900 – É internado num colégio de jesuítas em Lisboa.

1912 – Participa no I Salão dos Humoristas Portugueses.

1913 – Participa no II Salão dos Humoristas Portugueses e realiza a primeira exposição individual, de desenhos, na Escola Internacional de Lisboa.

1914 – Publica o primeiro poema, "Silêncios", no *Portugal Artístico 2*.

1915 – Publica o poema "Frisos" em *Orpheu* 1. Escreve "A Cena do Ódio" para o *Orpheu* 3, número que não chega a sair.

1916 – Publica em folhetos o *Manifesto Anti-Dantas*, o manifesto *Exposição de Amadeo de Souza-Cardoso* e o poema *Litoral*.

1917 – Publica em folhetos *K4 O Quadrado Azul*, em que colabora plasticamente Amadeo de Souza-Cardoso, e a novela *A Engomadeira*. Organiza, com Santa Rita Pintor, uma Conferência Futurista no Teatro República em Lisboa, onde declama o *Ultimatum Futurista às Gerações Portuguesas do Século XX*. Publica, no número único da revista *Portugal Futurista*, além da *1ª Conferência Futurista*, o poema *Mima-Fataxa. Sinfonia Cosmopolita e Apologia do Triângulo Feminino*, e ainda a prosa *Saltimbancos (Contrastes Simultâneos)*. Começa a interessar-se pelo político de Nuno Gonçalves.

1918 – Contagiado pela passagem dos Ballets Russes em Lisboa (1917 e 1918), participa na criação de bailados representados por amadores e por crianças: a Lalá, a Tareca, a Zeca e a Tatão, com quem funda o "Club das Cinco Cores". Faz a coreografia dos bailados *A Princesa dos Sapatos de Ferro* (em que também dança) e *O Jardim de Pierrette*.

1919 – Vive em Paris. Mantém um estreito contato epistolar com o "Club das Cinco Cores".

1920 – De regresso a Lisboa, realiza a sua terceira exposição individual, no salão nobre do Teatro São Carlos. Durante os anos 20, colabora com artigos, contos e desenhos nas revistas *Contemporânea, Athena* e *Presença*, e em jornais como o *Diário de Lisboa* e o *Sempre Fixe*.

1921 – Entra como ator no filme *O Condenado*. Realiza e publica a conferência *A Invenção do Dia Claro*.

1922 – Inicia a colaboração na revista *Contemporânea* com *Histoire du Portugal par Coeur*, datado de Paris, 1919.

1924 – Publica *Pierrot e Arlequim*.

1925 – Começa a escrever *Nome de Guerra* (publicado em 1938). Pinta *Autorretrato num Grupo* (exposto no I Salão de Outono) e *Banhistas*, para a Brasileira do Chiado.

1926 – Pinta um *Nu Feminino* (exposto no II Salão de Outono) para o Bristol Club. Realiza e publica a conferência *Modernismo*. Publica *A Questão dos Painéis*.

1927 – Inicia uma estadia de cinco anos em Madrid, em cuja cena artística e literária participa ativamente. Expõe individualmente na Unión Ibero-Americana onde profere a conferência *El Dibujo*. Colabora assiduamente com Ramón Gómez de la Serna, ilustrando livros seus.

1931 – Escreve "Luís o Poeta Salva a Nado o Poema", que se publica no *Diário de Lisboa* a 28 de dezembro.

1932 – Regressa a Lisboa, onde realiza e publica a conferência *Direção Única*.

1933 – Profere as conferências *Arte e Artistas* e *Embaixadores Desconhecidos* e faz a sua quinta exposição individual, na Galeria UP.

1934 – Casa com a pintora Sarah Afonso, com quem terá dois filhos.

1935 – Lança uma revista, *Sudoeste*, de que escreve integralmente os artigos que integram os dois primeiros números, incluindo no terceiro deles o poema *As Quatro Manhãs*. Publica um artigo à memória de Fernando Pessoa acompanhado de um desenho, no *Diário de Lisboa*.

1936 – Realiza a conferência *Elogio da Ingenuidade ou as Desventuras da Esperteza Saloia*.

1937 – Publica no *Diário de Lisboa* dois poemas: *Encontro* e *A Torre de Marfim não É de Cristal*.

1938 – Publica *Nome de Guerra*, romance escrito em 1925. Realiza e publica a conferência sobre Walt Disney *Desenhos Animados, Realidade Imaginada*. Termina os vitrais da igreja de N. Sr.ª de Fátima.

1940 – Realiza cenários para a grande Exposição do Mundo Português. Termina os afrescos do edifício do *Diário de Notícias*, em Lisboa, e dos Correios de Aveiro.

1941 – Faz uma exposição individual, com o patrocínio do Secretariado de Propaganda Nacional, *Trinta Anos de Desenho (1911-1941)*.

1944 – Realiza a conferência *Descobri a Personalidade de Homero*.

1945 – Termina os afrescos da Gare Marítima de Alcântara.

1948 – Publica *Mito-Alegoria-Símbolo*.

1949 – Termina os afrescos da Gare Marítima da Rocha do Conde de Óbidos. É representada pela primeira vez a sua peça *Antes de Começar*, no Teatro-Estúdio do Salitre (Lisboa), encenada por Fernando Amado.

1950 – Dá uma entrevista e profere duas palestras sobre o *Théleon e a Arte Abstrata*, aos microfones da BBC, em Londres. Publica *A Chave Diz: Faltam Duas Tábuas e Meia de Pintura no Todo da Obra de Nuno Gonçalves*.

1952 – Publica o poema *Presença* na revista *Bicórnio*. Faz uma exposição individual na Galeria Março em Lisboa.

1954 – Termina painéis de azulejos e um vitral para a moradia, projetada pelo arquiteto Antônio Varela, situada na Rua de Alcolena, 28, em Lisboa. Pinta o *Retrato de Fernando Pessoa* à mesa do café com o *Orpheu*, para o Restaurante Irmãos Unidos, em Lisboa, do qual há de pintar uma réplica, em 1964, por encomenda da Fundação Calouste Gulbenkian.

1957 – Apresenta quatro óleos abstrato-geométricos no I Salão da Fundação Calouste Gulbenkian.

1959 – Publica a peça *Deseja-se Mulher*, escrita em 1928. Concebe cartões de tapeçarias para o Hotel Ritz.

1961 – Conclui a decoração das fachadas da Faculdade de Direito, Faculdade de Letras, Reitoria e Secretaria Geral da Universidade de Lisboa.

1962 – Realiza e publica a conferência *Poesia É Criação*.

1963 – Com encenação de Fernando Amado, representa-se *Deseja-se Mulher* em 1963, na Casa da Comédia.

1965 – Publica *Orpheu 1915-1965*, livro-objeto com memórias do grupo modernista. Faz os cenários e figurinos para o *Auto da Alma*, de Gil Vicente, no Teatro de São Carlos.

1969 – Conclui os afrescos da Faculdade de Ciências da Universidade de Coimbra. Conclui o painel *Começar* na Fundação Calouste Gulbenkian.

1970 – Morre a 15 de junho em Lisboa.

NOTAS

A edição de referência é a série *Obra Literária de José de Almada Negreiros*, Lisboa, Assírio & Alvim: *Poemas* (2001), *Ficções* (2002), *Manifestos e Conferências* (2006).

I. O GESTO DA VANGUARDA

"Frisos" (1915)
Publicado na revista *Orpheu* 1, Lisboa, janeiro-março de 1915.

"A Cena do Ódio" (1915)
Texto escrito para a *Orpheu* 3 (1915), que não chegou a sair.
Publicado em *Orpheu* 3, ed. fac-similada, Porto, Nova Renascença, 1984.
Na separata da *Contemporânea* 7, Lisboa, janeiro de 1923, foi publicada uma versão com cortes, variantes e alterações na sequência das estrofes, e ainda a seguinte dedicatória: "A Álvaro de Campos // Excertos de um poema desbaratado que foi escrito durante os três dias e as três noites que durou a revolução de 14 de maio de 1915".

"Manifesto Anti-Dantas" (1915)
Escrito em 1915, reagindo à estreia, a 21 de outubro, da peça *Soror Mariana*, de Júlio Dantas.
Publicado em edição de autor, Lisboa, 1916.

"Chez Moi" (1915)
Publicado em Almada Negreiros, *Obra Completa*, Rio de Janeiro, Nova Aguilar, 1997.

"Saltimbancos" (1916)
Publicado em *Portugal Futurista 1*, Lisboa, novembro de 1917.

"A Engomadeira" (1917)
Apesar de Almada referir na dedicatória a José Pacheko que terminou a redação desta novela "em 7 de janeiro de mil novecentos e quinze",

~ 291

há acontecimentos que são referidos no texto que remetem para fevereiro de 1916 e para outras datas posteriores.
Publicado em edição de autor, Lisboa, 1917.

"1ª Conferência Futurista" (1917)
Publicada em *Portugal Futurista* 1, novembro de 1917, incluindo uma fotografia do autor tal como se apresentou ao público, um *compte-rendu* introdutório, e a conferência *Ultimatum Futurista às Gerações Portuguesas do Século* xx, realizada no Teatro República, em Lisboa, a 14 de abril de 1917.

"Pa-ta-poom" (1919)
Publicado em *O Domingo Ilustrado*, 8 de agosto de 1926.

II. O TEMPO DO MODERNISMO

"A Invenção do Dia Claro" (1921)
Conferência realizada na Liga Naval de Lisboa em 3 de março de 1921.
Publicada, no mesmo ano, nas edições Olisipo de Fernando Pessoa.

"O Homem que Não Sabe Escrever" (1921)
Publicado com um desenho na seção "Arte & Letras" do *Diário de Lisboa*, 26 de maio de 1921.

"O Kágado" (1921)
Publicado na revista *ABC*, Lisboa, 30 de junho de 1921, ilustrado por Almada.

"Modernismo" (1927)
Conferência realizada em 30 de novembro de 1926 na Sociedade Nacional de Belas-Artes, em Lisboa, na festa de encerramento do II Salão de Outono.
Publicada no semanário *Folha do Sado* em janeiro de 1927.

"O Desenho" (1927)
Conferência realizada na Sociedad Unión Ibero-Americana de Madrid, no âmbito de uma exposição de desenhos de Almada.
Publicada em *A Ideia Nacional*, a 8 e 9 de julho de 1927.

"Deseja-se Mulher" (1928)
Peça de teatro publicada pela Verbo, em 1959, com capa e ilustrações de Almada.
Encenada pela primeira vez por Fernando Amado, na Casa da Comédia (Lisboa), em novembro de 1963.

"O Público em Cena" (1931)
Peça de teatro publicada em *Obras Completas*, Lisboa, Estampa, 1971.

"O Meu Teatro" (1969)
Redigido para prefaciar o volume de teatro das *Obras Completas*, previsto para a editora Ática. Texto corrigido a partir de um manuscrito guardado no espólio de Almada Negreiros.
Publicado pela primeira vez em *Obras Completas*, Lisboa, Estampa, 1971.
Surge aqui fora da ordem cronológica.

III. O DESENHO DA INOCÊNCIA

"Civilização e Cultura" (1935)
Publicado na revista *Sudoeste* 1, Lisboa, 1935.

"Ode a Fernando Pessoa" (1935)
Publicada em *Obras Completas*, Lisboa, Estampa, 1971.

"Aconteceu-me" (1937)
Publicado pela primeira vez no catálogo *Almada: O Escritor – O Ilustrador*, Lisboa, Biblioteca Nacional, 1993.

"Elogio da Ingenuidade" (1939)
Conferência realizada em 19 de junho de 1936 no âmbito da Exposição dos Artistas Modernos Independentes, inaugurada a 15 de junho de 1936 na Casa Quintão em Lisboa.
Publicada na *Revista de Portugal* 6, janeiro de 1939.

"Prefácio ao Livro de Qualquer Poeta" (1942)
Publicado na *Atlântico – Revista Luso-Brasileira* 2, Lisboa, Rio de Janeiro, 1942.

NOTAS 293

"Momento de Poesia" (1942)
Publicado pela primeira vez em *Cadernos de Poesia*, Lisboa, 1942.

"Ver" (1943)
Publicado em *Ver*, editado por Lima de Freitas, Lisboa, Arcádia, 1982. É parte de um conjunto vasto de textos sobre Homero e o número, o ver e a ingenuidade.
Corrigido a partir de cópia manuscrita conservada no espólio de Almada Negreiros.
Na edição de Lima de Freitas surge ainda o seguinte parágrafo final: "Ficam-me duas homenagens a fazer: a primeira à Ciência, no nome do seu último mais genial cultor o alemão Frederico Nietzsche, gloria sacrificada da nossa querida Europa; a segunda a Portugal, por esta descoberta ter sido feito por um português que sempre foi orgulhoso de o ser, e aqui nesta cidade de Lisboa, a Ulissipona, a das sete colinas, a cidade de Ulisses, o primeiro herói grego, o único herói grego que sai da Grécia, o viajante, o qual veio a ter a sua cidade aqui, sem passar pela Roma dos Césares. Ora se alguma adivinhação me levou até à presente descoberta, foi a do meu desenfreado instinto de artista que sempre viu no português predominar o grego sobre o Romano, o cristão sobre o católico. E então hei de dizer que nasci e sempre fui católico, aluno dos jesuítas, e cheio de interrogações em estética, as quais, desfeitas agora pela presente descoberta, me farão melhor católico do que ontem.
Para terminar, não me esqueceria dizer achar legítima esta descoberta ter sido feita aqui em Lisboa, a católica cidade de Ulisses, no segundo milênio da era de Cristo, e pelo português, o xenófilo, o Grego, o cristão, o mundial, o universal."

"Poesia É Criação" (1962)
Conferência realizada na Sociedade Nacional de Belas-Artes, em Lisboa, a 20 de outubro de 1962.
Publicada no *Diário de Notícias*, Lisboa, 8 de novembro de 1962.

Título	*Poesia É Criação: Uma Antologia*
Autor	José de Almada Negreiros
Organização	Fernando Cabral Martins
	Sílvia Laureano Costa
Editor	Plinio Martins Filho
Produção Editorial	Aline Sato
Capa	Gustavo Piqueira / Casa Rex
Revisão	Fernando Cabral Martins
Editoração Eletrônica	Camyle Cosentino
Formato	15,5 x 22,5 cm
Tipologia	Bembo
Papel	Pólen Soft 80 g/m² (miolo)
	Cartão Supremo 250 g/m² (capa)
Número de Páginas	296
Impressão e Acabamento	Cromosete